上海市亭林中学
Shanghai Tinglin High School

画出教育的『同心圆』

上海市亭林中学办学特色教科研成果文集

阮旖◎主编　金晓燕◎副主编

上海三联书店

序
让教育迸发出更大的能量

苏军

捧着一叠沉甸甸的书稿,看着一份份鲜活的文稿,我的脑海里顿时闪现出阮旖校长、众教师在校园课堂中、操场上教书育人的场景,浮现出他们在书桌、灯下奋笔疾书的身影。这是教育的画卷,也是学术的文案。

呈现在我们面前的这部书稿,是上海市亭林中学近年来教科研成果的结晶,凝聚着校长、教师付出的巨大心血,既是他们培育特色高中的真实写照,也是办出百姓满意的教育的心路旅程。

一滴水能折射太阳的影子。教科研的程度映照出办学的高度。创办于 1940 年的亭林中学,虽是一所上海远郊农村普通高中,但近年来呈现出高水准、高质量、高声誉的跨越式发展,这种态势促进了教科研的繁荣。

作为上海市中小学(幼儿园)提升课程领导力第二轮行动研究项目的承担者,作为普通高中创建特色优质高中的承建者,亭林中学的教育教学研究,平凡而深刻、敏锐而严谨、执着而创意。

打开这本书稿,一种深厚的钟情教育的情怀扑面而来,一种浓郁的钻研办学的睿智迎面开来,一种质朴的特色育人的方略多面涌来,细细品味,颇有道与义的汇聚、情与理的交叉、言与行的匹配。

作为对教育教学、办学育人的深度研究,本书可圈可点,极

富价值,颇有建树。我认为,本书至少在几个方面值得一读,耐人寻味:

第一,对体育、对体育特色、对学校体育的细究探道,本书无论从篇幅数量,还是质地品质,都堪称一流。体育,是亭中的传统优势,也是特色高中的精华所在。亭中将体育置于特殊的地位,从育人的高度、办学的深度、课程的效度、特色的厚度,予以精准的落实,郑重提出了创建体育特色学校的方略,并作为投身上海市中小学(幼儿园)提升课程领导力第二轮行动研究项目的"自选项目",将体育特色学校创建与立德树人、特色办学、课程建设、环境优化等方面紧密地联系起来,生发开来,培育出来,为体育教育的改革提供了"亭中方案",为体育特色的凝炼提供了"亭中范式",为体育强校的优质提供了"亭中建树",走出了一条"学校体育项目→学校体育特色→体育特色学校创建"的发展之路。

尤其是,学校让体育赋予教育涵义、人生意义、成长定义,提炼出体育育人的过程轨迹,表述为"始于身,达于心,成于志",极大地深化了体育特色的内涵,挖掘了体育特色的功能,拓展了体育特色的外延,开拓了学校体育的视野,丰富了学校体育的内容,提升了学校体育的境界,为课程领导力的提升做出了实实在在的贡献,给普通高中特色的创建新辟了宽宽广广的路径。

第二,对德育、对铸魂育人、对课程德育的实践探索,都非常接地气,有观点,有思路,有方法,展现了全方位、全过程、全员落实立德树人的根本任务的文化自觉。有的从细部入手,研究文本解读对语文学科德育的影响,言之有物;有的整体思维,对语文教学中德育因素有效落实的起点进行梳理,颇有见地;有的关注班集体建设,打造优秀班集体,娓娓道来;有的瞄准学校图书馆志愿服务,提出社会实践的途径,等等。

在今天,立德树人已成为办学的根本任务,也是教育的价值所在。成才先成人,立业先立人,有能先有德,不仅应该形成共识,而且也需要深究的课题。本书中的德育研究成果,对学校德育的全面落实具有导向、导入、导引的作用。亭中教师能深明其义,把握要义,实为仗义,有使命感,也有学术范。

第三,对现代教学、学科教学、课堂教学的研究,都各有心得,有主张,有论述,有创新,体现了遵循教育教学规律,提高教学效益、效率的务实之举。智能手机的移动学习在高三英语词汇复习中的应用,研究得入情入理;高考改革背景下远郊高中英语听说教学策略研究,道出门道;实验教学在高中地理课堂中的应用、DIS 技术在化学实验中的应用,独有一功,等等。

当今倡导跨界学习、项目学习、深度学习的态势对优质教学提出了更高的要求,加强学科研究,深化教学研究,注重前瞻研究,已成为一种趋势。亭中教师能搭准时代脉搏,在发挥传统优势的同时尝鲜新的教学手段,悟出新的教学之道,很见功力。

教科研的价值就在于能量转化。从某种意义上说,本书是一种教育能量的聚集,也是能量转换的一个载体,具有总结过去、承上启下、前瞻未来的作用。

教育,从来就是一门科学,教育工作,从来就是一种探究,在提高办学水平的征途上,探索与创新永无止境,而让教育充满思想,让教学蕴含学术,这也是办人民满意的教育、办成家门口好学校的必由之路。

但愿这份作为圆满答卷的载体,本书的出版能为亭中的发展带来新的动力,让教育迸发出更大的能量。

2019 年 4 月 7 日

目　录

前　言

　　在金山区教育界,有这样一所普通高中,传颂着这样一段佳话:学校的办学者偏偏把不太为同行们及其世俗眼光所看好的体育学科作为创建特色学校的突破口,经过数十年历届全校师生矢志不渝的追求、坚持不懈的努力,于 2009 年成功创建为金山区实验性示范性高中,2015 年起创建上海市体育特色高中,先后荣获上海市体育传统项目(田径、女足)学校、上海市群众体育先进单位、上海市首批排球联盟学校和首批全国青少年校园足球特色学校等荣誉称号,举办具有体育特色、富有体育精神、立志体育理想、蕴含体育情怀的特色学校的梦想终于成真,"理解生命、享受体育、追求卓越"的办学理念成为学校不断前行、攀登高峰的动员令、冲锋号。

　　这就是有着近 80 年办校历史传统的亭林中学,如今已是令人刮目相看、朝气蓬勃、傲立一方、奉献社会的新生的亭林中学。她裹挟着泥土气息、乡野芳香走进新时期现代教育,携带着纯朴厚实、虔诚笃信创造了跨越式的奇迹,练就了在困境中勇于开拓、现实中不甘寂寞、工作中敢于争先、成绩前继续思变的亭中人的精神风貌。

　　亭林中学的迅速发展得益于上海在世纪交替时锐意奋进的教育嬗变,更取决于自身迫切的内生变革需求。身处远郊,无地理优势可言;生源情况,是无法改变的选择。亭中人审时度势,权衡利弊,扬长避短,与时俱进,在不利的环境中找寻有利的因素,在暂时的困难中把握做优做强的机遇,紧跟上海市教育改革发展的节奏,抓住一切可能发展壮大的机会,积极参与提升办学质量及其实力的各级课程研究,由小变大,由弱变强,由普变特,一步步踏实走来,创造了市郊普通高中创建体育特色学校的成功逆袭的案例。

亭林中学始终如一的坚守、不离不弃的信念,取得了为之不易的骄人业绩,这来自于亭中人的"五力"。

——首先是眼力。亭林中学的历代领导都有着非凡的眼力,就是有能够洞察为亭林中学赢得发展路径的敏锐眼光,具有从地处环境、生源质量、师资情况、办学水平等学校自身条件同国家、上海市对普通教育的要求与社会、百姓对教育期盼的大环境中进行分析解读作出合理决断的能力。把不起眼的体育学科当作"支点"牵住了学校发展的"牛鼻子",并在十多年前就提出了"享受体育"的办学理念,并为历任校长毫不动摇地坚持并一以贯之地实施,不愧为具有教育家的"慧眼"。

——其次是魄力。看准了的事、相中了的情,亭中人是不会放弃的。抓住它不松手,盯着它不眨眼,是亭中人的做事特质。举全校之力,倾师生之情,去做一件当时看似还处在"襁褓"之中的体育特色之路的事情,没有一锤定音、弩箭既出的魄力,断然不会有亭林中学今天的特色再造。魄力之于亭林中学的创建,是亭林中学领导谋大略、尽才情的展露,是一种难能可贵的教育家的优秀品质。

——还有是毅力。创建体育特色学校不是短时期内就能够实现的,而是需要历任校领导和全校师生长时期的不懈努力、为之奋斗才能到达胜利彼岸的。亭林中学的体育教育特色萌发于上世纪的八十年代,距今已有近四十个年头了。即使从 2006 年学校提出"享受体育"的办学理念始,也有十余年时光。期间若有任何的懈怠与满足,都有功亏一篑的可能。亭中人的坚持与不辍,成就了亭林中学的长足发展。

——再有是定力。亭林中学在创建体育办学特色的过程中既有全校上下团结一心、夺隘斩关的如虹气势,也一定有过遭遇困难和瓶颈的问题。如何恰当应对,化险为夷,继续前行,初心和信念是保持动力的源头,坚定的意志和不为各种困难所动的决心是推动创建特色深入开展的关键。亭中人可靠的定力,铸就了亭林中学在办学特色形成中确立的文化精神。

——最后就是合力。亭林中学的以体育特色为标志的课程体系建设与体育特色学校创建,历时长、任务重、困难多,是一项浩大的建设工程,需要有全校师生共同投入、尽情参与,没有旁观者,彼此接力相续,积小胜为大胜。工作热情被激活了,工作方法被用活了,工作创新被升活了,学校充满的活力是创建成功的底气,特色形成的保证。

本书的内容是在创建体育特色高中过程中学校教科研文集,既有参与市级课程领导力研究的课题报告,也有相关各学科老师参加市区各级课题研究的获奖论文,更多的是各学科老师在参与学校推进的特色创建和课程建设实践中的教学心语,他(她)共同见证了亭林中学成长、发展、壮大的办学历程,是亭林中学特色创建奋斗史的缩影。读者从中可以看到他(她)们用实际行动践行"理解生命、享受体育、追求卓越"的办学理念,用讴歌式的激情书写远郊普通高中所取得的非一般成就的亭中人"谱"和亭中奋斗史;用真情的付出用心培育普通的学生,让学生重拾生活、学习信心,在"享受体育"的办学理念熏陶下"享受"亭中老师的厚爱,沐浴亭中和煦的阳光。

让我们怀着与当年亲历者一样的心情,翻过扉页,去目睹亭中人围绕立德树人根本任务,打造体育办学特色、创建特色课程的真人真情真事的风采吧。

一、综合篇

【导语】

　　亭林中学参与承接的上海市提升中小学(幼儿园)课程领导力行动研究(第二轮)的子课题研究,是在对过往学校体育学科特色及其课程建设的阶段性总结的基础上,对今后学校更贴合社会要求、立足金山本区域办好百姓满意的教育、形成更为完善的创建特色的时代答复,具有承上启下的重要意义,是亭中人责任担当、敢于作为的体现,是亭林中学创建特色的集中呈现。

上海市提升中小学（幼儿园）课程
领导力行动研究（第二轮）
子课题结题报告

始于身　达于心　成于志

阮　旖　陶　俊

一、研究背景

（一）国家和上海教育改革与发展的要求

国家和上海中长期教育改革和发展纲要提出了全面提高普通高中学生综合素质，注重必备知识和关键能力，为学生的人生发展奠定坚实基础。推动普通高中多样化和特色化发展，支持高中学校从实际出发，发挥传统优势，探索多样化办学模式。这就是为高中学校结合自身传统，探索特色办学提供了依据。

《上海市深化高等学校考试招生综合改革实施方案》《上海市普通高中学生综合素质评价实施办法》等文件的出台，要求完善学业水平考试制度，检验学生学习程度，引导学生认真学习每门课程；建立学生综合评价制度，建立规范的学生综合素质档案,客观记录学生成长过程中的突出表现;加强学生生涯规划指导,促进学生个性化发展与健康成长。

在客观上促使学校在教学管理和课程建设上应适应政策和形式的需要,积极应对国家和上海的要求。学校教师平均年龄较轻,工作勤勉负责,但课程开发意识比较薄弱,课程建设思想缺乏,在国家课程校本化开发与实施方面有待进一步提升,因此在学校的教育教学的顶层设计上必须做出革新与完善。

(二)学校办学传统与特色发展的需要

教育部等四部委发布的《关于进一步加强学校体育工作的若干意见》中提出:"要创新体育活动内容、方式和载体,增强体育活动的趣味性和吸引力,着力培养学生的体育爱好、运动兴趣和技能特长,大力培养学生的意志品质、合作精神和交往能力,使学生掌握科学锻炼的基础知识、基本技能和有效方法,每个学生学会至少两项终身受益的体育锻炼项目,养成良好体育锻炼习惯和健康生活方式。……促进体育与德育、智育、美育有机融合,不断提高学生体质健康水平和综合素质。"

上个世纪八十年代以来,亭林中学逐步形成了体育教育特色,培养一批优秀体育特长生,学校逐渐拥有浓厚的体育氛围。2006年吴金瑜校长提出了"享受体育"的办学理念,为亭林中学指引了发展之路;樊汉彬校长也十分重视体育教育的发展,2012年学校成为上海市首批体育专项化教学改革试点学校、上海市首批校园足球联盟学校;2013年唐林弟校长提出了创建上海市特色(体育)普通高中的发展愿景,逐步构建"享受体育"特色课程群,学校也成为了上海市首批排球联盟学校、上海市体育传统项目(田径、女足)学校和首批全国青少年校园足球特色学校。

学校在特色项目发展和创建上海市特色(体育)普通高中的过程中,意识到特色创建与学校课程建设、校本课程资源关联度不够。在高中特色多样发展的背景下,强化学校课程特色势在必行。

(三) 学生成长成才的需要

高中阶段是学生人生发展方向的形成期,高中教育应为每个学生未来发展奠基。亭林中学生源基础薄弱,学生有一定的发展目标,但对未来发展缺少预期和规划,自主管理能力弱,学习毅力不强,动力不足。学校重视学生的升学和身心发展,依据学生学力水平和兴趣爱好,对学生进行分层、分类教育,发展学生艺体特长,多渠道促进学生的成长成才。在对学生核心素养和学科核心素养的培育上十分迫切。

二、概念界定

(一) 课程领导力

是指学校创造性地设计、编制、开发与实施课程的能力,是提升教师课程意识、课程开发、提高课堂教学效益的能力。

(二) 享受体育

作为学校的核心办学思想,其本质内涵是通过体育发展人、愉悦人。这既是个体对体育的一种态度,也是学校对体育教育的一种价值选择与内涵界定。

(三) 体育特色课程

依据体育学科核心素养和在运动中强体、立德、增智、赏美的育人目标,从"健身"发展(对应强体)、"修身"发展(对应增智、赏美)、"砺身"发展(对应立德)三个维度,构建的以"享受体育"为核心的体育特色课程群。

三、研究的目标与内容

(一) 课题目标

1. 完善学校课程计划,编写学科单元教学设计案例,开设多样化课程,满足学生个性化选择。

2. 完善课程实施的路径和管理策略,提升教师的课程领导力。

3. 构建兼顾全员性与个性化的体育特色课程群,形成学生体育课程学习效果和体育素养测评体系。

(二) 必选项目的研究内容

1. 在学校层面上加强对国家课程校本化实施的探索与实践,加强与学校办学理念、育人目标的一致性,提高课程建设的思想力。

2. 依据校情设计拓展型课程、研究型课程,推动教师参与完善课程内容,为学生提供足够的选择。

3. 学校进一步推动基于问题解决的校本研修和主题式教研组(备课组)活动,来保证课程实施的质量,提升教师课程执行力。

(三) 自选项目的研究内容

1. 明确特色课程的目标与资源开发。

2. 构建较为完善的特色课程体系,确定特色课程的实施路径。

3. 建立学校特色课程的评价体系,提高评价的科学性。

四、研究进度

(一) 必选项目

1. 准备阶段(2015.9—2015.12)调研学校现行课程计划的

优劣势,分析学校现状,整合资源,完善学校课程目标。

2. 开发阶段(2016.1—2016.8)整合三类课程,完善学校课程体系,开发具有学校特色可选择的课程群,完善课堂教学管理策略和校本研修制度。

3. 试行阶段(2016.7—2016.12)整合课程实施数据,推动课程内涵发展,对课程计划进行优化,编制单元教学指南案例。

4. 调整阶段(2017.1—2017.12)在实践反思、数据分析的基础上,对项目开展深度分析,进一步优化学校课程计划,并进行反思性实践。编写学科单元教学指南。

5. 总结阶段(2018.1—2018.10)整理研究成果,形成资料汇编,完成各项研究任务,形成研究报告。

(二)自选项目

1. 准备阶段(2013.10—2015.8)调查研究学校教育教学的传统与现状,学习有关特色课程建设的理论,确立学校体育特色创建方向和路径。

2. 启动阶段(2015.9—2015.12)全面梳理体育特色课程文化内核,形成体育特色课程基本结构,研究特色课程实施保障制度,构建基于学校特点的体育特色课程框架体系。

3. 实施阶段(2016.1—2017.12)探索体育特色学校课程文化建设的路径,组织编写各类"享受体育"校本教材,并从团队建设、课堂跟进、科研助推、环境氛围等角度进行课程实施,开展学生体育素养评价研究。

4. 总结阶段(2018.1—2018.10)构建较为丰富的体育特色课程群,形成较为完善的特色课程实施运行机制,形成学生体育素养测评体系。对课题研究过的资料进行整理,形成研究报告,为做好进一步推进工作和研究奠定基础。

五、项目工作主要进展

(一)必选项目

1. 教师课程领导力持续提升

在学校"理解生命,享受体育,追求卓越"的办学理念指引下,教师在课程开发的方向上逐步与学校的发展愿景、学生的培养目标相一致,拓展型研究性课程制定了课程纲要,学生社团也制定了相应的章程。国家课程的校本化实施从职业生涯发展、安全法制教育到体育特色课程等种类齐全,基本上能够满足学生发展的需求。在课程实施中强化制度建设,提供各类资源保障实施的良性发展。同时开展对学生综合素质的评价,基础课程基于课程标准和学情编写校本练习,拓展型课程研究性学习注重过程性评价。

2. 课程框架日臻完善

亭林中学课程计划建设具有良好的基础,曾经连续两年获得金山区课程计划编制一等奖。但由于政策和形势的变化以及学校对课程建设的新认识,原有的课程计划必须要进行适当的调整和完善。

在项目研究过程中,不断调整、修订、完善,依据国家课程与学校体育特色课程建设的要求,设计三大课程模块:基础课程、拓展课程和综合课程。

基础课程分为由语文、数学、英语及体育组成的核心课程和由物理、化学、生命科学、政治、历史、地理、信息科技、艺术等组成的基本课程;

拓展课程由限定拓展和自主拓展组成,包含学生社团活动、微型课程、艺体特长生训练、学科类拓展和校园文化活动等;

综合课程由体验性和研究性两类课程组成,包括生涯体验、金山 e 法、志愿服务、体育运动及体育精神研究、项目化学习等。

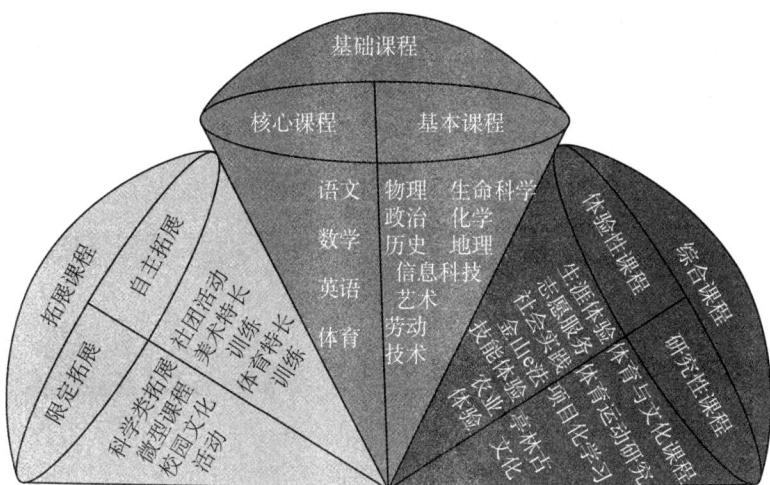

3. 课程开发与实施有序推进

(1)基础课程行动研究

① 立足单元教学设计,渗透体育元素。基础型课程以《学科单元教学指南》编写为突破口来提升基础课程的品质。项目组在研究初始阶段提出了"以点带面,逐步推进"的原则,教师层面,以学校骨干教师研修班为点,进行《基于学科核心素养培育的单元教学指南的编制》的主题研修,聘请金山区教育学院专家为指导教师,加强对教学指南编写的研究。学科层面,以生命科学学科为试点,撰写单元教学指南编制的案例,形成基于学科课程标准和学校学情的教学指南编写模板。经过三年的实践与推广,全部学科均形成了 1—3 个单元教学设计案例,并且结合学校特色创建的实际,在单元教学中渗透了体育元素。编纂了学

科单元教学案例《课程融合　享受体育——体育元素在学校课程中的渗透案例汇编》

② 校本研修依托单元设计,引入评价量表。在学校后"211理解性"课程教学实施的基础上,从设问、活动和练习三个方面关注教学过程。强调设问的逻辑关系、活动的学生参与度及练习的即时性、有效性。以教学公开周校本研修为载体,通过备课组(学科组)集体研修完成学科某单元教学设计,在此基础上再由组内教师执教其中一课时进行公开课教学。教研组结合课堂评价量表,进行教学研讨来解决基础学科教学中出现的疑难问题和共性问题。

③ 学生练习校本化。在课程建设过程中,关注到学生课业负担的需求,组织学校教师针对亭林中学学情,基于课程标准和学科基本要求编写了校本练习,逐年积累已形成较为完善的校本练习资源 12 册。

(2)拓展课程行动研究

① 微型课程形成特色。在保留急救培训、禁毒教育、中共党史、体育欣赏等为数不多的微型课程的基础上,逐步形成了身心安全、法制教育、生涯规划、体育特色等四大课程模块十多门课程。

② 学生社团愈加丰富。学校把学生社团纳入课程管理,形成了现实型、研究型、艺术型、社会型、企业型和事务型六个领域32 个学生社团,更好地满足学生的选择。同时将校园文化活动纳入课程之中,拥有体育节、法治节、艺术节、礼仪节、读书节、感恩节等六大节日。

③ 乡土文化课程取得突破。学校立足亭林古镇,有着整理地域文献、传承古镇文明、传播亭林文化的责任和自觉。学校

80届校友蒋志明携学校教师用时数年完成《亭林文化概述》《野王琴棋书画研究》《〈舆地志〉揽胜》《〈玉篇〉探究》等四本校本课程资源的编著。

（3）综合课程行动研究

① 走进社会体验未来职业发展。学校重视学生未来的发展,落实学生综合素质评价的相关要求,在以志愿服务为主的综合课程中,逐步开展职业体验实践课,从图书馆、医院走向体育场馆、人民法院、工厂企业、职业技术院校。同时学校还依据校情在整体上设计了学生生涯教育建设方案。

② "菜单式"研究性学习,提高学生的主动性。学校基于学生的研究兴趣和教师的指导能力,改变原有班级小组为单位的研究性学习方式,实行全年级走班,学生根据研究性学习小课题菜单进行选择。成立若干课题研究小组,在指导教师的引领下,开展为期一年的研究性学习。评价方式也从指导教师打分制转变为小组汇报评价制,再到结题答辩评价制,与综合素质评价相关要求相匹配。同时使用学生研究性学习MOORS平台,加强对研究性学习的过程管理,提高学生的成果意识。

（二）自选项目

1. 特色课程构建融合体育核心素养

根据自选项目的研究计划,学校根据教育部发布的体育学科核心素养,提出了体育特色课程的育人目标是在运动中强体、立德、增智、赏美。确定体育特色课程体系要重点培育学生八大素养,即:运动技能、运动习惯、身体素质、体育知识、体育欣赏、拼搏精神、规范意识、坚毅品质。

（1）特色课程体系凸显顶层设计

按照"国家课程校本化,校本课程特色化"的思路,遵循

"基础课程渗透特色,特色课程三类统整,课程设置多元可选,课程对象专普兼顾"的原则,依据体育学科核心素养和特色课程的育人目标,从"健身"发展(对应强体)、"修身"发展(对应增智、赏美)、"砺身"发展(对应立德)三个维度,初步构建了以"享受体育"为核心的亭林中学体育特色课程群(简称"三身课程")。

"三身"发展是指:健身发展指学生熟练掌握两门以上体育运动项目,养成强身健体的运动习惯与运动爱好,享受体育运动带来的快乐。修身发展指了解并能欣赏以奥运会为代表的重大体育赛事,了解主要运动项目规则,掌握运动健康知识,尝试体育艺术实践,从而感受体育的魅力,感悟体育的精神。砺身发展指磨砺自身,通过丰富多样的体育活动与竞赛,学生践行拼搏进取的体育精神,弘扬规范有序的体育道德,磨砺耐压抗挫的坚毅品质。

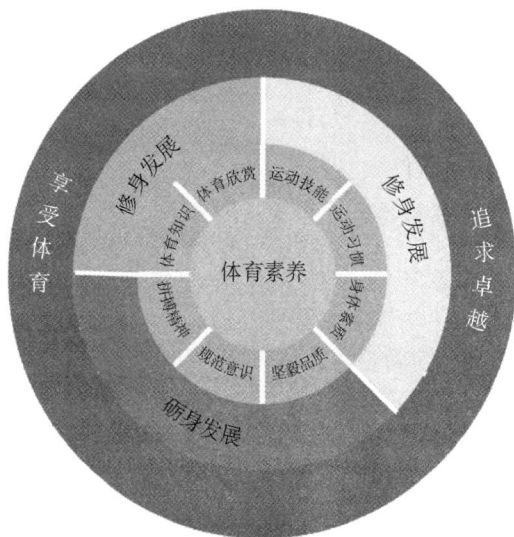

（2）特色课程群体现逻辑顺序

作为学校整体课程的一部分，特色课程群建立与学校课程框架的逻辑联系，是上下位关系，在课程设置上形成必要的呼应。基于学校总体课程框架，不断完善和丰富学校体育特色课程群，特色课程内容同样可分为基础课程（体育为其中的核心课程），拓展课程和综合课程三大类型。特色课程形成"能进能出，能分能合"的课程模块，以体育引领德、智、美与个性和谐发展。

2. 特色课程实施明确路径指向

学校在课程实施过程中始终树立这样的核心观念：体育特色高中建设不是把学校建设成体育学校，而是基于普通高中生源的现状，以体育为突破口实现全面育人。

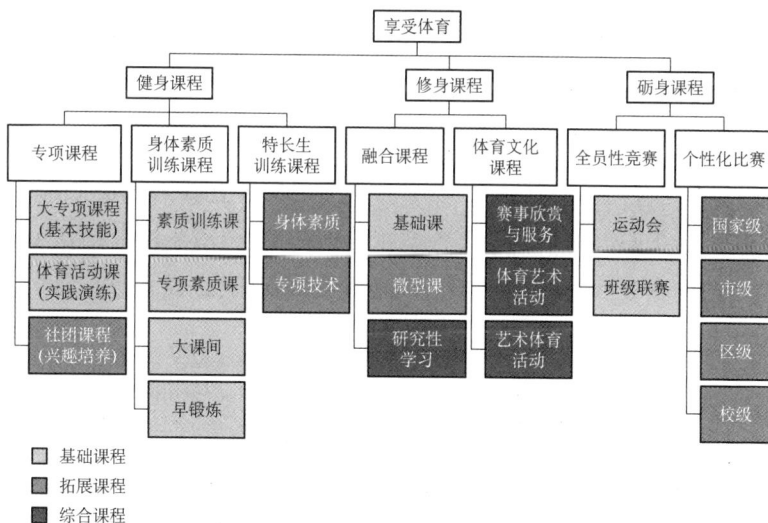

（1）核心课程实施四条路径

一是体育专项化教学，掌握运动技能。学校是上海市首批体育专项化教学试点学校,在高一高二年级开设田径、篮球、足球、健美操、乒乓球等项目,面向全体学生,通过一到两年的训练使其熟练掌握1—2项终身受益的体育运动技能。在专项化教学实践过程中,将足球作为重点发展项目,学校女足在发展中取得良好的效果。

同时,加强对专项化教学的理论与实践研究,在区级课题《体育专项课教学模式的实践研究》引领下,对基于学情与校情的体育专项课教学目标、教学内容、教学方法与手段进行系统研究,编写了《学练有长　享受体育》足球、篮球、排球和田径等系列校本教材。

二是身体素质强化训练,提高身体素质。以切实提高全体学生体质为目标,在实施过程中身体素质训练形成三个板块。每周一节身体素质训练课强化学生基础体能,每天大课间活动建立分层分类训练方式,专项化教学形成了"30+50"的专项课结构,开展运动技能素质训练。

三是体育活动专普结合,提高运动兴趣。学校以"日日有活动,周周有比赛"为目标创设了分类分层的体育赛事活动平台,扩大学生参与面。在各级各类体育比赛中,调动非体育特长生参与的积极性,且日益发挥更大作用,体现了特色课程对普通学生发展支持的成果。

四是特长生训练系统化,面向职业发展。通过建立体育班与运动队的组织方式,对体育特长生进行有效管理与系统训练。采取双教练制度,主教练主抓技术训练,助理教练主抓学生管理,并配合训练。通过系统训练,每年占学生总数七分之一的特长生进入高校体育类专业学习。

(2)课程融合三种目标指向

　　基础课程指向挖掘体育元素。基础课程教学中对体育元素的挖掘是学校特色课程凸显面向全体学生的重要特征之一。在国家课程校本化实施过程中,基于学科单元教学实际案例编撰,引导教师挖掘基础课程的体育元素,探究体育与其它学科的内在联系,在基础课程教学中体现体育的育人价值。

基础型课程中的体育元素渗透示例表

学科	单元（章节）	知识点	体育元素或体育素养	教学内容示例或环节示例
语文	第五单元第十七课《游褒禅山记》	通过游记过程,领悟人生需百折不挠的精神。	坚毅品质	登山的三个条件：志、力、物,引发学生对做事所需的品格认识。
数学	第12章	抛物线的标准方程	篮球轨迹	引入环节
英语	S2A Unit 1：My favorite sport	滑雪运动	运动技能坚毅品质	口语训练话题
生命科学	第四章第3节	细胞呼吸	细胞呼吸提供运动能量	剧烈运动会有酸痛感,是无氧呼吸产生乳酸

　　拓展课程指向普及体育知识。学校倡导以学生的兴趣为切入点,开发以增长体育知识、融入体育修身、启迪人生智慧为目标的体育文化拓展课程。编写了《光环背后——体育文学作品选读》《国际体育赛事——英语阅读》等五本体育文化校本教材。在微型课程体育特色课程模块开设了奥运史、体育赛事中的科技应用、体育与数学、体育运动中的物理、体育赛事新闻写作等课程。

体育文化拓展课中的学科知识点示例表

	校本教材		基础学科教材		
	知识点	章节 (单元)	单元(章节) 知识点	内容	示例
《国际体育赛事阅读》	奥运会简介	Module 1 passage 1	《英语》说明文	说明文中举例子、分类别	奥运会项目的分类
《地理环境与体育运动》	丰富多彩的体育文化	第五章	《地理》专题26	地域文化	中西方体育文化的区别
《奥运史》	古代奥运	第一章第一节 回到奥运的源头	《历史》第一册第三单元第7课	古代希腊罗马	希腊城邦制度——成年男性参加奥运会
《体育与科学》	拔河比赛真的是比力气吗?	物理篇第二节	《物理》第三章第三节	牛顿第三定律	作用力与反作用力
《体育与科学》	奥运火炬如何燃烧	第二章第一节	《化学》第十一章第一节	烷烃	丙烷;丁烷

综合课程指向体验探究体育文化内涵。在体验性课程中,学校搭建体育艺术、体育欣赏、赛事服务、艺术体育等平台。推动学生通过绘画、舞蹈、新闻、摄影、征文、演讲、黑板报、手抄报、微电影等方式表现运动美;组织学生近距离观赏体育比赛,并与金山体育中心合作,参与体育中心的赛事服务;引导各班级发展搏击操、球操、圈操、绳操、太极拳等一班一品体育项目,为学生

多元有个性的发展提供平台,将体育与科技、艺术同班级建设相结合,丰富学生的体验。同时,依托学校法治创新实验室,把体育特色课程与法治教育相结合,以体育规则教育为切入点开展系列研究性学习活动。

创新实验室研究性学习活动列选表

学习活动	指导教师	主要研究内容
《球场风波》模拟法庭活动	许龙军	学生课余篮球活动导致的意外伤害案例研究
《谁的责任》模拟法庭活动	吴　勇	体育课学生意外伤害案例研究
《荣耀选择》手机游戏脚本创作	占丽云	以虚拟的全国中学生足球比赛中的恶意伤害、黑哨为背景,研究足球比赛中的违法问题
《队长恩怨》模拟法庭活动	贾国香	以学校组织的足球队参加校外比赛,两队间矛盾引发意外伤害为背景,开展模拟法庭脚本创作、排练与表演

3. 特色课程评价形成体系

(1) 体育与健身课程学习效果评价

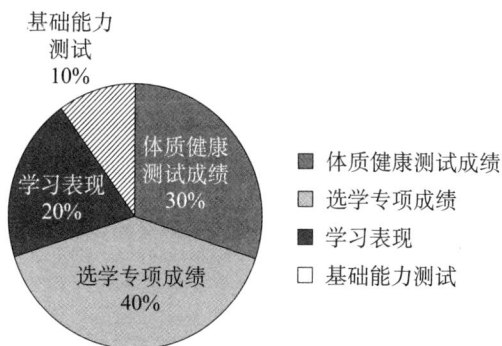

■ 体质健康测试成绩
■ 选学专项成绩
■ 学习表现
□ 基础能力测试

学校建立了《体育与健身》课程学习评价制度,根据《国家学生体质健康标准》和上海市专项化要求,结合学情,按照必学体质健康测试成绩30%、选学专项成绩40%、学习表现20%、基础能力测试10%的权重对学生体育课程学习进行评价。

（2）体育拓展型和综合课程学习效果评价

学校与加拿大皇家大学、北京大学教育学院三方合作,启动《体育教育与智育全人教育的理论分析和实证研究——上海市亭林中学特色课程建设与评估》课题研究。在专家的引领下,完成了《上海市亭林中学特色课程学习目标及学习效果评估体系》的构建。并依据评估体系设计每一门特色课程的《课程学习成果评估表》。对学生拓展类、综合类课程学习情况进行评价。

学习目标	评估标准
1. 强体	
1.1 增强体质:锻炼者	按时参加,认真完成体能和身体素质训练……
1.2 应对竞争:挑战者	清晰地认识自身的特长,并可进行积极的展示……
1.3 合作团结:协作者	意识到每个成员在团队中的不同角色……
2. 立德	
2.1 家国情怀:传承者	了解国情的基本概况,学习文化传统……
2.2 社会责任:主人翁	了解并学习主人翁意识的内涵……
2.3 坚毅拼搏:拼搏者	克服自身现有的局限,参与具有挑战性的体育训练和竞技活动……
2.4 体育道德:弘扬者	体会领悟规范有序的体育道德的内涵……
3. 增智	

续　表

学习目标	评估标准
3.1　目标规划：规划者	明确理解并阐释目标的意义……
3.2　乐学好学：学习者	从不同的角度理解学习的意义,以及学习和个体发展的密切关系……
3.3　勤于反思：反思者	对自我学习状态进行审视,总结经验,意识到不足的地方……
3.4　自主钻研：探索者	以开放的心态,迎接和发现学习新知识的机会……
3.5　实践创新：创造者	体现出从多角度分析信息的能力,能够比较不同角度在认识上的差异性……
4. 赏美	
4.1　感知力量美：传播者	参与课堂内外不同形式的体育艺术欣赏活动……
4.2　体会创造美：创作者	体验和理解体育活动中特有的规范有序的美感……
4.3　展现生命美：展现者	直接参与学校多种形式的的体育艺术实践……
4.4　彰显人格美：践行者	在学习和活动中体现出良好的自我时间管理能力,按时完成计划的学习任务……

六、项目的主要成果

(一) 以课程开发孵化专业骨干,提升教师的课程领导力

1. 完善了学校的课程计划,依据高考新政和学校的实际发展状况,对学校课程计划进行了修订与完善,在课程设置与实施策略上作了变革。

2. 通过对课堂教学的实践与探索,各学科形成了学科单元教学设计的案例,编纂了《课程融合　享受体育——体育元素在

学校课程中的渗透案例汇编》。

3. 教师的课程领导力极大提升。教师在课程开发与实施方面有了长足进步,体育教师在体育专项化教学的基础上编写了《学练有长　享受体育——体育专项教学》足球、篮球、排球和田径校本资源 4 本。各文化学科教师在自编练习的基础上编写了基于学生学情的校本练习 12 本。通过挖掘体育与其它学科的关联,整合课程资源,编写了体育与文化校本资源 5 本。同时借助地域文化历史,编写了亭林文化乡土课程资源 4 本等。

通过课程领导力项目的引领,教师专业素养提升明显,区级骨干教师队伍、市级以上教师获奖增长较快。

学年度	区级 学科导师	区级 骨干教师	教师国家级 个人获奖	教师市级 个人获奖
2015 学年	1	3	1	4
2016 学年	0	3	0	3
2017 学年	2	11	2	17

4. 通过与高校的合作,在专家的引领下,制定了《上海市亭林中学特色课程学习目标及学习效果评估体系》。

(二) 打造体育名片,做强校际交流,扩大学校知名度

1. 体育特色引发多家媒体关注。2016 年 4 月 13 日《中国教育报》第 12 版以《享受体育:为学生的精神人生打好"底色"》为题,报道了体育特色学校的创建纪实;5 月 21 日上海电视台生活时尚频道播放了时长 6 分钟的学校体育特色建设专题报道;10 月 24 日《青年报》第 14—15 版、11 月 1 日《学生导报》第 A2 版分别介绍我校女足训练与发展情况。2017 年 7 月 10 日《东方体育日报》第 A15 版《对话亭林中学校长阮旖——享受体育,让人生更美丽》报道了我校女足体育与智育共同的进步;10 月 11 日《新民晚报》第 25 版《上海市亭林中学:以课程建设促特色发展》报道了我校体育特色课程建设的情况。2018 年 10 月 23 日《文汇报》第 7 版报道我校体育特色创建历程。

2. 友好学校结对共建。2017 年初学校与云南省宜良八中结对,两校将根据各自学校足球的特色发展,开展足球友谊赛、假期高原训练等一系列活动。11 月 3 日河北省保定七中来我校考察体育特色发展与体育特色课程建设;12 月 12 日我校与浙江嘉兴市第三中学因体育特色发展的共同愿景,缔结为友好学校,两校在体育特色课程建设方面开展多次交流研讨。

3. 举办区级体育教育工作坊活动。2018 年 4 月 17 日,金山区体育教育工作坊活动在我校举行,活动以"通过体育教育实现全人培养"为主题,通过多维度的对话,共同探寻以价值为中心的体育教育。共设"分享加拿大奥运赛艇队的故事""从运动中学习到的价值:叙述的力量""研究以及实践案例概览""通过行动研究设计体育教育的框架"4 个议题。活动邀请了加拿大皇家大学传播与文化学院教授、系主任詹妮佛·瓦灵格博士、香港浸会大学跨文化与组织传播博士、美国纽约大学组织传播与创新博士后杜娟副教授担任活动导师。

(三) 围绕立德树人的根本任务,让师生共享获得感与成就感

1. 文化学习与体育竞技双丰收

(1)学生学业水平稳步提升。尤其在高考新政实施的第一年,学校本科率达到 90% 以上。学业水平合格性考试成绩逐年提升,2018 年度全部学科合格率达到 98%。

(2)学生竞赛屡获佳绩。语文作文竞赛、"外研社杯"英语竞赛、生物鸟类识别比赛等中均有一等奖获得者。

（3）全体学生身体素质提高明显。学生参与体育运动的积极性较高,学校将早锻炼、课间操、课外活动有机结合起来,切实提升学生身体素质。学生身体素质测试稳居全区前列。

（4）学生体育竞技佳绩频传。学校女足首获市青少年校园足球精英赛暨市青少年校园足球联盟杯赛冠军、市中学生运动会亚军。学校传统的田径项目连续多年蝉联金山区学生阳光体育大联赛田径比赛团体冠军。群众体育项目200米竞速龙舟赛和运动风筝放飞比赛获得三届市学生龙文化全能赛一等奖;学校被命名为上海市和金山区体教结合先进单位。

（5）体育班示范效应愈发显著。每个年级的体育班在三个方面成为体现学校办学理念的示范班。一是体育运动的示范。起初体育运动成绩并不突出,经过自我定位、自我激励、系统训练,成为运动场上的健将。二是行为规范的示范。集体活动,体育班队伍最整齐、精神最饱满、口号最嘹亮。体育班在每月的常规检查与考核中一直处于年级前列,学期班级考评一直被评为优秀。三是文化学习的示范。亭林中学体育班在文化课中保持饱满的学习状态,近年高考本科上线率都达到100%。连续两届体育班获得上海市先进班级,2018届体育班班主任荣获了上海市优秀班主任。

2. 人格发展与职业规划双促进

（1）在"规范、坚毅、拼搏"的体育精神的指导下,学生在耐挫力、进取心等方面有了明显进步,心理承受力得到增强。

（2）体育特色课程的学习对学生的未来职业发展产生了一定的影响,非体育特长生选择了与体育相关联的专业或产业,如体育传媒、社区体育指导、电竞解说等方向。

七、研究反思与后续设想

（一）着力落实课堂教学改进，结合基础型课程校本化实践，从设问导学、学生活动设计等方面着手，关注学生学习路径，引导学生改变学习方式，提高课堂效益。

（二）在实践中完善特色课程评价，推动评价体系的多元化和可操作性；并与高校等研究机构合作，依托现代信息技术开展体育素养数据分析，为体育教学提供科学依据。

（三）继续实践体育育人路径，以体育建设带动德育建设，丰富人格教育的实践内涵，培养特色鲜明的亭中人。

以党建促进普通高中教师幸福感提升的实践研究

邵文斌

一、问题的提出

资料表明,我国关于教师幸福感的研究由来已久,当前国内关于教师幸福感的研究主要有教师幸福感来源和特征的研究、教师幸福感实现途径的研究、教师幸福感的含义、影响因素和实现途径的研究等等,主要集中于宏观的研究,对特定学段教师的幸福感研究不多,对特定性质学校教师的幸福感研究更少。

从我国高中的分类来说,普通高中具有不一样的内涵,一种是广义的,是相对职业高中而言;另一种是狭义的,实质上是前面所说普通高中其中的一部分,是相对于重点高中而言。本研究所指的"普通高中"是后者。虽然近年来上海的基础教育已经不再有重点和普通之说,但是在教育工作者和社会群众眼里,这样的区分还是很有必要的,也是很清晰的,因此,本研究笔者依旧采用这种比较传统的区分。

笔者曾经执教于郊区重点高中多年,如今又在普通高中工作数年,深切感受到这两类学校教师的生存状态还是有比较大的不同,其中最大的不同,可能就是上文所提到的幸福感。据笔者初步观察感受,普通中学教师的幸福感相对于重点中学来说偏低,这引起了笔者研究的兴趣。

同时,笔者在学校又是一名党务工作者,一直在思考学校党建工作如何为普通教职工服务的问题。党的十八大报告提出,党的基层组织是团结带领群众贯彻党的理论和路线方针政策、落实党的任务的战斗堡垒。要落实党建工作责任制,强化农村、城市社区党组织建设,加大非公有制经济组织、社会组织党建工作力度,全面推进各领域基层党建工作,扩大党组织和党的工作覆盖面,充分发挥推动发展、服务群众、凝聚人心、促进和谐的作用,以党的基层组织建设带动其他各类基层组织建设。基层学校党组织是学校的政治核心和战斗堡垒,是学校发展的决定性因素,学校党建,要注重提高教师教育境界,符合教师自身需要,以此积极创新工作机制,努力开拓工作局面。提升教师的幸福感就是促进学校和教师和谐发展的重要途径,是推进学校科学发展的有机组成部分,是以人为本的科学发展观的重要体现。

二、研究目标与内容

(一) 研究目标

本研究立足于我市教育中长期发展与改革背景,通过对我区 3 所普通高中学校教师进行幸福感和职业倦怠情况问卷调查与数据分析,在整体了解目前我区普通高中学校教师幸福感现状的基础上,进一步分析普通高中教师幸福感缺失的原因,并且基于以上研究结论,从基层党建工作的角度提出建议并且在实践过程中进行研究。

（二）研究内容

1. 普通高中教师幸福感的内涵与外延的文献研究。

2. 影响普通高中教师幸福感的因素及消极影响的调查研究。

3. 学校党组织建设中关注并提升教师幸福感的实践研究。

三、研究方法与研究过程

（一）研究方法

1. 文献研究法。应用中国知网和图书馆等多种方式收集国内外关于教师幸福感和中学基层党建工作的相关文献，力求对国内外教师幸福感的现状及实现途径有一个整体的把握。认真学习党的十八大精神，对学校基层党组织建设的内容与方式有进一步的认识。

2. 问卷调查法。采用《普通高中教师幸福感》调查问卷等测量工具，对区内 3 所普通高中教师进行整群抽样问卷调查。

3. 统计分析法。运用 SPSS 统计软件对数据进行分析，主要包括描述性统计、相关分析、因素分析、单因素方差分析等差异性检验。

4. 行动研究法。基于文献研究、问卷调查和统计分析，针对本校的具体情况，在党建工作上制定相应的计划，在实施的过程中不断观察和反思，最后形成研究结果及研究报告。

（二）研究过程

第一阶段：查阅相关文献，积累基础材料，2013 年 5 月—2013 年 9 月。

第二阶段：制定调查问卷，认真统计分析，2013 年 10 月—

2013 年 12 月。

第三阶段：制定工作计划，开始行动研究，2014 年 1 月—2015 年 12 月。

第四阶段：总结研究内容，形成研究成果，2016 年 1 月—2016 年 6 月。

四、研究成果

（一）普通高中教师幸福感的内涵与外延的文献研究

综合国内外研究成果，发现现阶段特别是 21 世纪以来，研究教师幸福感主要还在于国内，研究的内容基本包含教师幸福感的含义、影响因素、实现途径和研究对象的多样性等。

教师幸福感含义的界定是对教师幸福感进一步研究的基础，目前还没有一个普遍公认的教师幸福感的概念。陈艳华认为，教师的幸福就是教师在自己的教育工作中，基于对幸福的正确认识，通过不懈的努力，自由实现自己的职业理想，实现自身和谐发展而产生的一种自我满足、自我愉悦的生存状态。束从敏认为，教师职业幸福感是指教师在教育工作中需要获得满足、自由实现自己的职业理想、发挥自己的潜能并伴随着力量增长所获得的持续快乐体验。曹俊军认为，教师幸福既是个人需要与社会需要的统一，又是个人价值和社会价值的有机结合，具体地说，教师幸福具有四方面的含义：教师幸福是个人需要满足与潜能实现而获得的体验；教师幸福是个人主观努力与客观机会及条件契合的结果；教师幸福是个体对其生存状况与职场环境肯定的价值判断；教师幸福是具有动力源性质的精神力量。王传金博士认为，教师职业幸福指教师在教育工作中，实现自己的职业理想，体味人生价值并获得自身发展的精神愉悦状态。教师职业幸福存在于教师职业理想的实现或正在实现的过程中,教育实践活动是其场域与源泉。在促进学生发展的同时,教师自身也获得发展,这是教师职业幸福的应含之维。

影响教师职业幸福感的因素很多,一些学者对教师幸福感进行了人口统计学的研究,具体研究结果略有不同。如在性别和年龄对教师幸福感的影响方面,王传金的调查统计结果为,从性别上看,男女教师的职业幸福感没有明显的性别差异;从不同年龄阶段教师的职业幸福状况看,教师职业幸福的状态在年龄分布上有较明显的差异。肖杰认为,男女教师的幸福感呈现显著差异,男教师总体来说比女教师更能体验到幸福感,不同年龄段小学教师职业幸福感没有显著性差异。同时很多硕士和博士研究生通过问卷、访谈等研究方法论述了影响教师职业幸福感的因素,由于研究的对象和角度不同,得出的结论也略有所不同,如李颖认为,社会支持、学生的成长、自身能力的实现、学校管理好、人际关系、经济收入和职业理想影响教师的幸福感。王传金认为,影响教师幸福感的因素有两大类:一是教师自身原因,包括教师的职业理想与兴趣、职业道德与观念、职业能力与作为等;二是教师的生存环境,包括经济收入、教师所在的社会与文化环境、教师成长的支持条件等。此外,一些学者或一线教师根据自己的理性思考或对自己的经验进行理论提升,提出了影响教师幸福感的不同因素,如冯建军认为,影响教师专业幸福的因素有:停留在职业层面,缺少专业幸福的生长点;职业的工具价值消解了教师的内在幸福;技术理性使教师失去个性和创造性,也失去了幸福的源泉。

关于教师幸福感实现途径的研究。韩大林从智慧的方式、德行的方式和实践的方式三方面论述了实现教师幸福感的途径。王传金从理想、观念、道德、能力和作为方面论述了实现教师幸福感的途径。邝红军认为,教师幸福的实现要求教师具备处理三种关系的能力:在占有的基础上学会给予,在重复的基础上学会创造,在主—客关系中达成教育目标。

关于教师幸福感研究对象的多样性。教师幸福感研究的对象从一般性研究到具体性的研究,研究对象的具体性使研究成果的针对性强,便于实践操作,能够更好地为提高教师幸福感提供具体可行的措施。如王传金的教师职业幸福感的研究、雷燕的幼儿教师职业幸福感及影响因素的研究、姜艳的小学教师职业幸福感研究、黄海蓉的高校教师幸福感的实证研究、王陈的高校女教师主观幸福感的研究、陈梅英的中学政治教师职业幸福感的研究、田佳的新课改背景下初中教师职业幸福感研究等。

(二)影响普通高中教师幸福感的因素及消极影响的调查研究

根据对教师幸福感的文献研究,木课题组制定了一份调查问卷,分别从工资收入、人际关系、劳动强度、工作环境、教学成果、职称评定、职业安全感、职业成就感、专业自主权、学校评价、单位制度建设、身体状况、学生认可、家长认同、社会认同等15个可能影响普通中学教师幸福感的方面,请受访教师从1(程度最低、最差、最难等)到5(程度最高、最好、最易等)进行自我评价。然后向本区2所重点中学和3所普通中学的教师各发放100份调查问卷,回收上来有效问卷分别为97份和95份。均值比较结果见下表:

序号	内容	普通高中均值	重点高中均值	相差值
1	工资收入	4.2	4.1	0.1
2	人际关系	4.5	4.3	0.2
3	劳动强度	4	4.2	－0.2
4	工作环境	3.4	4	－0.6
5	教学成果	2.7	4.1	－1.4
6	职称评定	2.8	4.2	－1.4
7	职业安全感	4.1	4.3	－0.2
8	职业成就感	2.6	4.2	－1.6
9	专业自主权	3.8	4.1	－0.3
10	学校评价	3.9	4	－0.1
11	单位制度建设	3.8	4.1	－0.3
12	身体状况	3.9	3.7	0.2
13	学生认可	3.7	4.2	－0.5
14	家长认同	3.2	4.5	－1.3
15	社会认同	3.3	4.6	－1.3

由上表可以看出,工资收入、人际关系、劳动强度、职业安全感、专业自主权、学校评价、单位制度建设、身体状况等方面,重点中学和普通中学教师虽然均值有高有低,但两类学校之间差距并不大,也就是说,普通中学教师幸福感和重点中学相比,主要影响因素并不在于这些方面。

相比较而言,教学成果、职称评定、职业成就感、家长和社会的认同可能是影响普通中学教师幸福感的主要消极因素。通过对部分教师的进一步访谈,对这些因素可以具体化:

1. 教学成果。因为重点中学和普通中学的划分,最显性的区别就是入学成绩有比较大的差别,这种差别导致普通中学学生的学习态度、学习习惯、学习意志和学习能力都和重点中学有很大差距,这些差距随着就读时间增加还会逐渐增大。另外还有隐形的差别,例如学生家庭受教育程度。这些差距会导致普通中学学生成绩几乎不可能追上重点中学,各类学科竞赛普通中学学生参加也只是陪跑,拿不到什么像样的名次。教师在这些方面的教学成果就很少。

2. 职称评定。职称评定也是与教学成果密切相关的,教学成果少,评职称的材料分量就不足,而评委大多来自重点中学,对普通中学教师的影响也比较大。据不完全统计,本区内几所普通中学高级教师比例和重点中学比明显不足,即使是中级职称,重点中学教师大多能在工作 5 年后评好,而普通中学教师一般会晚 1—3 年。

3. 职业成就感。普通中学教师在常规教学中更多采用机械重复、背诵、死盯等方式,学生自主学习能力较差,教师挫败感很强烈。高考时重点高中很多学生考上名校、重点高校,而普通中学的学生能考上普通本科或者外地本科就很不容易了,几年教育教学工作下来,普通中学教师很难有较强的职业成就感。

4. 家长和社会的认同。现在的教育受外部的影响很大,在很多社会上的人和学生家长看来,普通中学的教师和教学质量都不如重点中学,所以他们对普通高中学校或老师的支持力度就差很多。有教师指出,某普通高中的社会赞助企业只有一家,每年赞助一万元学生奖学金,某重点高中经挑选后社会赞助企业还有上十家,每年奖学金、奖教金超过百万。

其实,以上这些差异最主要是教育行政部门的教育政策造成的,和普通高中教师的劳动并没有多大的关联性,这也是普通高中教师幸福感不强的根源。

(三) 学校党组织建设中关注并提升教师幸福感的实践研究

学校党建工作虽说以党员为主,但是政治思想工作方面依旧是面向全体,在提升教师幸福感方面,主要是在以下几方面形成机制:

1. 党员做好模范。学校党支部首先要求每一位党员做爱岗敬业的模范,要立足本职岗位,爱岗敬业。立足本职岗位,努力创造一流业绩,是对党员先进性的基本要求之一,要爱岗敬业,勤奋学习,开拓进取,埋头苦干,为周围的群众作出表率,努力创造出一流的工作业绩。爱岗就是热爱本职工作,就是对自己所从事的工作有一种幸福感、荣誉感,一个人一旦爱上了自己的职业,他就会把身心投入到本职工作中,就能在平凡的岗位上做出不平凡的成绩。敬业就是专心致力于事业,千方百计将事情办好,真正认识到自己工作的意义,这才是高层次的敬业,这种内在的精神,才是鼓舞人们勤勤恳恳、认真负责工作的强大动力。

2. 加强价值引领。党的十八大报告指出,要发挥党组织的战斗堡垒作用必须要充分落实党建责任制。学校大力全面推进党建,不断扩大党建覆盖面,做好全校教师的思想工作,培育良好的校园精神文化。学校党支部充分利用各种途径在校园内树正气,掌握学校舆论的主导权。学校是社会主义核心价值观培育和践行的阵地,也是党的路线、方针、政策推动和宣传的阵地。学校党支部充分利用中心组学习、教工大会、教师恳谈会等形式组织全校教师学习十八大精神,并结合学校新一轮五年规划的制定,做好每个老师自己个人的五年发展规划,努力将个体发展路径和学校发展规划有机整合。

3. 服务教师所需。普通高中教师的职业成就感在于平时的教师评价,在于教师顺利地评上职称。学校党支部支持行政制定更加合理的《绩效考核方案》和教师评价机制,同时为需要的教师搭建平台,帮助教师总结教学经验,发表论文,在成果评定和职称评定等方面给予更多更及时的支持帮助。

4. 完善制度建设。学校教师在学校有幸福感,学校的制度建设必须落实。学校党支部积极配合学校行政,在制定学校章程和学校新一轮五年规划的过程中,通过工会、教代会等途径深入了解学校一线教师的需求和他们对学校发展的期望,有效提升教师对学校新一轮发展愿景的认同度。同时党支部在学校修订和执行《校内规章制度集》的过程中充分发挥民主监督作用,确保依法办学、依法治校。党支部牵头思考并积极探索构建教师宣传表彰和激励推进机制,努力提升教师职业成就感。党支部在校园制度文化建设的过程中不断强化学校的育人理念,努力使这一学校精神成为教师共同的价值信奉。

5. 工会凝聚力量。工会工作也是学校党建的重要组成部分。工会在学校凝聚力工程方面有着不可替代的作用。党支部和工会首先要保障教职工的民主管理民主决策,同时在医疗保障、生活服务等多方面有很大的工作空间,建设和谐校园,让教师在学校有家的感觉,对提升教师幸福感有很大帮助。

五、研究成效

1. 使基层党建工作创新工作内容,提高工作实效

学校党组织建设为提升教师的幸福感研究提供思想保障和组织保障,同时,我们通过科学研究,也不断促进学校党组织改

进工作方式,创新活动内容,寻求新思路和新方法,从而提高党建工作的科学性、针对性和实效性。

2. 为教育行政部门教育均衡发展的决策提供依据

普通高中教师在工作和生活上所承受的压力和重点高中相比更为突出,而他们所享受的成功相比其它重点高中却少之又少。从这一点来说,教育行政部门在生源的调配、资金的投入、教育教学等工作的考核等应该有更多的倾斜。我们的研究将会探究外部环境对教师幸福感的影响,也希望在教育均衡发展背景下普通高中会拥有一个更加良好的生存环境。

3. 为普通高中教师享受幸福的职业生活提供可行方案

教师的幸福是学校教育的关键,有了幸福的教师,才会有幸福和快乐的学生。而教师幸福的来源除了物质的报酬之外,更主要是能实现自己的职业理想,获得职业成就感和社会尊重感。此研究在于了解高中普通中学教师幸福感现状、缺失的原因以及学校基层党组织在此项工作中的使命。

六、反思与展望

在当前的教育体制下,作为教育工作者幸福感较低是不争的事实,高中阶段教师由于处在高考升学的最前沿,所承受的职业压力应该也是最大,而普通高中教师的幸福感更是亟待提升。作为学校党务工作者,以党建工作提升教师幸福感是自己工作的职责之一。笔者更希望我们的教育改革能够更加彻底,全社会对教育的看法有更大的更新,对教育工作者更加尊重,这才是教育发展的方向。

几年前,笔者参加上海市教委教育管理者培训班在芬兰学习,有人问芬兰的教师:你有没有职业倦怠?那位教师一下子没明白过来,经过翻译再三解释,她才明白过来,她说:在芬兰,教师的收入虽然一般,但是在学校里、社会上都受到尊重,我们做教师是很幸福的,我很愿意一直做下去。这也是我的期望。

二、育德篇

【导语】

　　立德树人是育人根本任务,核心素养是学生发展目标。亭林中学在特色创建中自始至终把育人工作放在首位,把特色的最终目标落实在学生成长成才与全面、个性化发展上。学校全方位、全程、全员育人;特色育人、学科育人、工作育人,做到学校育人工作全贯通。学校把育人体现在实效上,用喜闻乐见的形式还予学生,用学科知识力量的表现形式还予学生,让学生在潜移默化中经受德育的熏陶,明白做人的道理,塑造健全的人格。

学科育人价值视角下高中英语文学学习指导方法的实践研究

赵　霞

一、问题的提出

教育部新制定的《普通高中英语课程标准》指出：学科核心素养是学科育人价值的集中体现，是学生通过学科学习而逐步形成的正确价值观念、必备品格和关键能力。英语学科核心素养主要包括语言能力，文化意识，思维品质和学习能力。这就需要老师们能在语言教学中综合地关注学生这四种能力的培养，其中文化意识是不可或缺的重要部分。而目前的高中英语教学由于高考升学系统和传统教育理念、教学模式及方法的影响，在很大程度上局限于向学生灌输语言知识和听说读写技能的培养，却忽视了学生文学素养的提高。现行的中学英语教材中，文学作品所占比例极低，而这些仅有的文学作品也被忽略，文学教学在我国高中英语教育教学中几乎仍然是一个空白地带，更不用说收集开发一些英美文学作品，使之成为学生乐于阅读的中学英语课程资源。由于在高中英语教学中过于偏重学生理性认知能力的培养，学生在英语学习中很少受到情感和心灵的充沛滋养而产生情感空白。因此,在高中学段开设英语文学拓展课,进行文学作品学习指导方法的实践研究,引导学生积极阅读英美文学名家名作,拓宽语言学习渠道,逐步培养他们对文学作品的欣赏能力和文学修养,从而也有助于他们积极的人生观价值观的培养。

《普通高中英语课程标准》明确规定:普通高中毕业生(八级)应能在教师的帮助下欣赏浅显的文学作品,课外阅读量(各种文体)累计到 36 万词以上。这表明中学英语教学呼唤文学的回归,文学最终要从大学讲坛走进中学课堂。因此,在高中阶段进行英语文学作品学习指导方法的实践研究,发挥英语文学作品教学的功能,让它成为英语常规教学的有效补充形式是非常有意义的一件事情。

所谓学习指导方法的实践研究,即从本校学生学情出发,通过在各个年级不同侧重点的文学体裁的课程的开发和实施,让学生在老师的帮助下能够欣赏浅显的文学作品,了解文章的写作风格及思想内涵,从而增强学习英语的兴趣,逐步提高对文学作品的欣赏能力和文学修养。老师能通过对文学学习指导方法的实践研究,开发出适合我校学生特点的英语文学校本教材,探索出一些适合我校学生的学习指导方法和要求,并在这过程中引导学生形成积极的人生观价值观。

二、研究目标与内容

(一) 研究目标

1. 通过对本校学生英语文学学习指导的实践研究,深化师生的认知:英语文学学习能力的培养是一个循序渐进的过程。

2. 通过对本校学生英语文学阅读现状和高中生心理特点和阅读兴趣的研究,开发出适合我校学生文学阅读的校本教材。

3. 通过在不同年级的教学实践,探索出文学拓展课的一些行之有效的教学设计活动,构建有效的学习指导方法和要求。

4. 以英语文学学习为载体,引导学生形成积极的人生观价值观。

(二) 研究内容

1. 采用调查问卷、教师反馈等形式,全面了解本校学生英语文学阅读现状,探究其成因。并在此基础上,挑选适合我校学生的英语文学作品,编写普通高中英语文学的校本教材。

通过调查,了解我校学生对英美文学、历史等知识水平及对教材文学作品中感兴趣的因素,根据学生认知与兴趣基础,探究和初步挖掘适合学生阅读的文学作品素材,编写适合我校学生阅读和学习的文学作品校本教材,包括一些经典电影剧本片段、戏剧、小说、诗歌等。

2. 探索适合于不同年级英语文学学习的课堂教学设计和实践活动,构建有效的学习指导方法和学习要求。

年级	英语文学学习指导方法和途径	学习指导要求（教师）	学习指导要求（学生）
高一	以经典影视欣赏为主,辅以小组讨论,写观后感	侧重于教师助推下展开的学习活动:活动安排得当,目标明确,指令清晰。	小组各作,分工合理,共同参与,资源共享,参与情绪高,兴趣浓。

年级	英语文学学习指导方法和途径	学习指导要求（教师）	学习指导要求（学生）
高二	积极挖掘教材和校本教材中的经典戏剧元素,鼓励学生以小组为单位,进行表演	侧重于教师引领下的学生表演活动:语音语调规范,口语流畅,表达清晰明确,创设符合学生实际的文学情感体验情境,具有较强的课堂应变能力和文化素养。	有良好的说的习惯,能大胆、大声地朗读、模仿和表述,参与情绪高,兴趣浓:学生参与课堂各项活动的情况达到90%—100%。
高三	引导学生自主阅读经典的小说与诗歌作品,辅以小组讨论,品味作品的价值,作者的人生观价值观,并形成文字。	侧重于学生的自主学习活动:以提高学生人文素养为目标,引领学生了解中西方文化背景及差异,培养学生的批判性思维。	养成良好的文学阅读的习惯:包括独立读和相互读。对文学作品有自己的见解和观察。侧重听说读写议综合语言运用能力的发展。

3. 将文学课作为载体,引导学生形成积极的人生观价值观,提高文学素养和审美能力。

文学作品是承载语言技能、知识、文化和历史的大百科全书。学生学会鉴赏目标语的文学,也就附带学会了语音、词汇和语法等语言知识。更为重要的是,这一过程也提升学生的人文素养,开拓了学生的国际视野。文学宗旨是传递一定的文化和价值观,文学往往是语言的经典流传之作,具有感染性和正向性,渗透文学素养能培养学生爱憎分明、敢爱敢恨的心理特质,从而使学生发展成心智健全、情智共生的和谐之人。

三、研究方法与过程

研究思路:本研究首先对目前高中英语课程文学教学的现

状进行调查,为高中阶段开设文学学习指导课提供依据,证明文学在高中英语教育体系中的重要性;接着探究文学教学对高中学生所具有的重要教育价值;之后再研究如何开展英语文学学习指导方法的教学实践,探究文学课应当教什么、怎么教等问题,如何进行文学课的教学设计,包括明确课程目标、确定教学内容、教学策略、编写教学材料;最后进行总结归纳,形成适合我校学生的文学课的学习指导方法和学习要求。

(一)准备阶段(2016.3—2016.8)

课题组运用查阅法等,做好以下工作:确定课题、搜集情报;成立课题组、确定课题组成员分工;设计课题研究方案,进行课题论证。

1. 理论准备:查阅关于英语文学学习指导的文献资料,了解国内外研究的现状,明确研究方向。

2. 实践准备:通过问卷、座谈、课堂反馈等形式了解我校学生的英语文学阅读现状和爱好。

3. 开题论证:结合理论学习和调查研究,撰写开题报告,确定研究目标和内容。

(二)实施阶段(2016.9—2018.9)

1. 课题内各位成员分工协作,收集经典电影剧本片段、戏剧、小说、诗歌,编写适合我校学生阅读的普通高中英语文学拓展学习的校本教材。

2. 结合英语学科教学,落实实验的具体措施,开展文学课教学活动,提炼出有效的学习方法和指导方法。根据不同年级特点,学生学情等,课题组成员对不同年级进行分工,尝试设计不同年级的具体学习指导方案。每周安排一次课题组活动,明确相关年级所需要的实践活动类型,研讨适合我校学生水平的活动形式。

3. 定期对学生进行问卷调查,及时了解学生对英语文学拓展课学习的态度和感受。并根据课堂评价和学生学习成果检验,解决学生从赏析到理解的转换困难等问题,及时发现问题,找出原因,想好对策,再实践再修改,并逐渐完善。

4. 积累与反思实践研究中的心得体会和问题,积累优质资料,撰写一些课例,记录实施过程中的心得体会,并检测教学效果。定期撰写阶段性研究报告,根据实际情况对课题进行调整研究计划。

(三)总结阶段(2018.9—2018.11)

1. 分析、归纳各种问卷调查和实验数据。

2. 撰写教学经验总结、教学案例和结题报告。

3. 编写《普通高中英语文学作品赏析和理解》校本教材。

4. 总结出适合我校学生文学学习的指导方法和学习要求。

四、研究成果

(一)深化师生的认知:英语文学学习能力的培养是一个循序渐进的过程。

在此项实践研究广泛开展之前,各种调查表明,广大英语师生对于英语文学阅读教学并不是非常重视的,对于教材中的文学作品要么直接忽视,要么把它当作泛读文章一带而过。有的老师虽然意识到文学作品的潜在功能,但他们的教学方式传统,不能充分调动学生的积极性,也没有相应教育理论或理念去支撑他们的教学模式。有的老师自己也较少阅读文学作品,阅读体裁比较单一,以小说为主,更不用说学生。很多学生认为英语文学作品很多落伍了,跟不上时代,且语言生硬,和考试无关,且高中学习任务重,不读文学作品的学生比比皆是。

然而,通过此项实践研究,大部分老师改变了以往的想法,充分意识到文学作品学习的巨大功能,重视提高学生的文学素养和开拓学生的国际视野。很多老师自觉主动地拓展自己的文学知识,加强自身的文学作品学习研究,意识到只有提高自身的文学素养才能带动学生扩大学生的知识面,通过坚持不懈的教导和实践,满足学生的精神需求,提高文学素养。教师们会积极主动去思考如何把先进的文学教学理念融合在日常的教学活动中,并积极创设各种活动,使学生有兴趣、有时间、有方法的提高文学鉴赏能力。在老师们的带领和指导下,学生的英语文学鉴赏能力提高了,并培养了积极的人生观价值观,此项实践研究激发了师生的积极性和创造性。

(二) 寻找并设计适合不同年级英语文学学习的课堂教学设计和实践活动,构建有效的学习指导方法和学习要求

根据课题要求,课题组做了一系列问卷和访谈的调查活动。第一步初步了解学生对英语文学的知识储备,发现由于高中生面临着沉重的高考压力,一方面作业任务繁重,时间上很难保证;另一方面大部分学生表示自己对文学作品不了解或不感兴趣,很多高中生连莎士比亚四大喜剧、四大悲剧都不知道,但又碍于自尊心羞于开口,上课时采取不配合、不抗拒、不主动的学习态度。第二步了解学生的兴趣点,如平时经常接触的阅读书籍、电脑软件、课外活动、学习和休闲方式等,尽量保持与学生视野接近的角度寻找与学生的共鸣。

根据前期的调查研究,针对调查结果,课题组尝试根据不同年级学生和学情特点,在不同年级开展各有侧重点的体验式学

习的实践活动,细化校本教材,根据每种分类寻求不同的实践活动,然后以实践活动为导向进行教学设计。具体表现为:

方法一:影视欣赏法,针对高一年级。

首先,编写适合高一学生的影视欣赏校本教材。高一学生英语词汇语法等知识储备都不足,但对影视等视频材料感兴趣,影视艺术的声情并茂,情景交融的场面感染着英语学习者。实践证明,这是一种深受学生欢迎的学习形式。在英美文学欣赏课的教学之中运用多媒体技术可以增加单位时间内的教学内容,提高学生的学习兴趣。所以课题组分工整理了一些经典电影视频和背景材料编入校本教材,本课程精选了18篇英美文学名著及电影片段(英国文学名著及美国文学名著各9篇),并从人物的性格特征、心理活动、社会背景、文化差异、内心独白和阶级矛盾等方面,截取某些精彩片段进行赏析。

选修课程教材内容如下:

Section 1 Appreciation of British Literatures & Movies

Passage 1 Hamlet

Passage 2 Romeo and Juliet

Passage 3 The Merchant of Venice

Passage 4 Pride and Prejudice

Passage 5 A Tale of Two Cities

Passage 6 Jane Eyre

Passage 7 Wuthering Heights

Passage 8 Tess of the D'Urbervilles

Passage 9 Pygmalion

Section 2 Appreciation of American Literatures & Movies

Passage 1 The Scarlet Letter

Passage 2 Uncle Tom's Cabin

Passage 3 The Million Pound Bank Note

Passage 4 An American Tragedy

Passage 5 The Great Gatsby

Passage 6 The Old Man and the Sea

Passage 7 Gone With the Wind

Passage 8 The Godfather I

Passage 9 Catch-22

其次,在高一年级组织学生欣赏英语经典影视欣赏为主,辅以小组讨论等多种活动,并要求学生写观后感,侧重于教师助推下展开的学习活动。具体表现为:每两周安排 1 次授课,安排固定英语教师授课,每次授课 1 课时,共分 2 个学期,共计 18 课时。授课教师利用多媒体和文本资料进行教学,以教师授课、讲解和学生有目的地学习、阅读材料、欣赏名著及电影片段的方式进行实施。但由于课时的限制,我们只能节选和截取这些英美名著和相应改编的电影的精彩片段在课堂上加以呈现,让学生对这些片段进行学习和欣赏,从而体会英美文学的独特魅力和跨文化交际的差异。

在这一过程中,对老师的要求是:教学活动要安排得当,不能太难,能激发学生兴趣,教学目标明确,要求学生能大致了解作品大致内容,教学指令清晰。教师可采用两种模式进行选修课程教学:(1)课内阅读后,分小组讨论升华阅读内容,并欣赏相应电影片段;(2)课内欣赏名著电影片段,课后阅读,课堂上分小组进行读后反馈。

在这一过程中,对学生的要求是:小组成员互相合作,分工合理,共同参与,资源共享。通过这种师生共同参与生生互动式的学习方式,学生的学习兴趣提高了。学生可收集相关学习材料,交流名著阅读和电影欣赏的感受。同时师生可以交流讨论,以学习小组竞赛等形式进行学习。

例如,教者的一节经典歌剧电影欣赏课《剧院魅影》中安排了游戏感知环节,让学生带上老师准备好的面具,按自己所戴面具角色的感觉从教室外走进教室,给同学们亮相,请同学们辨识这四种同学所扮演角色的职业。在这四位同学走进教室的一瞬间教师听到了"哇——"的一声,学生的脸上都浮现出惊奇、感兴趣甚至跃跃欲试的表情,课堂氛围一下子被带动起来。这种表演形式使学生因教学活动适应他们娱乐需要,提高学习的积极性。

方法二:戏剧欣赏与表演法,针对高二年级。

高二学生经过高一的英语学习和经典电影欣赏,对故事复述,人物分析,台词赏析有了一定的知识储备。因此,高二英语文学学习指导途径以积极挖掘教材和校本教材中的经典戏剧元素为主,鼓励学生以小组为单位,进行表演创作。侧重于教师引领下的学生表演活动,即在教师的引导和小组同学的帮助下,学生充分融入情境获得丰富的情感感受。

首先,结合学生的特点,编写适合高二学生的英语戏剧欣赏和表演校本教材。

Drama Performances

剧院魅影	The Phantom of the Opera
音乐之声	The Sound of Music
哈姆雷特	Hamlet
绿野仙踪	The Wizard of OZ
三个火枪手	The Three Musketeers

灰姑娘　　　　Cinderella……(可以补充)

其次,高二年级组织学生以小组为单位,进行表演创作。具体为:每两周安排 1 次授课,安排固定英语教师授课,每次授课 1 课时,共分 2 个学期,共计 18 课时。授课教师利用多媒体和文本资料引导学生从人物的性格特征、心理活动、社会背景、文化差异、内心独白和阶级矛盾等方面进行赏析,并在教师的引导和小组同学的帮助下,充分融入情境获得丰富的情感感受,在此基础上表演出来,从而体会英美戏剧的独特魅力和跨文化交际的差异,也逐步培养自己使用英语的自信。

这一过程对老师的要求是:教师语音语调规范,口语流畅,表达清晰明确,积极创设符合学生实际的文学情感体验情境,具有较强的课堂应变能力和文化素养。

这一过程对学生的要求是:有良好的说的习惯,能大胆大声地朗读、角色模仿和表述,通过这种师生共同参与生生互动式的学习方式,学生的学习兴趣提高了,参与情绪高,学生参与课堂各项活动的情况达到 90% 以上。

例如,教者在莫泊桑的《necklace》的教学当中,创设了"收请帖""借项链""找项链""还项链""求真相"一系列情境,安排学生自己选择角色,以独特的理解,用话剧的念白语调进行表演。在这个过程中,学生们要选择各自喜欢的片段,还要选择一位同学做导演,在小组中分配角色,并与同学讨论表演方案,最后模仿话剧的念白方式,运用合适的音色、语调和变化的语言节奏去刻画剧中人物,并带了一些简单的动态表演,使学生如闻其声,如见其人,如临其境,这堂课上得有声有色,学生也对故事中的几个人物(马蒂尔德,皮埃尔等)性格有了更形象深入的了解和体悟,对作者和作品的主题思想感悟更深刻。

方法三：自主阅读经典的英语美文作品，针对高三年级。

高三学生经过前两年的英语学习和电影欣赏和戏剧作品表演活动，对故事复述、人物分析、台词赏析、舞台表演都有了一定的知识储备。因此，高三文学学习侧重于引导学生自主阅读经典的英语小说与文学作品为主，辅以小组讨论，品味作品的价值，作者的人生观价值观，并形成文字，训练学生的阅读和写作能力。

首先，结合高三学生的特点，编写适合高三学生的英语美文作品校本教材，扩大学生阅读视野，丰富学生的学习经历，使学生更广泛地了解英语国家的文化，在语言学习的同时，陶冶情操，提高文学素养和人文素养。

校本教材内容主要涉及七个方面，即文学作品、人物传记、历史文化、社会风情、科学经济以及人生态度与理想、异域风情。

（1）文学作品 1 The Little Match Girl/2 A Perfect Day/3 The Pied Piper of Hamelin

（2）人物故事 1 Louis Armstrong/2 Special Fund in Honor of Hong Zhanhui/3 Pop Star and Songwriter：Han Hong

（3）历史文化 1 Cleopatra, Queen of Egypt/2 Studying difference/3 Spring Festival's Symbols/

（4）社会风情 1 International Left-hander's Day/2 The Origin of Kiss/3 Make Sports a Kind of Culture

（5）科学与经济 1 Greenhouse Effect Occurred 5,000 Years Ago/2 China's launching plans for Shenzhou 7/3 China's New "Four Great Inventions"

（6）人生态度与理想 1 You Are the World/2 Honesty/3 Facing Life Positively

（7）异域风情 1 An strange experience/2 The Taj Mahal（泰姬陵）/3 Organic- a legal meaning

其次,因为是以学生自主活动为主,所以定期的评价和检测就尤为重要。对老师的要求是:(定期两周一次)检测和评价学生的自主阅读,针对某一符合学生兴趣和能力的内容进行合作探究,使学生有充分的展示自己、互动的机会,加深对教学内容的体会和理解,引领学生了解中西方文化背景及差异,培养学生的批判性思维。

这一过程对学生的要求是:养成良好的文学阅读的习惯,包括独立读和相互读;对文学作品有自己的见解和观察并学会和同伴分享心得体会;侧重听说读写议综合语言运用能力的发展。

自主读写活动检测和评价表(教师评价与学生评价相结合)。

附(1)阅读自我评价表(每节课下课前学生自我评价):

Name_____ Date_____ 注:优秀(A)良好(B)合格(C)待改进(D)

Reading	Item	A	B	C	D
While Reading	Look up new words in the dictionary				
	Find out difficult and key points				
	Hunt for wonderful sentences				
	Be active in thinking while reading				
	Express your feelings/ ideas clearly				
After Reading	Be involved in discussion actively				
	Write down what you think and feel and like				
	Summarize reading strategies				

附(2)写作自我评价表(课后):

Item	Evaluation	A	B	C	D
Prewriting	1. (structure) Write an outline				
	2. (topic) Be stated clearly				
	3. (details) Fit the topic				
Editing	4. (details) Be in an order that makes sense				
	5. (final copy) Be well organized				
	6. (Every sentence) Have correct tense and voice				
	5. (Every sentence) Have a subject				
	6. (Pronouns) Be used correctly				
Post-writing	7. (Spelling, punctuation and capitalization) Be correct				
	8. (final copy) Be neat, clean and easy to read				

注:优秀(A)良好(B)合格(C)待改进(D)

例如,在学习《The surprising stories of O. Henry》这一系列作品时,教者组织了两次小老师的活动,第一次是在赏析对欧·亨利作家生平和代表作介绍中,如果只有教师一一罗列知识点,课堂会显得枯燥无趣。因此教者选了一位喜欢讲故事的学生以讲故事的方式做引导,第一步先上台讲欧·亨利代表作"The last leaf"的故事,第二步和其他学生对讲故事的同学进行提问,通过讲台上下的提问探讨引申出欧·亨利作品的写作特点和风格;第二次是小组分工合作,每组选择一篇欧·亨利的小说课后仔细研读,完成读书报告,并派出一名同学充当小老师角色,带引大家研读赏析作品。这样的师生置换活动首先在形式上让学生有眼前一亮的感觉,改变了教师讲解的固有思维,使课堂生动形象起来,提高了学生的学习情趣;其次由于学生担任了教师的角色,使学生对预习、作业等环节更加重视起来,提高了学习效率。

五、研究成效

(一) 主动学习

在传统教学中,教师是教学的中心,学生只需专心听讲,认真记笔记即可。而英语文学学习则要求学习者发挥主动精神,对自己的学习负主要责任,真正成为教学过程的主体。它强调学习者积极主动地参与,没有这种参与,就不能产生任何体验,更谈不上学习过程的完成。

(二) 寓教于乐

寓教于乐一直是教育界为激发学生的学习兴趣而试图攻克的难题。寓教于乐中的“乐”字包涵两层意义:一是指教师把传授的知识融入能激发学生兴趣的教学方法中去,尽量使教学过程像娱乐活动一样吸引人;二是指教师通过调动学生,将被动学习变成主动掌握的过程。课题实践的文学学习指导为这方面的研究开辟了一条新的思路。在这里“乐”的重心已有所偏移,即并非教师单方面制造的乐趣,而是学生主动体会到的乐趣。学生学得快乐,这才是寓教于“乐”的真正实现和真实效果。

(三) 学有所悟

文学作品是承载语言技能、知识、文化和历史的大百科全书。学生学会鉴赏目标语的文学,也就附带学会了语音、词汇和语法等语言知识。更为重要的是,这一过程也提升学生的人文素养,开拓了学生的国际视野。此外,文学宗旨是传递一定的文化和价值观,文学往往是语言的经典流传之作,具有感染性和正向性,渗透文学素养能培养学生爱憎分明、敢爱敢恨的心理特质,从而使学生发展成心智健全、情智共生的和谐之人。

六、反思与展望

在本次的英语文学学习指导的实践研究中,课题组虽然已经开展了一系列的工作,也取得了一定的成功与成效,但是也面临着困难与不足。

(一)学校的硬件设施比较缺乏,图书馆里的英语文学作品书籍不多,且学生在校很多时候不能上网查找资料,影响了很多活动的开展。

(二)由于学校属于普通高中,在高考的压力下,文学拓展课的时间得不到有效保证,保证尽量不占用学生课下时间的要求制约着体验式学习的实践活动的有效开展。

在下阶段的设想中,探索文学课程的系列化活动以保证活动的有效实施,可按照校本教材的单元设置实施单元作业设计,以长期化、系列化的实践活动延展体验式学习,研发单元作业评价机制和评价工具。

任何的教学改革或者新的教学措施的实施都是一个长期而艰苦的过程,但我们相信为了学生全面发展,一定能让学生体验到英语文学学习的乐趣,爱上英语文学。最重要的是,让教师和学生共同认识到:文学学习本身是一件很快乐很有意义的事。

艺体融合　合力育人

——《音乐中的多声进行》一课引发的思考

刘音彤

　　我校是一所以体育为办学特色的普通高中,在创建特色学校的过程中体育节、春秋季运动会、体育特色班级、各类集训、体育比赛等活动,都使学生充分理解了"享受体育"这一办学理念。金山区正在探索"融合育人"的教育模式,让"跨界融合"推动"五育并举",可见,单一的艺术讲解或片面化的艺术熏陶方式,已经不再利于学生培养目标的完成。如果,把学校的办学特色和艺术教育相融合,相信课堂教学可以取得事半功倍的效果。体育和艺术自古就存在着千丝万缕的联系,可谓珠联璧合。体育和艺术都具有娱乐和审美的功能,都是培养全面发展的人的必不可少的学科,二者的融合可以丰富体育的内容和作用,同时也为艺术提供了创作的内容、题材及表现形式等,以下结合课例的实施,将阐述我对艺体融合的思考。

一、立足学科,加强融合

　　艺术课堂应该坚持以学科本体知识和学科本位为主,只有基于艺术学科的本质,加强学科知识内部之间的相互融合,挖掘学科本身的特征和内涵,真正实现学科的育人价值,才能更好地进行学科间的融合。每一个学生都是综合的完整个体,仅仅使学科的知识传授达到"学会知识"已经不能满足个体身心发展的需要,课堂教学需要在尊重生命个体的基础上使学生"乐学、好学",这就需要使学科间的联系和连接,做到合理、有效,避免生搬硬套,无的放矢。

《音乐中的多声进行》一课,主要介绍了多声部音乐运动的两种主要织体:主调音乐和复调音乐。起初,在教学设计时,"主调音乐"我按照各声部的不同作用的三个结构层次:曲调层、和声层、低音层,对每个结构层的组织形态及音乐伴奏织体的特征进行理论讲解;复调音乐我按照对比复调和模仿复调的音乐织体进行讲解,这样相对专业性、理论性的知识讲解,使课堂效率偏低,教学目标很难完成。课程融合后,主要从主、复调音乐的欣赏作品方面入手,把奥运歌曲、世界杯主题曲作为欣赏曲目,如《我和你》、《waka waka》、《we will rock you》等,通过对耳熟能详的体育歌曲的欣赏,了解了主调音乐和复调音乐的特点和概念,使学生对这种专业的音乐织体,瞬间有了亲近感,运用艺术和体育的有机融合,打消了学生学习的畏难心理,激发了学生学习和探究的兴趣,提高了课堂教学效率,使学生在轻松、愉悦的课堂氛围中很好地完成了本课的教学目标。可见,学科之间的渗透和融合,要始终立足学科、立足课堂,充分理解知识,挖掘教材,才能做到融合的自由化、合理化,让艺术学科绽放光彩。

二、把握共性,挖掘情感

艺术教学的实质是审美教育,体育教学中的审美教育同样越来越受到重视。体育讲求身体美,艺术追求心灵美,可以说,"审美"是艺术和体育最强有力的纽带和鲜明的特征,二者的目的都是能够帮助学生形成正确的价值观,形成对真善美的精神追求。《普通高中音乐课程标准》提出:"通过对我国优秀音乐作品的审美体验,增进学生对祖国音乐艺术的热爱,培养学生的社会责任感、民族精神和爱国主义情怀。"可见,高中艺术课程中通过情感的力量来对学生实施审美的教育是一种重要的途径。

《音乐中的多声进行》一课,仅仅本着学习知识的角度来设计本课,教学内容往往纷繁复杂,教学任务难以完成,授课后学生对知识的印象可能是一头雾水或相去甚远。通过课程融合,我按照音乐织体的特点,采用单声部音乐→主调音乐→复调音乐,这样层层递进,逐步深入的教学方法,依据音乐织体的特点再设计本课的情感路线为:情感的感受→情感的深入→情感的升华,结合音乐织体范例中的体育音乐,在欣赏、比较、合作、讨论的欣赏过程中,在对音乐进行审美的同时感受体育的运动魅力和拼搏精神,审美的教育使二者有机的结合。通过体验性的学生活动,如,演唱、伴奏、律动等形式让学生在对多声部音乐的细节有区分,整体有认识的前提下,通过感受体育音乐的审美文化,增强了学生的文化理解精神,激发了爱国主义情感,形成了健康的审美价值观。

三、经验衔接,有机融合

传统的分科教学,学生接受的知识往往是独立的、碎片化的,缺乏整体性,难以形成系统的结构,课程融合有效解决了传统教学中的这一突出问题。课程融合不是空中楼阁,在尊重教材和学科本质的同时,更不能脱离学生的既有经验,就是说,只有在学生既有经验基础上的艺体融合,才是适宜学生发展的有效课程。

《音乐中的多声进行》一课,使之成为一节与和声学相关的理论课并不是难事,这却和学生的既有学习经验和知识储备相去甚远。课程融合后,我希望把理论的知识生活化,把知识的要点体验化,在讲解单声部音乐时,学生演唱了自己喜爱的体育歌曲,如《奔跑》《I believe I can fly》《生命之杯》等,使课堂氛围迅速活跃起来,在讲解主调音乐时,通过对音乐节奏型知识的复习,如四分、八分、十六分音符的演奏及创编,在节奏体验性的课堂活动中,使课程进程逐步深入,在讲解复调音乐时,通过对合唱相关内容的展开,使学生对声音的和谐、歌唱的状态、发声的位置等有了更加清晰和明确的认识,运用合唱这一学生熟悉的艺术形式使课堂氛围达到顶峰。在课程融合中,以学生了解的体育音乐为范本,通过对学生既有学习经验的有效衔接,不仅增强了艺术知识传授的有效性,同时使得学生对艺术审美有了更加丰富的感受和体验。

以艺术和体育为例,无论是艺术对体育教学还是体育对艺术教学,二者相互间的影响都是十分深远,如何加强二者之间的融合变得值得思考。一,以主题或是专题为引领来统领课程,既有益于发展学科的共性也有益于区分学科的特点,使课程变得协调统一。二,课程实施中以概念、问题、特征等来连接不同学科,打破学科界限,逐步使课程从机械性结合过渡到系统性整合。三,加强集体备课。通过集体备课,提升综合能力,形成教育合力,推动课程融合的专业化发展。

学科之间的融合是时代前进的足迹,也是课改背景下对艺术教师教学方向的指引。教师需要不断丰富自己的教学思想,提升自身的综合素养,运用多学科思维,多渠道拓展,才能在"融合"的道路上越走越远,才会真正实现教学的长足发展。

面向中小学学生社会实践的学校
图书馆志愿服务

陈　程

　　为认真贯彻落实党的十八大精神,深入实施全国和上海市中长期教育改革和发展规划纲要年,市委宣传部、市教卫工作党委、市教委认真积极开展推进"学生实践和创新基地建设工程"实施。市教委通过整合校内外优质教育资源,大批全国和上海市爱国主义教育基地、教育系统内各类校外活动场所、教育基地、青少年活动中心、学校等参与进来。学生自身不但可以通过实践培养自身的社会责任感、创新精神和实践能力,而且在志愿者服务实践中学习新技能、实现自我价值,就高中学生为例,三年内需要社会实践服务时长为 60 学时。而中小学图书馆作为学校教育资源,尤其应该参与其中,同时通过设立实践基地招募中小学学生志愿者参与图书馆对外服务工作以此弥补了服务需求和在编人力资源之间的矛盾。但随着中小学学生志愿者服务实践工作的展开,相应的问题随之产生。本文从分析现存问题、总结有效策略、提出发展规划等方面研究面向中小学学生社会实践的学校图书馆志愿者服务。

一、中小学图书馆志愿服务工作存在的问题

(一) 流动性大,流失性多

志愿者仅仅是一种临时性的身份标识,并无永久性义务的含义。一则面对中小学学生的社会实践基地繁多,旨在让学生参与不同的实践服务类型,得到更多的社会实践学习。而对于学校图书馆的志愿者服务工作来说,学生的频繁更迭导致了志愿者流动性大、学生批次多的问题。二、所谓志愿者就是无偿为图书馆提供服务工作,如果遇到学生课余时间不足、学业相冲突或者家庭住址较远等客观原因,会影响学生参与学校图书馆志愿者服务的工作热情,出现报名了不参与、参与了不持久等流失中断问题。

(二) 消极影响,沟通不畅

如果在中小学学生志愿者到学校图书馆工作的过程中,有个别图书馆员工对自身要求不严,比如当志愿者在做打扫卫生,上书等服务时,老师却在一边闲聊或是玩手机,没有起到应有的带头作用和指导作用。当然如果沟通上存在问题也会造成中小学生志愿者服务热情的缺失。比如有的老师对志愿者采用命令语气说话或是指责,不尊重志愿者,这些不当的行为都容易挫伤志愿者的工作热情,在志愿者中产生不良的负面影响,使他们觉得自己是用无偿劳动代替老师的有偿劳动,还要受气,对值不值得来当志愿者产生困惑,进而逐渐对志愿服务失去兴趣。

(三) 缺乏激励、评估含糊

中小学学生利用课余时间无偿地为学校图书馆和读者提供服务,体现了学生无私奉献的精神,同时也是他们个人价值实现的一个表现。如果在志愿者服务过程中,图书馆针对学生的志

愿服务工作给予肯定和激励是刺激学生热情服务的一剂强心剂。但是现在实际情况是学校图书馆提供服务岗位,在服务期满后却缺乏相应的激励机制和评估体系,导致学生参与志愿者服务工作后无法得到自我价值实现而草草了事。

二、中小学图书馆志愿服务工作有效的策略

(一)针对流动性制定分阶段的培训内容

由于中小学学生社会实践的实际情况,导致学校图书馆接应的志愿者会存在流动性大和流失性多的情况。面对多批次的中小学学生,新志愿者入馆服务,学校图书馆应该制定分阶段的培训内容,以此适应服务时间段长短不同的志愿者服务工作。培训内容分为四个阶段,即熟悉场馆阶段、理念引导阶段、技能掌握阶段、上岗示范阶段。熟悉场馆阶段适应短期刚接任志愿者服务工作的学生,由工作人员带领志愿者参观图书馆熟悉工作环境,与他们互动交流,营造友好融洽的气氛,消除对环境的陌生感。理念引导阶段是为确保熟悉后没有流失的学生提供的第二阶段培训,即为学生讲解热心公益的服务理念、明确志愿者的目标与使命以及责任与义务,树立服务社会、奉献社会的精神。技能掌握阶段则是经过筛选和学生的自主选择下,从工作流程、规则制度等入手,使其迅速高效掌握工作技能,实现志愿者应具备的工作能力和服务能力。上岗示范阶段,学生愿意长期服务于学校图书馆,由图书馆工作人员带领学生志愿者上岗实际操作,正确规范服务标准。

(二)防止消极性提高本馆员的素养能力

由于学生志愿活动是建立在学生和馆员双方相互协作的基础之上,所以提高学校图书馆馆员的自身素养和专业技能也是

必不可少的。对学校图书馆馆员的素养职业培养可以从一定意义上让其更好地为学生志愿者提供有意义的社会服务内容、创造相关工作条件、实施公平的规范化管理、提供工作指导。一个好的馆员同时是一个好的管理者,安排不同性格的学生参与图书馆的工作任务反而可以让学生更好地发挥其功能。同时,从情感上,尊重和认可志愿者的表达、主动联络志愿者推进双方关系、提供群体活动机会,以此促进志愿者群体整合以及提供学习成长机会、提高中小学学生参与学校图书馆志愿者服务的积极性和热情度。

(三)提高激励性完善相对应的评估机制

中小学学生参与社会实践活动,为学校图书馆提供服务都是无偿的、物质上也是零回报的。因此,更需要有相对应的激励政策和评估准则来肯定和保障学生志愿者的服务工作。学校图书馆首先要详细规划出学生志愿者可以有效工作的责任与范围,最大程度地发挥他们的作用,然后制定评估机制客观评估出志愿者制度的科学性和有效性,及其给图书馆日常工作带来的变化。对志愿者工作起到支持肯定的作用,让学生不但从志愿者服务工作中学到社会实践能力,还能肯定自我价值和成就。

三、中小学图书馆志愿服务工作未来的规划

学校图书馆成为中小学学生的社会实践基地,通过引入志愿者协调了自身的人力资源配比,而学生在参与学校图书馆的志愿者服务工作后培养了自身的社会责任感、创新精神和实践能力。这个局面是互相双赢的,学校图书馆未来作为更高阶的志愿者服务平台还应该侧重以下几个方面:首先,学校图书馆要基于服务学习这一理念,是指学习服务与教学相结合的一种

体验式教育理念和教学方法。社区学校和社区服务计划中心相互配合安排学生完成社区真正需要的服务,以帮助参与者的学习或成长,培养学生的公民责任感。将促进引导参与者利用互联网技术去分享服务中所得经验与心得。创建学生志愿者个人档案,包括基本信息、兴趣爱好特长等内容。除了开展上岗培训外,计划对学生志愿者按照他们的智力启迪和个人爱好等需求,有针对性地组织他们参加图书馆开展的讲座和活动。其次,图书馆要为志愿者提供学习交流的机会。毋庸讳言,不少志愿者是抱着学习的动机来图书馆做志愿者服务工作的,学习新知识、新技能,开拓视野是他们的主要目的。所以图书馆要尽量为他们提供继续学习的有利条件。再次,图书馆要为志愿者创设沟通条件。很多志愿者在服务他人的同时,希望能扩大自己的交际面,丰富自己的生活。因此,图书馆可以通过馆刊、网络杂志为志愿者提供书面交流活动,也可以组织文娱活动让志愿者进行面对面的交流与沟通。最后,图书馆还要为志愿者提供展示成就的机会,组织专门的阵地和渠道,对表现突出、成绩优异、有研究成果的志愿者予以一定的奖励和表扬,让他们的工作成绩得到肯定,从而更热情地投入到志愿者服务工作中。

　　由于学校图书馆参与到中小学学生社会实践、提高志愿者工作还处于起步阶段,还存在诸多问题需要不断改进。但我们坚信,面对中小学学生的志愿者工作必定越做越好,为图书馆事业的可持续发展做出更大的贡献!

自我探索主题团体辅导案例

——发现自我之旅

王珺珂

一、团体辅导主题

卢梭曾经有句名言：在人类一切知识中，对我们最有用而知之最少的是关于人类自身的知识。高中生正处于人生的狂风暴雨期，此时的身体和心理发展都是在人生的重要转折点，而在这一阶段，青少年对于自我也有了进一步的探索与了解的需要，实现自我同一性成为青少年阶段的主要任务。高中生渴望成为一个有个性的个体，在生活中扮演一个重要的角色，他们会寻求对自我的了解，也会开始对各种价值和态度进行统合，形成对自我的认同。在自我认识基础上的自尊、自信和自爱是成功人生、快乐人生的基础，认识和接纳自我是心理健康的基础，正如埃里克森(1967)、马斯洛(1970)所指出的，人们必须首先去爱和尊重自己，才能真正的爱其他人。只有接纳自我，才能积极评价自己，正确合理归因，以良好的心态面对挫折，争取成功。

自我意识是在人生的每一阶段逐步发展成熟的，青少年阶段是最重要的时期，自我形象得到良好建立、人会生活的有信心及动力,了解和接纳自己的优点和缺点,能进一步达向成熟的阶段。结合实际情况,我校是一所普通中学,进入我校的学生大多经历过中考的失败,或者一直以来学业上未取得自己或家长满意的成绩,挫败感很强。通过平时的沟通了解及个案心理辅导,笔者了解到很多学生对自我的认识不够客观,对自己的认识主要来源于他人评价,遇到挫折极易迷茫,而部分学生甚至非常自卑,对现实自我不满,但理想自我又难以实现,陷入自我确认的困惑中。根据这一实际情况,笔者选择了自我探索作为团体心理辅导活动的主题,并命名为"发现自我之旅"。

二、团体辅导目标

1. 帮助成员全面地认识自己,发掘内在潜能,使之得到充分的发展。

2. 透过成员间的互动和分享,强化其自我表达的能力。

3. 提升成员自我觉察和觉察他人需要的能力。

4. 强调成员间彼此回馈和反应的重要性,不只帮助了个人的成长,也帮助了他人成长。

5. 协助成员能够自我接纳、自我完善。

三、团体辅导准备

1. 人员筛选

成功的团辅始于良好的成员招募工作,如果某个成员进入了不恰当的辅导团体中,那么,他们在辅导进程中将一无所获。而且,一个组合不当的团体甚至可能中途夭折,无法为任何成员发展出一个有效的团体动力模式,本次团辅共有 20 名同学报名,最后确定了 11 名同学参与。人员筛选从以下两方面展开。

（1）考察成员的参与动机。本次团体时间较短,主题也比较明确,如果成员不能主动参加到团体的任务进程中来,那么团体就无法促成其学习和改变。因此,他们必须有能力和意愿检视自己的人际行为、暴露自我、给予和接受反馈。以此为标准,笔者自制了简单的调查问卷,对报名者的自我探索意愿及现状进行了调查,在此基础上,又进行了个别访谈,了解报名同学参与团辅的动机与期望。

（2）保证活动出席。恒定的出席是发展团体动力的必要条件,所以,在确定团体成员的过程中,必须要排除那些无法规律出席的同学。在与报名同学充分沟通和确认后,确定了能保证出席时间方便的同学作为正式成员。

2. 活动前测

本次团辅活动开始前,笔者对参与者进行了前测,前测使用了《自我接纳量表》*（SAQ,丛中,高文风,1999）作为评估工具,计划在团辅活动结束后,再次使用该量表对学生的自我接纳状况进行调查,作为团体心理辅导有效性的评估方式。该量表包括自我接纳和自我评价两个因子,问卷的结构效度符合理论构想,自我接纳和自我评价两因子的内部一致性系数分别为0.9347 和 0.9124。问卷的重测信度为 0.7653。问卷的实证效度也较为理想,能够敏感地区分神经症病人与正常人在自我接纳方面的差异。因而,可以作为较可靠的人格评定工具。前测数据笔者放在后测对比中呈现。

四、团体辅导过程

（一）第一次活动

主题	你我有缘	时间	2015.5.8	次数	第一次
地点	团体活动室	人数	11人	领导者	王珺珂
活动目标	相识，团队建设，共建团体目标与规范				
活动准备	笔记本，A4纸，彩笔				
活动流程	1. 致欢迎词：表达欢迎，介绍本次团辅，发放团辅日志本。 2. 暖身活动：滚雪球自我介绍 3. 制定契约：带着目标上路 （1）领导者说明团体规范的重要性。 （2）由领导者带领成员共同指定团体规范：成员轮流说自己一个希望或不希望在团体中看到的事。（如：不要迟到，不要窃窃私语，要真诚。）并讨论决定违规时的处理方式。 （3）将讨论结果设计成团体的海报，并签名。 4. 结束活动：感受分享，总结活动				
活动体验	1. 教师反思：团体辅导的团体形成阶段特别重要，在这一环节，领导者必须要创造愉快舒适的环境气氛，使成员乐于开放自己，积极加入谈话，并且一定要让所有成员充分表达自己的愿景和期望，团队契约的制定固然重要，但是更重要的是要让团体成员自主制定，充分体现其内心需求，领导者在这一过程中要注意催化、倾听和引导。 2. 学生分享：制定团体契约。 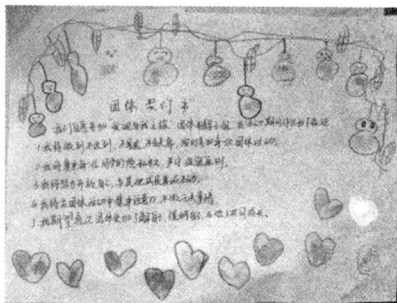				

（二）第二次活动

主题	我的自画像	时间	2015.5.15	次数	第二次
地点	团体活动室	人数	11 人	领导者	王珺珂
活动目标	促进成员相互了解,启发成员自我认识,学会欣赏他人、接纳自我				
活动准备	A4 纸,彩笔				
活动流程	1. 热身活动:我为人人,人人为我。 2. "20 个自我"。每位组员在自己的笔记本上完成 20 个句子,以"我是一个……的我"为格式,时间 15 分钟。完成后,在小组内进行充分的分享和反馈。 3. 我的自画像。分发纸张,将彩笔至于中央,组员根据需要自取色彩。在 10 分钟内完成一幅"自画像"。 4. 总结和反馈。一句话分享今天的活动感受。				
活动体验	1. 教师反思:在学生交流自画像时,老师不仅看到丰富多彩的画面,其实也能发现每一幅画背后都包含着一个"秘密",在交流过程中可以解读"故事",了解真实的"你、我、他"。 2. 学生分享:以下是三位同学的习作及分享。 　"自画像"之一:人鱼。A4 纸竖向放置,用多色彩笔作画。画面中间绘制了一条人鱼。交流中,该学生说觉得自己很矛盾,一半在水里,一半在岸上。在水里的部分很渴望自由,在陆地上的部分又很忧郁,自己有强壮的鱼鳍和尾巴,希望自己能够勇敢的面对生活,希望自己更阳光一点。				

活动体验		"**自画像**"之二：卡通人。A4竖向放置，画了一个卡通小人。该学生在交流中说这是对自己的抽象写实，有着竖起来的头发，带着眼镜，但是没有鼻子和耳朵，感觉像一幅夸张的漫画。觉得自己不善言辞，比较内向，反应比较迟钝，在与人交往中有时不知道该说些什么。
		"**自画像**"之三：水杯。A4纸横向放置，画了一只透明的玻璃水杯，作者说觉得自己就像玻璃杯中的水，看着很透明，但是也很脆弱，玻璃杯容易破碎，好像和周边隔着什么，似乎能透视，但没有融入，而且随时可能被倒入其他容器。

（三）第三次活动

主题	我的"角落"	时间	2015.5.22	次数	第三次
地点	团体活动室	人数	11 人	领导者	王珺珂
活动目标	帮助团体成员澄清理想自我和现实自我的关系				
活动准备	无				
活动流程	1. 热身游戏：成长五部曲。 2. 主题活动：我的"角落"。 3. 完成后分享活动感受。				
活动体验	1. 教师反思。很多同学也从这个活动体验到了过程和结果的关系，失败和成功的关系，虽然与预设目的不尽相同，但笔者觉得组员能通过这个载体有所感悟，有所思考就是很好的成长，这才是团辅的目的。				

活动体验	2. 学生分享。以下是三位同学的体会摘录：

（四）第四次活动

主题	我的原生家庭	时间	2015.5.29	次数	第四次
地点	团体活动室	人数	11 人	领导者	王珺珂
活动目标	促使组员反思自己与原生家庭间的联结，认识家庭给自己的影响。				
活动准备	A4 纸，《我家庭中的重要他人》记录纸。				

活动流程	1. 我的家庭树。按照指导绘制家庭树。在树图上填写每个家庭成员的情况,包括姓名,出生地,职业,爱好和三个性格特点。请1—2位同学介绍自己的家庭树。 2. 我家庭中的重要他人。回忆在成长过程中,对自己影响最大的三个人物,可以是爸爸、妈妈、爷爷奶奶或其他人。对于这三个人,分别写出你最欣赏他们的地方和最不欣赏他们的地方,每项写3点,要求尽量写满。 3. 总结与分享:一句话概括今天的收获。
活动体验	教师反思:这是一个比较好的梳理家庭结构,理清家庭对自我影响,释放自己对家庭成员情感的一个活动,但是会牵涉到一些成员的隐私,因此开展该活动时一定要选在适合的时机和阶段进行,本次活动安排为团体辅导的第四次活动,此时成员之间相对熟悉,经过前几次活动,他们建立了比较信任和和谐的关系,开展效果相对可以,但是分享环节中,有些成员分享了一些带有伤害性的事情,需要保护好成员,避免二次伤害,在引导时,更加要注意提醒成员体会生命的丰富和多元,以及自我的来源和许多行为、习惯、情绪存在的缘由,增加成员的自我接纳度。

(五) 第五次活动

主题	缺失的一角	时间	2015.6.5	次数	第五次
地点	团体活动室	人数	11 人	领导者	王珺珂
活动目标	帮助成员接纳自我的缺点和不足,勇敢接受自己的缺憾和不足。				
活动准备	《缺失的一角》课件				
活动流程	1. 热身活动:小鸡做操。 2. 绘制缺角圆,请组员分别根据缺了一角的圆的图画编故事,轮流讲述自己的缺角圆的故事。组员讲述时,老师与其他组员,聆听,反馈,点评。 3. 学生分享绘本,在故事的结局前,请每位组员给故事一个属于他们自己的结局。 4. 学生分享:《致我那缺失的一角》				

续　表

活动体验	教师反思：对于我们身上存在的缺憾和不足，直接谈及很容易引起学生阻抗，采用《缺失的一角》作为比喻，能让学生从全新角度看待自己的局限，带着积极的情绪体验去改变自己，超越自我，并开始思考如何将缺憾转化为资源和能量。

（六）第六次活动

主题	留舍最爱	时间	2015.6.12	次数	第六次
地点	团体活动室	人数	11 人	领导者	王珺珂
活动目标	澄清价值取向，彼此启发，相互学习，完成价值观重组。				
活动准备	A4 纸				
活动流程	1. 放松：播放音乐，教师指导学生进行放松训练。 2. 请每个学生写下生命中的重要的五样东西，进行小组交流，交流后，允许学生修改自己的生命中最重要的 5 样。 3. 接下来，老师依次请同学们对自己的五样东西进行依次删除。 4. 学生分享：组员依次走到中央，分享自己的感受。				
活动体验	学生分享： 				

续　表

活动体验	

（七）第七次活动

主题	"发现自我"中转站	时间	2015.6.19	次数	第七次
地点	团体活动室	人数	11 人	领导者	王珺珂
活动目标	引导成员相互感谢在这几次团体中的相互帮助,总结团辅中的所得,做好告别,结束本次团辅。					
活动准备	蜡烛					
活动流程	1. 热身:心有千千结。 2. 感受分享。 3. 感谢有你,共同成长:请组员将一张纸分为四份,在纸上写下你对小组里面某个同学的赞美和祝福,四张纸写给不同的四个人。写好后,赠送给他,并握手寒暄。 4. 感恩时刻,告别团体。老师简单总结,最后点燃蜡烛,所有团体成员围绕蜡烛,用一句话告别团体,并为未来祈祷。					
活动体验	教师反思:本次活动中,赠送赞美和祝福环节有一位女生只拿到了一张感谢卡,而其他人都拿到了三张以上,我注意到她的低落情绪,其他成员也注意到了这点,在分享时组员主动说:"老师我觉得你让我们写四张太少了,有很多人还不够送,想口头表达我的感谢。"于是组员以口头形式表达感谢,有位成员并且主动提出能否和拿到一张感谢卡的女孩拥抱。我想在那一刻,那个女孩一定真正体验到了团体动力的疗愈作用。					

五、团体辅导效果

(一)活动效果评估

根据团体辅导前后量表测量结果的分析、团体活动评价表中成员的反馈和评价,本次团体辅导确实能引导成员客观地认识自我、评价自我,澄清自我价值,促进个体成长,提高其心理健康水平。

1. 自我接纳程度前、后测对比

本次团体辅导使用自我接纳量表进行前后测检验,样本前后测均值及标准差如表四所示,对前后数据进行配对样本 t 检验,t 值为 6.034(p<0.01)结果显示后测的自我接纳程度显著高于前测水平,反映了本次团体辅导的有效性。

表四　自我接纳前后测数据对比

维度	前测 M±SD	后测 M±SD	前测 VS 后测 M	t
自我接纳	34.63±1.41	43.00±4.00	8.37	6.034**

2. 团体成员反馈

团体活动的最终反馈评价表的调查如下：82%的同学(6 人选择"非常有效"3 人选择"有效")认为此次的团体活动是有效果的;91%的成员(6 人选择"非常满意"4 人选择"满意")对整个团体活动表示满意;82%的成员认为团体活动的氛围良好;对是否增加了对自身的了解这个问题上,54.5%的成员选择了"比较多",45.5%的成员选择了"很多"。开放式的感受反馈摘录如下：

（二）活动反思

1. 活动成功之处

本次团体辅导活动的设计符合学生实际。在进行团体活动之前,笔者对学生的心理状态进行了深入的了解,在团体活动进行过程中,根据学生的实际情况和需要,也及时地做出了调整。另外,团体的氛围较好,在团体温馨包容的氛围中,每个人都感受到了真诚、尊重和理解,得到了多方面的帮助和支持,不仅仅来自领导者的,还有其他成员的鼓励和支持,有利于成员重新认识自我,实现自我成长。第三,团体辅导者认真的态度及正确的引导。团体辅导活动的成功,离不开团体辅导者的引导、支持和示范。团体辅导者对每一位成员的积极关注,对整个团体氛围的营造以及对活动主题方向的正确把握,都是团体活动取得成功的重要因素。第四,在团体中的每个成员都有自我成长、自我发展的内在需要。每个成员不管平时的学习成绩和行为习惯如何,在一个新的集体中,他们都希望自己能够被同伴接纳、理解和尊重。通过与新的同伴进行团体活动,激发了他们内在的积极性,从而促进了他们更好的成长和发展。

2. 不足

首先,目前尚未开展进一步的追踪研究,无法预测团体辅导活动的长期效果。其次,没有设置对照组,如果设置了较为同质性的对照组,对于团辅效果的评估将更加科学。第三,团体领导者的经验有限。团体辅导者虽然学过团体活动的相关理论,但是独立带领团体活动的经验不足,很多问题考虑得不够周到,对团体成员暴露的深层的问题可能没能够及时合理地进行处理。

先觉觉后觉，众谋促和谐

——一位普通中学班主任的德育观

吴　勇

孩子的教育是一个长期的"工程"，每个孩子的成长过程也是千差万别的。家庭环境、教育资源、道德情操、生活习惯、思维方式……都是造成学生个性差别的因素。笔者长期任教于一所上海市郊的普通中学，工作伊始更是抱着"没有教不好的小孩，只有不会教的老师"这样的工作理念，也本着"用心、用情"的工作理念和职业道德，认真去教育每一个学生，真心去对待每个孩子，兢兢业业、勤勤恳恳。

从教多年，又常年担任班主任老师的工作，我真切地感受到：其实一个老师的作用真的是很有限的！我们能改变的真的很少！我们的时间是有限的、精力是有限的，而要面对的教育问题却是千差万别的。一言以蔽之：教师一个人的力量不可能面面俱到、尽善尽美。学生的"顽劣"、青春的"无知"、家长的"无理"、工作的"琐碎"……也会让一个教师身心疲惫、力不从心、备受打击！经历过这样的阶段后，作为班主任教师的我开始重新整理和思考自己的教育思路和观念，想探索一条更有效率、更有可行性的教育路径。于是有了以下的故事和体会。

有人说，班主任的工作是没有止境的，这句话不假：因为受教育的主体是有个性差别及鲜活性格的学生,每个孩子的禀赋各异、兴趣不同、认知基础不一,班主任要教育好、帮助好每一位学生,背后要做的工作不计其数。班主任要和孩子的家长沟通协调、共话孩子的成长;班主任更要和班级的任课老师做好学情的反馈与分析;班主任要跟不同的对象打交道、要处理数不清的繁杂事务……而这些,身为普通中学的班主任教师尤甚。经验告诉我:普通中学孩子的教育问题往往更为复杂和棘手,也往往需要班主任教师付出更多的努力和智慧。普通中学孩子的学习基础、思维习惯、学习毅力较之重点中学的同学,事实上差距非常大!因此普通中学教师的工作尤其是班主任的工作,通常情况下要繁重得多。

总之,在普通中学,面对"情况不断"的学生状况和"百密一疏"的学校管理,班主任的工作千头万绪。要做好班主任工作、打造优秀的班集体、尽量多地改变学生,就必须形成一定的方法和路径。怎样将一个班集体带得欣欣向荣?怎样能让一个小集体有着健康生态般的运行?怎样提升教师和学生的幸福感和充实感?以下我结合自身经历分享一些个人的教育观点和做法。

一、全员家访知根底　家校合作促和谐

我注重全员家访,无论是从高一接手班主任还是中途带班,我是百分之百都要家访的。数年来,这已经形成了一种习惯。作为班主任的我,从个性来说,非常乐于与他人分享和沟通。在谈话的过程中,我会介绍自己求学时代的小插曲、介绍自己的一学习经历、学习方法、教育感悟,同时聆听孩子及其家长的分享,这样就很容易在情感上达到共鸣,同时也能增进师生之间的相互了解,也为以后的一系列工作的开展奠定感情基础。

分享促了解,沟通增智慧。经验告诉我,孩子的有些情况真的是只有到了孩子家中,见了孩子爸妈,絮絮叨叨中,你才会发现:哦!他还有这个特长;哇!她有这个经历?是嘛!他还有这个脾气,在学校蛮好的,看不出来嘛;哎哟!她小时候还有这么有趣的故事……掌握了这些信息,会丰富我们对学生的全面认识,也就能在学校的教育过程中有基础、有准备地展开后续性的教育合作,这也是达成班级良性运转、发挥群体智慧的一个很好的情感基础。

我记得在高二中途接手一个班级(之前没有接触和任教)担任班主任,我仍旧去班级所有同学家走访。在此过程中,到了一位汤姓同学家,据家长介绍,这位汤姓学生会把他从爸爸那里学到的许多办公软件的操作,用来帮助有演讲任务的同学制作PPT、修改图片、美化效果,他在背后为班级同学默默付出,有时晚上甚至会弄到很晚……我后来发现,这位同学确实在同学中群众基础好,又有很好的奉献精神,只是缺少一定的胆量。于是我逐渐鼓励他、帮助他,不断给他创造"表现"的机会,让他从宣传委员干起,一步一个脚印,最后顺利担任班长一职。两年下来,他不仅为班级做了很多贡献,自身的能力也得到了很好的锻炼和提升,而这一切的改变,其实都来源于一次"不经意"的家访。

我们也常说,"有问题"的学生背后必有"有问题"的家长!如果学生在校的表现不合矩、言行常出格、性格不合群,往往有其生活环境、家庭教育的深刻根源。有时候,对家长的规劝和叮嘱比对学生的说服教育更为有效!其父母价值观、教育观的缺陷,往往会投射到孩子身上。因此教师要改变一个学生,光有学校教育肯定是远远不够的!最好的教育通道一定是家、校双管齐下,达成共识并形成合力。在此意义上,家访的真诚沟通,说服教育家长,将教师的教育理念以及工作方法与家长多做沟通就显得极其重要。一个班级的同学是一个集体,而同学家长更是一个集体和团队。通过家访的工作,教师可以轻松地找出家长们的某些教育共识,团结一批主动型"先觉者"家长朋友,营造并达成正能量的教育观,形成学校教育和家庭教育和谐一致的"小气候",往往可以将班级发展建设得更高更远!

家校间的"破冰"、"众谋"、"共识"、"聚力"一直是我坚持的基础工作,我也把这一项工作当成是构建生态和谐班集体的关键所在!

二、师生众谋树典型　　两支队伍促生态

班主任教师是一个班级的组织者、管理者、引导者、规划者,但要想建设一个"生态有序"、"健康和谐"的班集体,光靠班主任的"单打独斗"那是远远不够的,一味采取"盯"和"管"的方式不可取。我觉得班主任一定要利用自己的权威和个人魅力采用"众谋独断、详虑力行"的思路和方式,发挥班级中"精英骨干"同学的力量,师生众谋、集思广益、团结协作,这样才能凝心聚力、事半功倍。在师生同心、目标一致的前提下,引导并培养好班级的"先觉者"来带领班级的"后觉者",不断地培养和激发"先觉者"的自觉性、主动性,并塑造他们的团队荣誉感、责任心,这是我一贯的实际做法,也是我一贯坚持的教育理念。

简单来说,管理和建设一个班级的基础工作其实只有两个:一是班级的常规管理,另一个是功课学习成效的提升。对此我的理解是,这两个工作同等重要!它们就似鸟之双翼、车之两轮。学习与常规一定要两手都要抓!两手都要硬!一个拥有优

秀常规管理的班集体,它的学风、学习成绩必然随之优化!而一个好学上进、成绩突出的班集体,它在班级日常管理细节和集体凝聚力上也会非常突出。

基于这个理解,我的经验告诉我,班级体中两支队伍的建设和作用发挥是核心所在,我也常常将之当作核心工作来抓。我的观点是:班级正能量的塑造和良好学风班风"小气候"的形成,班干部队伍、科代表队伍这两支学生队伍的建设是核心关键!为什么是他们呢?道理很简单,班干部队伍要重点协助班主任抓好班级的常规工作、活动组织、班会及班级文化建设,必须充分发挥班干部同学的自律、自觉、自省的率先垂范作用,让他们成为班级同学行为习惯的标杆,塑造他们在同学中的威信;而科代表队伍则要选取每门学科的兴趣爱好者、佼佼者,要发挥的他们的学习热情和激情,同时培养他们、引导他们,协助任课老师,成为老师的得力助手,帮助全班同学订规则、想办法、定计划来搞好这门功课的学习,培养他们成为广大同学的学习榜样和标杆,塑造他们成为该门功课学习的典型和示范!

如何树立这两支队伍的威信、发挥他们的标杆作用?我认为除了做好第一步的遴选工作之外,接下来最重要的就是做好这些同学的"培训工作"!我注重从小处着手,个别指导,手把手地教会他们如何做好常规管理工作、做好与任课老师的沟通;我也看中从大处着眼,适时有效地召开这两支同学队伍的指导培训会议(而且是在全体同学看得见、听不着的地方——讲台周围、走廊、教师办公室等),以此加强这些孩子的自我身份认同、树立他们在广大同学中的威信,最终做到凝聚共识、统一思想。班主任只要牢牢抓住和调动这些孩子们的积极性、创造性,并将这些同学团结在班主任老师的周围,充分发挥他们的智慧和聪明才智,往往会事半功倍。

　　一旦形成规范和习惯,这些"先觉者"一定会成为"后觉者"的领头羊,带动全班的进步和发展。同时,也要创造机会让这些"先觉者"孩子们参与到班级管理和学风建设上来,让孩子们献计献策、让学生们有话语权,让他们有充分的民主表达权力。那班主任教师呢? 主要做好"决断"的工作! 班主任在察纳雅言、集思广益的基础上,更要"众谋独断",发挥班主任的核心决策作用,避免学生思考和解决问题的偏颇和不足。不管是日常行为规范的公约,还是众多学科的学风建设,我几乎都是这样的方式,"众人拾柴火焰高",一旦形成气候,不仅使得班主任工作得心应手、轻松应对,更能使班级朝着生态、和谐、幸福的方向健康发展!

三、关爱教育如春风　晓理动情化顽童

　　多年的教育生涯告诉我:学生懂爱、学生也懂理,学生有心、学生也有情,你对他好,他知道。我们常说"如人饮水,冷暖自知",因此班主任对于后进生的关爱教育必不可少! "后进生"的后进,主要是思想上的后进。一旦他的求知欲、上进心、学习斗志被激发和调动起来,那进步自然不在话下。

　　在哪里入手呢? 除了家校沟通,更重要的是教师的谈心谈话、关心关爱和及时表扬! 一味地严格很容易造成这些后进生的畏惧,他们往往会对班主任敬而远之,处理得不好还会让他们产生抵触情绪甚至更加叛逆! 造成后进生困扰的原因大致有:一是家长纵容姑息、一味溺爱;二是学生习惯不好,自觉性差;三是学生缺乏自信、胆小怕事。所以班主任要根据后进生的特点和情况制定相应的"解救方案":一是需要班主任与家长做好沟

通、约法三章,家校教育要一致;二是多对这些学生耳提面命、多多提醒、恩威并施,扶助他、帮助他痛下决心去改正缺点;三是老师就要悉心观察,甚至制造机会去表扬和夸赞他们,让他们感受到关爱和尊重,树立自信!

作为班主任教师,我一贯记得学生的生日,当天都会送他们一些小礼物、写一些鼓励的话,让他们感到温暖,体会到老师的关爱;我会多多观察、抓住细节去具体表扬,比如卫生做得好,不忘对当天值日同学的集体赞美;活动组织、体育比赛有进步,我都会从孩子们自身的进步和成长上肯定他、激励他;两支队伍中某些同学的做法值得称道,我都会在会议上、班级面前不失时机地恰当夸赞、点赞……

对于"顽童",只有多花心思和精力,用人文关爱去感化,用细节教育去变化,用习惯教育去催化,用表扬教育去同化,用感恩教育去激发……将对他们的爱大声说出来!日积月累、久久为功,不放弃、不抛弃,这些孩子往往会取得出人意料的成就,这些孩子也往往是他们毕业后跟你联系紧密、感情深厚的朋友!

身教重于言教,学生教育学生,"先觉"觉醒"后觉","自律"带动"他律","主动"带动"被动"……这些就是我的教育观,也是我的方法论。结合自己多年担任班主任的工作经验,通过不断实践和思考总结,我觉得集思广益、民主管理、家校沟通、树立典型、人文关爱等是我工作中的几个"核心词汇"。在实际的班主任工作当中,我也正是在这些方法和原则的指引之下去开展德育教学工作,使师生共同体向着生态、和谐的方向前进。

从兴趣出发，把快乐还给学生

吴海波

一、案例背景

结合上海市深化二期课改的实践，上海市教委决定在高中学校体育教育教学中开展以学生兴趣和技能水平为依据，打破传统年级、班级概念的分层次专项教学改革的试点工作。让高中学生按自己兴趣选择项目选班上课，将每周两节 40 分钟的体育课增加为每周两次，每次 2 节连上的 80 分钟大课，以便学生有充裕的时间参加喜欢的项目系统学习。使学生在 1 到 2 项体育兴趣项目上持续地进行学习，争取在 3 年时间内较好地掌握专项体育技能，甚至达到一定水准，让专项体育技能伴其终身。上海市光明中学、上海市位育中学、崇明县城桥中学等 17 所高中成为本市"高中体育专项化"教学改革试点学校。

这是一所区级普通高中，高中体育大专项教学模式的改革才刚刚开始；这是一名参加工作才仅仅两年的年轻体育教师，对教育事业充满着热情；这是一群刚刚从初中升到高中的学生。

二、案例描述

满怀期待地走进了高一（1）班的教室，因为是本学期第一节体育课,所以选择在室内向学生介绍体育专项化教学模式,并提出本学期的上课要求。向学生们简单地打了个招呼并简短的自我介绍了一番后,我对学生说接下来我将要向大家介绍一个"新东西",底下的学生都睁大了双眼并问道:什么"新东西"啊?我拿出装有昨晚精心制作的体育专项化教学模式的介绍PPT,并对大家说:"看,就是这个。""切,老师,你骗人,这不就一个U盘么,又不是什么新东西啊。"底下一名心急的学生立马说了出来。"大家别着急啊,我说的是这里面的东西啊!"随后我插上电脑,并打开PPT,向学生们展示了出来。"高中体育专项化教学模式简介",底下的学生纷纷看着电脑屏幕读了出来。"老师,专项化教学是什么东西啊,我上了这么多年的体育课还没听过这个东西呢,也没上过这什么专项化体育课啊?"一个大胆的女生向我提问。我耐着性子跟他们说:"同学们,别着急,我知道你们现在肯定有疑问,老师我后面会全部帮你们解决,但在此之前,你们要回答我一个问题,你们喜欢上体育课么?你们以前的体育课是怎么上的?"随后底下的同学沸腾了起来,你一句我一句地说了起来。"同学们,你们能一个个地表达自己的观点么?这么多人一块说我也不知道该听谁的了。"同学们听到后立马安静了许多,一个男生率先站了起来说:"老师,我们以前的体育课很无聊的,每次都是热身10分钟,老师教新内容25分钟,然后让我们自己玩5分钟就下课了,每次的内容还没学会呢就下课了,然后下节课还是这样,结果感觉自己什么都没学会。""老师,我其实很喜欢体育的,但是我们以前上课,体育老师都不管我们的,上课前让我们跑两圈后就解散了,让我们自己玩去了,就觉得很没劲,所以我以前体育课都跑回教室做作业去了。"一个女生接着说道……接二连三地有几个学生表达了自己的观点后,我把话接了过来:"我就猜到你们会这么说,因为我也是从这一步过来的,很能体会到你们的感受,所以我说了这个 U 盘里的是好东西,现在我来向大家解释下什么叫体育大专项教学……"我花了大约 10 分钟的时间向学生们介绍了一下体育大专项教学模式,等我介绍完了,底下的学生又炸开了锅:"老师,老师,体育真的要 80 分钟了么?""老师,真的是可以自己喜欢什么项目以后就可以上什么了? 而且一上就是 3 年?"……"对的,你们说的都没错,你们以后的体育课都会这么上,接下来请你们每人填一下体育课志愿表……"新学期的第一节课就在学生的期待中结束了,回到办公室以后,组内的老师交流了一下今天学生的反应,几乎都是很感兴趣的,可以说为本校的体育专项化改革起了一个好头。

　　根据本校的师资力量以及场地设备,并统计学生的初步体育课志愿表,学校决定开设篮球、足球、网球、健美操、田径等 5 个体育项目,在经过了第一个学期的选项体验教学后,学生均确定了自己的体育专项。我所担任的项目是篮球,本篮球班共有 24 名学生,其中男生 16 人,女生 8 人。在第二学期开学的第一节课,我没有选择在室内上理论课,而是选择了室外上实践课,本节课的教学内容是《行进间传接球》。首先我要求学生分为 4 个小组,每个小组 6 人,(每个小组必须要有 2 个女生),并确定 4 个小组长,协同我一起完成课堂教学。当我把这个要求传达下去了以后,那 8 个女生显得有点不好意思,不太情愿和男生分在一组,但在我的极力要求下,她们也勉强地答应了。在本节课的开始阶段先让他们打全场 5v5 的比赛,不管能不能打,均上场体验,并鼓励他们多传球。在这个环节结束后,我把大家集中在一起,让他们自己说出有哪些地方做得不好或者需要改进的地方,有学生就提了出来我们在打全场时跑动中总是传球失误这个问题,我接着引入本节课的学习内容,接着让小组长带领大家先进行原地的传接球练习,在练习过程中我观察到每组的女生随着课的深入,并且在男生的带动下慢慢地都投入了进来,男生的练习态度也很认真,仿佛是在说我一定不会输给女生的。在这个练习结束后,开始带领学生进行半场的跑动中传接球,再逐步过渡到全场的传接球,在每个小组长的带领下,每组成员完成得都很认真,汗水也已经挂满了他们的脸上。在课的最后,我加入到他们的队伍中,和他们一起再次进行 5v5 的全场教学比赛,在比赛中我发现他们的传接球要比之前稳定多了,男女生之间的默契也越来越好,最后这节课在学生的欢笑中结束了。下课后有几个学生主动找到了我跟我说:"老师,我以前不喜欢上篮球课,每次都是单手肩上投篮,无聊死了,但现在的我们上课很开心、很过瘾!我们很喜欢上专项篮球课!谢谢老师!"看到他们如此享受专项体育课,我想学生的快乐比什么都重要!

三、案例反思

我校高中体育专项化改革的初效给我留下了深刻的启示:

第一:兴趣是最好的老师,它不但是学习的基础,同时也是学习的动力。孔子亦曰"知之者不如好知者,好知者不如乐知者",可见一个人的兴趣对其学习和活动的效率有着至关重要的作用。在传统体育教学模式中,5 分钟集合、10 分钟热身,再加 10 分钟老师讲解和示范,供学生自由练习的时间很短。还没学会就下课了,等到下一堂课时,动作要领几乎全忘了,又得重头来过,久而久之就没了兴趣,即产生了学生不想上体育课的尴尬局面。但在高中体育专项化教学模式中,学生根据自己的兴趣选择不同的专项上课,这样学生的体育兴趣得以激发,提高了学生参与体育课的积极性,这样学生在学习中才会精神饱满,积极主动,由要我练转变成我要练。虽然很累,但学得多,练习时间充分,反而越练越有兴趣,越来越渴望上体育课。

第二:体育本应该是一件快乐的事情,让快乐体育重回校园。在高考升学大压力的大环境下,高中体育已经变得索然无味。传统的体育教学模式无非可以归纳为两种:①反复练习枯燥的动作,比如篮球教学中学生从小学开始体育教师就教单手肩上投篮,初中也这么教,到高中还是这么教,就算是到了大学,也还是单手肩上投篮动作的不断练习,在无止境的枯燥、乏味下每个学生练习同一个动作,长此以往,学生就会很讨厌体育课,在体育课上就会变得死气沉沉,即使平时是一个活泼的孩子。②"放羊式教学",在体育课上教师吹个口哨,集中下学生,花个5分钟做准备活动,然后就让学生自己去玩,教师自己则不知道溜到哪里去了,那些原本对体育非常有兴趣的学生,因为学不到新的运动技能,逐渐地对体育丧失了兴趣,体育课就慢慢地变成他们的"灾难日"。高中体育专项化教学模式对教师的要求进一步提升了,要求教师创新教学内容和形式,充分调动学生的积极性。学生方面由于对专项体育有了兴趣,加上教师的新颖教学,都渐渐地重新喜欢上体育。

让学生在运动中享受体育,在体育中体验快乐!

【导语】

学校特色的形成和品牌的成熟不是一蹴而就的,而是经年累月凝聚着全校师生的心血和智慧。从学校的决策,到培育全体师生共同愿景;从教育科研探索寻找方向路径,到付诸教学实践增长经验;从单一学科的开路摸索,到众多学科的协同融合,无不浸透着亭中人的探路的艰辛、成功的喜悦。亭中人有着不服输、不买账的骨气,有着不达目的不罢休的傲气。凭着"两气"和科学精神,硬是闯出了一条具有亭中人独特风骨和精神风貌的办学风格、文化风尚和课程特色的路子,在金山普通高中办学模式多样化、特色化上赢得了属于自己的话语权。

远郊普高体育特色学校课程
文化建设的实践性研究

唐林弟

一、问题的提出

上海市亭林中学创办于 1940 年,坐落于上海市远郊亭林古镇,现已建校 76 年。从开办到上世纪中叶,学校以卓越的办学实绩,蜚声黄浦江两岸,被誉为浦南首中。文革前后,学校划入金山区,定位为普通高中,优质师资纷纷调离,生源不断下降,办学成绩持续下滑。在艰难的转型过程中,学校开始将重心转向体育教育,逐步形成了体育传统。2006 年,学校抓住创建实验性示范性高中的契机,提出了"理解生命,享受体育"的办学理念,经过三年努力,于 2009 年成功创建为金山区实验性示范性高中。近些年来,学校虽然赢得了很多的荣誉,但学校的发展仍相对缓慢,亭中人逐渐意识到不走特色发展之路,学校将难以向更高层次迈进! 在国家教育部、市教委大力推进"体教结合"工作的大背景下,基于高中多样化特色建设、"健康第一"的理念要求,以及学校的办学传统,按照传承和发展的思路,学校确定了"理解生命、享受体育、追求卓越"的办学理念,并将创建上海市特色(体育)普通高中作为学校发展的愿景,同时对"享受体育"的内涵进行了诠释,提出了"在运动中强体、立德、增智",逐步完善学校体育特色课程建设,凸显体育的育人价值,不断提升办学品位,从而探索一条独具特色的素质教育之路,这是时代的要求,教育改革的趋势,也是学校发展的必由之路。

所谓特色学校,是指基于本校特有的办学旨趣,并选取适合于本校的突破口(切入点),探索已有的办学之道,逐渐形成了某方面教育教学优势的学校。特色学校不仅外显为全体学生综合能力或多数学生某一方面能力的突出发展上,更表现为学校文化建设内化为人的意识行为,成为一种精神,一种风格,一种文化。

课程文化,从广义来讲,课程文化大体上可以包括三方面:课程物质文化、课程制度文化和课程精神文化。这是一所学校办学特色和个性发展的集中体现。

体育特色学校课程文化,是指基于本校的办学宗旨,选择"享受体育"为突破口,构建体育特色课程框架体系,探索在运动中"强体、立德、增智"的方法和路径,逐渐形成教育教学优势,进而形成特有的课程文化。

二、研究目标与内容

(一) 研究目标

1. 构建体育特色课程框架体系;

2. 探索体育特色学校课程文化建设的路径;

3. 丰富体育特色课程文化"强体、立德、增智"的内涵,创建体育特色学校。

(二) 研究内容

1. 通过调研,研究特色学校建设的基础。

2. 全面梳理体育特色课程文化内核,形成体育特色课程基本结构,研究特色课程实施保障制度,构建基于我校特点的体育特色课程框架体系。

3. 从团队建设、课堂跟进、科研助推、环境氛围等角度,探索体育特色学校课程文化建设的路径。

三、研究方法与过程

(一) 准备阶段(2013 年 10 月—2014 年 4 月),主要采用文献研究法和调查研究法。

1. 通过调查研究了解我校教育教学的传统与现状,剖析制约我校教育教学质量发展的主要原因,并通过文献研究大量收集国内外对"体育特色学校"的研究状况,从中确立创建体育特色学校的方向。

2. 由课题组负责人牵头,成立课题组,确定课题组成员分工;组织课题组成员学习有关"特色学校""课程文化"建设的理论,广泛吸收先进经验;开展部分学生、教师座谈,联系教育局、体育局、上海体育学院共同召开体育特色发展沟通会,并对调研情况进行分析,在此基础上制定研究方案,完成课题申报报告和课题立项论证报告;

3. 制定详细的发展规划,建立科学的考核评价激励机制,努力形成全校上下人人支持体育、人人参与体育的良好氛围。

(二) 实施阶段(2014 年 4 月—2016 年 7 月),主要采用行动研究法和个案研究法。

1. 成立"享受体育"课题研究小组,并由体育组、德育处、教导处分别形成学校各级子课题,进行专题研究。体育组主攻体育专业课程、德育处探索体育育德课程、教导处落实基础课体育元素拓展课程。

2. 全面梳理体育特色课程文化内核,形成"享受体育"特色课程基本结构,研究特色课程实施保障制度,构建基于我校特点的体育特色课程框架体系。

3. 组织编写各类"享受体育"校本资源或指导手册(包括体育本身、德育渗透、学科渗透三个方面)。在大量实践中,提炼出具有代表意义的案例,编辑成集。

4. 进一步巩固体育课程实施所取得的成果,在活动与竞赛中推向纵深发展,倡导体育精神,同时向其他学科渗透,拓宽研究领域,培养良好的精神品质,提升课程文化品位。

5. 从团队建设、课堂跟进、科研助推、环境氛围等角度,探索体育特色学校课程文化建设的路径,营造良好的体育课程文化环境氛围,建设具有持续、恒久影响力的精神文化。

(三) 总结阶段(2016 年 8 月—2016 年 12 月),主要采用经验总结法。

对本课题研究的过程及资料进行系统分析,形成研究报告,并将专题论文汇编成集,完成课题结题报告。进一步研究市体育特色学校创建的要求,丰富体育特色课程文化"强体、立德、增智"的内涵,打造上海市特色(体育)学校。

四、研究成果

(一) 深化了"享受体育"的内涵认识

学校在"理解生命、享受体育、追求卓越"办学理念的引领下,以"享受体育"为抓手,科学定位特色发展目标,深入挖掘"享受体育"的内涵,开展体育特色学校课程文化建设。可以说任何一个体育运动项目除了强体之外,还包含着丰富的内涵,任何一个体育运动项目都具有其特有的体育精神与体育规则,同时也都隐含着这个项目的科学和文化。所以,我们把享受体育的文化内涵界定为"在运动中强体、立德、增智"。强体主要体现在运动技能、运动方法和运动习惯。立德

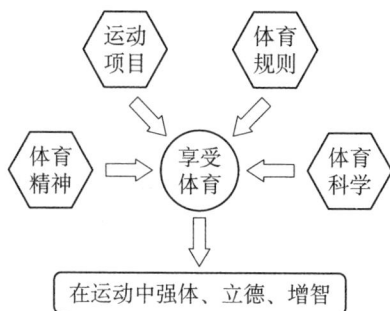

图1 "享受体育"的内涵

主要体现在精神力量、规则意识和道德品质。增智主要体现在科学素养、人文内涵和艺术修养。如下图所示。

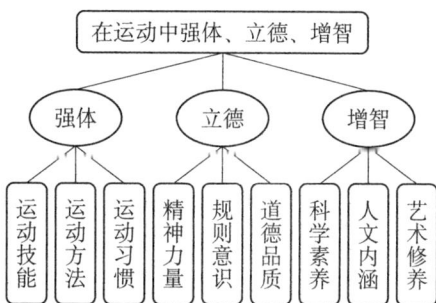

图2 "强体、立德、增智"的内涵

(二)构建了体育特色课程群的框架体系

1. 构建体育特色课程群

学校在挖掘"享受体育"丰富内涵的基础上,以"享受体育"为课程目标,通过课题组研讨、聘请专家论证等形式,统整学校原有课程,从体育本身、有效德育、学科渗透三个角度进行架构,设计一系列体育教学、体育活动、体育文化课程群,在此基础上完善了课程群的框架结构,包括体育教学课程、体育活动课程、

体育文化课程三大类课程。如下图所示。

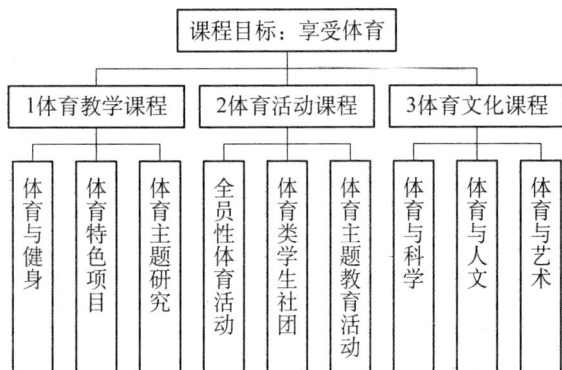

图3　体育特色课程群

（1）体育教学课程

体育教学课程依据基础型、拓展型、研究型三类课程进行划分，依次分为体育与健身、体育特色项目、体育主题研究三方面的十几门课程，课程由体育教研组的全体体育教师具体负责落实。体育与健身课程是根据体育基础型课程的类型安排进行划分，划分为体质体能类、体育专项化、运动训练类课程。体育特色项目属于体育拓展型课程，依据项目的区域覆盖面大小，划分为国家布局项目、区域布点项目、亭中传统项目。体育主题研究属于研究型课程，依据学生的兴趣爱好，选择与体育相关的研究课题进行研究，如体育与健康的研究，金山乡土体育研究等。如下图所示。

（2）体育活动课程

体育活动课程依据学生参与的情况，分为全员性体育活动和体育类学生社团两类活动。全员性体育活动，要求学校每位学生都必须参加，如广播操、早锻炼、班级联赛等。而体育类学生社

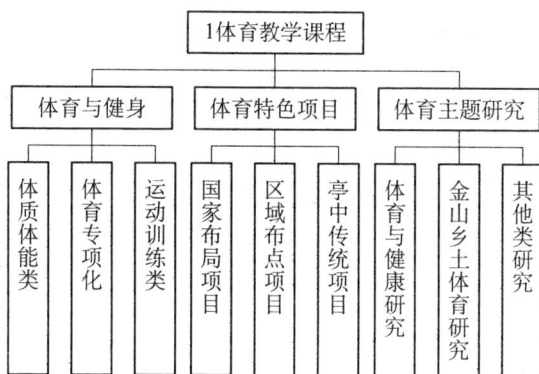
图4　体育教学课程

团,是依据学生的兴趣爱好,个性化地选择自己喜欢的体育类社团活动。以这两类活动为载体,渗透体育精神教育。这类课程由德育处、各年级组长、班主任具体负责落实。如下图所示。

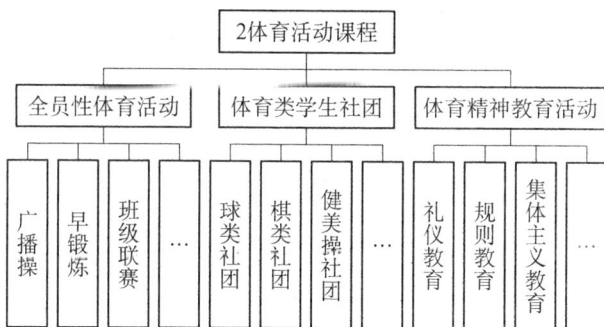
图5　体育活动课程

（3）体育文化课程

体育文化课程是将体育课程与文化课程按照学科类进行划分的,依次分为体育与科学（包括数学、物理、化学、生物）、体育与人文（包括语文、英语、政史、地理）、体育与艺术（包括美术、音乐等）课程。这类课程由教导处、各学科教研组以及各学科组具体负责落实。如下图所示。

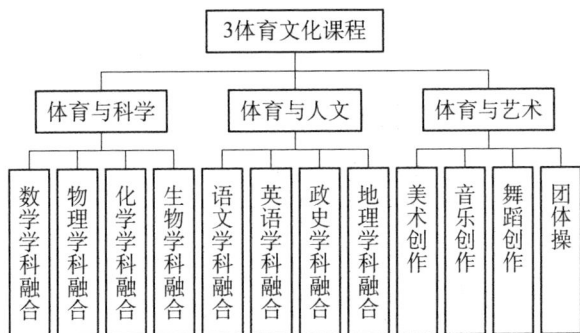

图 6   体育文化课程

2. 编写体育特色校本资源

按照学校设计的课程群的框架结构,制定了校本资源的编写方案,发动教师申报编写校本资源,组建各编写小组,定期组织编写工作。2015 年底,除一些体育专项的校本资源外,还编写了将近 10 本特色校本资源,完成了校本资源的初稿。经过学校遴选、编写小组修订完善,5 本校本资源已经完成定稿,包括《光环背后——体育文学作品选读》、《国际体育赛事——英语阅读》、《地理环境与体育运动》、《奥运史》4 本体育与人文类校本资源以及《体育与科学》1 本体育与科学类校本资源。与此同时,针对部分已经比较完善的校本资源,各编写小组正着手编制相应课程的实施方案或课程指南,包括课程目标、途径、方法、资源、评价及教学设计、学生评价表等。

3. 改进体育教学课程

为了提高全校学生的身体素质,并让体育运动成为一种生活的习惯,学校将体育教学课程在原有基础上进一步分类细化,包括体育与健身课程、体育特色项目、体育主题研究三类,共十多门课程。

（1）体育与健身课程，包括体质体能类、体育专项化、运动训练类。

体质体能类课程，包括 1 节身体素质训练课、每天的大课间活动和早锻炼活动。根据教育部印发的《切实保证中小学生每天一小时校园体育活动的规定》，学校将早锻炼、课间操、课外活动有机结合起来，制定了完善的活动方案，根据季节的不同安排不同内容，冬令时安排课间操、身体素质、集体跑，夏令时组织课间操、身体素质、新编长拳、集体舞等。

体育专项化课程，根据市教委的要求我校采用 3 班 5 项目的小班化教学模式，在课程设置上，从传统的每节 40 分钟的课，改变为现在 2＋2 模式，即：80 分钟专项课、80 分钟活动课。在 80 分钟的上课过程中，除了主教材的专项技术学习外，还安排 20 分钟左右的专项素质和综合身体素质练习。目前我们开设的专项课有：田径、足球、篮球、排球、网球、乒乓球、健美操。学校为上海市首批体育大专项改革试点学校。

运动训练类课程，是指针对体育班中体育特长生的强化训练课程。体育班是亭林中学的特色班级，学校每年在高　年级选拔有志于报考体育专业的学生组成体育班，并不断从其他班发掘体育尖子生，来充实学校的体育人才。学校在严格按照国家课程计划设置外，根据不同年级的训练要求有针对性地设置了相关的校本课程，高一以速度、耐力等基础性项目为主，高二以速度、耐力、力量等项目为主，高三主要以高考项目为主。为保证专业训练的正常开展，学校每周安排二次训练课，每次 3 课时，每个双休日安排半天训练，寒、暑假一般都在四十天以上。为提高训练水平，学校除不断提高本校教练员的业务水平外，还长期聘请专业教练、体育学院专家等参与训练。近几年学校体育高考术科合格率为100%。

（2）体育特色项目：国家布局项目有全国青少年校园足球特色学校；区域布局项目有上海市体育传统项目（田径、女足）学校、上海市首批校园足球与排球学校、上海市龙文化全能赛；亭中传统项目除原有的田径与女足外，根据亭林镇地区的特色，引入腰鼓课程，面向全体师生进行必要的训练，并逐步将腰鼓课程固化为学校的传统特色项目。

（3）体育主题研究：如体育与健康研究，乡土体育研究，体育训练与文化学习关系研究等。这类课程主要利用每两周1课时的研究型课程加以开展实施。

（三）探索了体育特色学校课程文化建设的路径

学校从团队建设、课堂跟进、科研助推、环境氛围、体育班引领等角度，探索了体育特色学校课程文化建设的路径，营造良好的体育课程文化环境氛围，逐步形成具有持续、恒久影响力的精神文化。

1. 通过团队建设，打造一支特色教师队伍

成立了"享受体育"课题研究小组，并由体育组、德育处、教导处联动，各教研组、学科组作为实施团队，明确了专题研究的任务分工。通过全体教职工大会、行政会议、教研组会议、学生大会等途径，不断宣传、强化学校的办学思路和体育特色学校课程文化建设规划，使得广大师生明确目标，统一思想，提高认识。同时聘请市体教协会专家、市体育名师基地主持人、市体育教研员等成立特色创建专家组，定期召开体育特色课程建设研讨会进行专题研讨，对课题组的研究工作进行指导，对研究人员进行培训指导。此外，还通过专题讲座、外聘教练等形式，加大师资

培训及教学指导,促使相关教师特别是体育专职教师的技能发展,熟悉学校特色工作的部署,完成相应的专题研究任务,打造一批支持特色课程发展的特色教师队伍,并为这些特色教师的专业发展提供特别支持。

2. 通过课堂跟进,推进课程群的有效实施

除体育教学课程"3 课 2 操 2 活动"以及每天 1 小时左右的大课间活动外,体育活动课程中全员性体育活动主要是通过每天常规项目广播操、早锻炼,每月的班级联赛以及每年的秋季运动会等进行推进;体育类学生社团每两周安排 1 课时活动;体育精神教育活动则贯彻在日常德育活动的方方面面,主要包括晨会、班会、主题活动,节日文化等。体育文化课程包括体育与科学、体育与人文、体育与艺术,作为拓展型课程中的微型课程加以实施开展,安排两周 1 课时的活动。

3. 通过科研助推,形成系列教育科研成果

本课题作为学校的龙头课题立项以来,学校成立了"享受体育"课题研究小组,科研助推"享受体育"特色课程建设。体育教研组、德育处、教导处也分别确定了对应研究课题。课题负责人是校长,学校科研室、教导处、德育处三个部门全力推进,组织各教研组、各班主任共同参与。德育处主任和各年级组长、班主任,具体负责体育"立德"(体育精神育德)层面;教导处及各教研组长、学科负责人,具体负责体育"增智"(体育文化元素)层面;体育教研组长带动全体体育教师,具体负责体育"强体"(体育本体教学)层面;学校科研室负责督促、指导本课题的研究落实,及时汇总各层面的相关资料。在本课题的研究过程中,全体教师积极参与学校的特色创建,将体育学科课程建设研究、体育育德活动实践研究、体育相关科学文化知识研究等作为研究内容,与

此相关的大量科研成果应运而生,相关的区级以上课题有：占丽云老师负责的《高中班级建设中体育精神元素的发掘和渗透研究》、包华老师负责的《高中生命科学教学中健体元素发掘的实践研究》、洪潘均老师负责的《体育特色课程文化背景下高中物理课堂教学实践研究》等。相关的市级以上的论文发表有：《理解生命、享受体育、追求卓越——我校体育特色创建的认识与实践》(学校)、《浅谈高中语文教学中的体育文化渗透》(孙颖芳)、《浅谈高中地理教学中的体育文化渗透》(刘佳鑫)、《浅谈高中英语教学中的体育文化渗透》(汪霞)等系列论文。

4. 通过环境布置,营造良好的体育文化氛围

近三年来,学校加大投入、扩建和完善各类体育设施,添置了必要的器材,为营造良好的体育文化环境,实现上海市体育特色学校的目标,提供了强有力的硬件保障。目前为止,学校运动场所有 $400\ \mathrm{m}^2$ 运动场,篮球场、乒乓场、体质体能测试室、形体房以及健身房,学校的体育设备设施日益完善。此外,为了营造体育环境氛围,学校注重整体文化形象的设计,将体育特色元素融入到校园环境的布置和改造中,学校聘请专业的设计团队,利用运动场、教学楼、教师办公楼的墙面,设计了运动浮雕和口号标语,还利用宣传栏进行体育精神文化的传播,让全校的师生沉浸在浓厚的体育文化氛围之中。目前,学校正在着手"享受体育"主题雕塑的设计。

5. 通过体育班示范,辐射引领其他班级

在亭林中学,每个年级设一个体育班,学校努力将体育班打造为体现体育精神的模范班,并以体育班为示范,带动其他班级的体育精神教育。体育班的示范主要表现为三个方面,一是强身健体、运动成绩的示范。体育班学生由来自各班的对体育感

兴趣、立志于从事体育专业的学生组成,他们绝大多数与其他学生一样,体育运动成绩最初并不突出,但经过自我定位、自我激励、系统训练,他们纷纷成为运动场上的健将。二是常规管理、精神面貌的示范。任何集体活动,体育班队伍最整齐、精神最饱满、口号最嘹亮。三个年级的三个体育班在每月的常规检查与考核中一直处于年级最前列,学期班级考评一直被评为优秀。三是学业成绩、未来发展的示范。近年来亭林中学体育班的高考录取率都达到 100%,录取高校的质量也远高于其他班。本届 2017 届高二(3)班体育班,由于班风、学风优异,一年中取得各级各类比赛近两百个奖项,被评为上海市先进班集体。

(四) 丰富了体育特色课程文化

1. 成立了学生体育社团和教工健身社团

学校建立了十几个学生与教师体育社团。全校师生根据自己的兴趣,人人参加体育社团,人人投入倾心的体育运动,使每位师生能掌握两项以上的运动技能,养成运动的爱好与习惯。学生的体育社团有篮球社、男足社、女足社、乒乓社、健美操社团等。教工健身社团有腰鼓队、教工乒乓球社、教工篮球社团、佳木斯健身操、孟溪弈馆(棋牌社)、亭中太极拳社、铁崖镖局(飞镖社)、瑜乐伽油站(瑜伽社)等。对于全校师生来说,体育活动是一种爱好,是一种氛围,更是一种文化。

2. 开展了丰富的体育类育德活动

学校以"日日有活动,周周有比赛"为目标,积极开展体育竞赛活动。学校每年三月举行班级与年级篮球联赛,四月举行班级与年级排球联赛,九月举行班级与年级足球联赛,十月举行班级广播操比赛,十二月举行班级长跑比赛,此外还有以田径为主的校运动会、乒乓球比赛、师生对抗赛等。学生每年还要参加各级各类的校外体育竞赛上百项次。丰富的体育活动与体育竞赛营造出了浓厚的运动氛围,有力推动了运动习惯的养成。学校在区市级以上的体育竞赛中屡获殊荣,如 2015 年市龙文化全能赛中,风筝队获最佳表演奖,龙舟队获一等奖;2014、2015 年金山区学生阳光体育大联赛田径比赛高中组第一名;2015 年上海市民运动会风筝比赛学生组一等奖……学生个人荣誉近千余项。

五、研究成效

(一)培养了学生"三身"的发展

在体育特色学校课程文化建设过程中,学校以体育育人为价值取向,逐步培养了学生"三身"的发展:绝大多数的学生开始慢慢喜欢上体育运动,也掌握了一些科学锻炼的方法技能,逐渐养成了强身健体的运动习惯,学会享受体育运动带来的快乐,部分学生在竞技体育中有所成就,培养一批优秀的体育特长生,即"健身"发展。通过体育文化课程与文化活动,学生感受到了体育文化的魅力,感悟了体育精神,树立了拼搏精神与规范意识,使体育精神逐步内化为学生的精神追求,即"修身"发展。通过各类内容丰富、形式多样的体育活动与体育竞赛,学生亲身践行拼搏进取的体育精神,弘扬规范有序的体育道德,磨砺坚韧不拔、耐压抗挫的意志品质,使拼搏进取、规范有序成为学生的精神特征与行为习惯,即"砺身"发展。

(二)推进了特色学校进程的发展

在体育特色学校课程文化建设过程中,学校的办学理念、办学策略、办学行为、办学风格、办学成果将渐渐内化为学校课程文化,提升了学校的办学品质。上海市特色(体育)普通高中的创建,为学校的个性化发展指明了方向,学校逐渐走出了特色发展之路,向着特色学校的发展方向不断迈进。2015 年,学校被确定为上海市 25 所特色普通高中创建学校之一,并入选 17 所上海市第二轮课程领导力提升行动研究项目高中阶段学校之一。除此之外,学校还是上海市体教结合先进单位、上海市体育工作先进单位、上海市"立德树人"体育教育教学研究基地等。

(三) 为全区高中"多样特色"发展提供可借鉴的参考

特色学校的创建迅速提升了学校的知名度,得到了学生、家长、社会的认可,社会的赞誉成为了学校进一步发展的巨大动力,从而逐步形成了良性循环。这将在一定程度上改变过去那种"千校一面"的办学模式,加快我区学校多样特色的发展,拉动学校教育的整体改革,为全区高中"多样特色"发展提供一个借鉴参考的典型案例。办学的特色与经验也将逐渐在一定区域内实现辐射与推广。中国教育报于 2016 年 4 月 13 日以"享受体育:为学生的精神人生打好'底色'"为题,报道了体育特色学校的创建纪实。2016 年 5 月 21 日,上海电视台生活时尚频道播放了时长 6 分钟的学校专题报道。

六、反思与展望

在体育特色学校课程文化建设过程中,学校虽然已经开展了一系列的工作,也取得了一定的成果与成效,但是也面临着困难与不足:(1)学校的体育设备设施虽日益完善,但硬件设施仍相对缺乏,特别是缺少室内体育馆,这些都制约着学校体育教学、活动的有效开展。(2)由于学校地处远郊,高等院校资源相对缺乏,对学校课程建设来说,可借鉴的资源和学习的机会较少,缺乏专家高屋建瓴的指导,对师资的培训力度不够,教师研究团队成长缓慢,再加上经费的支出问题,教师在课程建设、教学资源编写方面显得能力不足,动力不够。(3)在特色创建过程中,如何实现学科、德育与体育有机融合;如何处理体育训练与其他学科学业的关系;如何在体育特色的大背景下,尊重学生个性化的选择,尤其是不喜欢体育的学生,为全体的学生提供多样化的选择,这些仍是值得继续深化研究的课题。

下阶段设想对体育特色课程群的实施途径、评估机制等进行进一步的深化研究:一是探索课程群的实施途径,包括体育特色各类课程的实践研究、体育特色课程资源开发与利用研究、体育特色课程组织管理制度研究;二是形成课程群的评估机制,包括课程合理性的价值判断的评估、教师在课程组织实施中教学行为评估、学生在课程学习过程中学习行为评估。通过体育特色课程群的设计、实施、评价等,进一步优化学校的课程结构,带动学校整体的课程改革,实现体育特色学校的创建目标。

虽然学校特色创建的过程是一个长期而艰苦的过程,但我们深信我们的特色发展的方向是正确的,亭中人必将披荆斩棘,团结一心,充分发挥集体智慧,把特色学校建设工作不断深化和发展,在彰显"体育"文化特色的同时,进一步提升学校的办学品位,提高学校办学质量。

市郊普通高中体育专项化
教学实践的研究

姚保绮

一、研究背景

目前高中的体育教学,还是以竞技运动项目为主,教师和学生只重视以掌握运动技术技能为目的"教"而"练",忽视以锻炼身体为目的"学"与"练"。只重视眼前体育短期效益,轻视终身效益;只对学生在校阶段负责,不对学生长远负责;片面强调增强学生体质,忽视学生体育意识和自我锻炼能力的培养。在学校教育实践中,"学校体育说起来重要,做起来次要,忙起来不要"的现象长期以来得不到纠正。在高中阶段面临高考的挑战,而体育课不在高考升学考试之列,许多学校为了片面追求升学率减少体育课,有的甚至不开体育课,体育在整个学校教学中处于较薄弱的地位,忽视了培养学生的体育素质和学生对体育的兴趣与情感。大多数体育教师因循守旧,对一些传统观念还不能突破,这显然不符合素质教育的要求。鉴于以上原因,本课题试图通过开展《市郊普通高中体育专项化教学实践的研究》研究,整合教研资源,形成教研合力,提高校本教研的实效性,促进体育教师专业化素养的提高,培养我们的学生从不同角度、不同的锻炼方法来提高他们的身体素质,达到终身锻炼的效果。

新时期下高中体育教师教学的改革研究,是高中体育课程改革的核心问题。在高中体育课程目标确定以后,体育教师需要认识高中体育教学过程,并以新的体育教学过程观为指导,去创建新的体育特色化教学,以实现高中体育课程由理想向现实的转化。通过高中体育教学改革试点,改变传统的体育教学组织形式和运行机制,提高教学质量,发挥体育教育在培养学生的全面发展,增强学生体育意识和体育兴趣,掌握体育知识和1—2项体育运动技能的主渠道作用,为学生培养自觉参加体育锻炼的习惯和健康生活方式奠定良好基础。同时,发挥高中体育教学承上启下的作用,延伸、辐射并推进大学以及中小学体育教学的改革发展,为建立科学完善的学校体育教学体系进行制度创新。

教师们可以共同探讨专项化教学改革的教学模式,解决体育教学的热点、难点问题,探讨教学的艺术,交流彼此的经验、迥异的风格,使不同的策略在交流中碰撞、升华,这种多层面、全方位的合作、探讨,可以整体提升我校教师的教学教研水平,提高教学质量。

二、研究概括

(一)研究目标

激发学生参与体育活动的兴趣和爱好,为适应社会发展,培养学生具有"健康第一"的终身体育思想,养成自觉参加体育锻炼的习惯,掌握1—2项体育运动技能和相关知识,形成科学、良好的生活方式,达到终身锻炼的效果。

（二）研究内容

1. 探索适合本校体育专项化教学的项目设置

2. 探索市郊普通高中体育专项化教学的内容

（1）专项教学体验内容

（2）专项运动技能内容

（3）专项基础理论知识内容

（4）专项身体素质内容

3. 探索市郊普通高中体育专项化教学时数、成绩评定体系

4. 探索市郊普通高中体育专项化教学资料的管理

5. 探索市郊普通高中体育教师专业化发展

（三）研究方法

1. 文献资料法：通过文献、资料、网络查阅等收集有关国内外体育课程专项化教学的相关资料。

2. 问卷调查法：针对课题研究设计调查问卷，内容包括项目化教学的项目选项调查，学生三年专项化教学后的体会、建议等等。

3. 经验总结法：对实践活动中的具体情况及时进行归纳与分析，不断改进操作方法，撰写经验总结，使研究更趋系统化、理论化，提高操作质量。

4. 数理统计法：对回收的问卷和相关资料进行整理、统计和分析。

（四）研究过程

本课题 2013 年 3 月申请，5 月被立项为区级一般课题，组内教师由此开展了以下研究工作：

1. 准备阶段（2013 年 1—3 月）

（1）成立课题组，对课题组成员进行相关分工。

（2）课题的研讨、论证、文献资料的查阅研究。

（3）制定课题实施计划，研究目标，研究内容等。

（4）组织参与高中体育专项化教学的教师进行集体研讨、分析项目化的教学目标、教学内容、组织教法和手段等等面临的难题。

2. 实施阶段（2013 年 2 月—2016 年 12 月）

（1）2013.02 制定亭林中学体育专项化教学改革实施方案，确定适合本校学生教学的选项项目，调研学生的兴趣、爱好。

（2）2013.04 制定篮球、足球、乒乓球、田径等各项目组的教学计划、课时计划、单元计划。

（3）2013.09 新高一年级第一学期进行轮换体验项目的教学。每周 1 次基本身体素质课及 1 次大专项课，一学期每个学生都体验 4～5 项项目，每个项目体验 3～4 次课。学习内容为基本素质能力以及专项技能的学习。专项教学课时为 80 分钟，一般排在上午最后两节或者下午最后两节。

（4）2014.02 高一第二学期每周 1 次基础课加 1 次专项课，初步确定一个兴趣项目，深入体验，最终确定高中三年的选项项目，学生根据任课教师制定的各学期计划达到既定的目标。

（5）2014.09 至今学校遵循上海市有关体育专项化教学过程的不间断性原则，安排了足够的周课时量和总课时量用于专项化教学，采用每周两次 80 分钟的专项课教学，周课时 5 学时，通过分层、分组、定期组织和参加市、区、校级体育竞赛等途径，整体提高学生的专项技能水平，推动学校田径、女足传统强项的发展，提升了学校运动队的水平。

（6）大专项教学展示

2014年12月30日,金山区高中体育专项化教学研讨活动在我校开展,参加本次活动的有教育局副局长、上海市学生活动管理中心高山青、体育局、教研员以及中学体育教研组长和少体校教练等70余人,共展示了篮球、田径、足球、乒乓球、健美操等六节大专项课堂教学,区体育教研员吴金林老师、兄弟学校体育老师等对本次活动进行了听课、评课活动。金山区体育导师团沈强教师提出了高中体育专项化教学是以学生兴趣为主,强调课堂教学,突出体育专项化教学的特点和专项化教学后的5个变化:教师要求变化大,教师专项技能要求高;课堂实践变化大;结构比较大、宽度大;组织形式变化大;对学生要求变化大。高山青老师对上海市高中体育专项化教学改革提出了80分钟课堂教学中运动负荷如何把控,专项化教学与课内外一体化教学如何开展两个问题,这也是对高中开展专项化教学提出了更高的要求,值得我们所有参与体育专项化教学改革的教师去深思。

2015年4月16日宁波市鄞州区教育代表团一行13人来我校进行为期一天的参观交流,观摩了足球(男、女)、篮球、网球等项目的专项化教学展示。

2016年5月16日以"在运动中强体、立德、增智——远郊普高体育特色学校课程文化建设的实践性研究"为主题的金山区教育科研成果中期展示活动在我校举行,大家观摩了体育专项化教学展示活动,包括田径、女足、男足,分别由吴海波、张婷、冯健老师执教。

（7）专项教科研成果

张婷教师的论文《谈如何激发高中女生对足球大专项课的

兴趣》发表于 2016 年第 8 期《新课程》,并获得优秀论文一等奖。

张丹凤教师的课题《通过"课课练"调高高中女生垫上运动能力的实践研究》于 2016 年 5 月结题。

2016 年 5 月张婷教师的《高中女足专项化教学策略的研究》被列为金山区规划课题,同年 10 月被立项为上海市青年教师课题。

三、课题研究的结果与收获

(一) 设置适合本校体育专项化教学的项目

我校很荣幸被选为 17 所参与全市"高中体育专项化教学改革"试点学校之一,从校长到分管领导都很重视这次改革,建立了领导机构,制定了实施方案和设备改建方案。2012 学年第二学期开始,从学校实际出发,根据教师专业、学校办学机制、特色等对高一年级六个班进行了篮球、足球、田径、乒乓球四个项目的体验教学,在体验教学中任课教师选择激发学生兴趣的教学内容,挖掘学生潜能,让学生在选项中有所目标。在选项过程中,首先通过学生填写选项意向书,让学生自己选择几个项目,然后根据教师、学校情况进行调剂。实施到现在已经基本完善选项项目,确定了田径、足球(男、女)、篮球、排球、乒乓球等 5 个项目。由于高一学生来自不同的初中,学生的兴趣爱好不同,因此高一第一学期基本以学生的身体素质以及体验教学为主,让每一位学生基本体验 3—4 个项目的 80 分钟教学,学期末填写选项意向表(附表一)确定选项组别,第二学期正式进行专项教学,通过二年半的体育专项化学习,使我校学生对体育运动的兴趣有了显著提高,能比较熟练地掌握 1 项以上的体育专项技能,提高学生的体质健康水平,逐步养成自觉锻炼的习惯。

表一　选项意向表　　班级　　姓名　　性别　　学号

编号	项目意愿	第一志愿	第二志愿	第三志愿
1	田径			
2	足球			
3	篮球			
4	排球			
5	乒乓球			

（二）市郊普通高中体育专项化教学的内容

1. 专项教学体验内容

为了更好地让我们的学生有目的地进行项目的选择，在体验教学中任教教师结合项目的基本技术，通过基本技术的传授、小组比赛、项目化趣味性游戏等教学方式，如篮球教学中采用多种形式的运球、传接球、投篮、简单的技战术、半场三对三等形式，使学生能积极参与篮球项目的学习，体验球类运动技能形成的过程，激发对球类运动的兴趣，最终确立达到终身锻炼的运动项目。

2. 专项运动技能内容

根据项目的不同，确定适合本校学生学习的专项运动技能。如球类项目的专项技术、战术、教学比赛（附表二、三、四、五）；田径项目为径赛项目：100 米、200 米、400 米、800 米，田赛项目：铅球、挺身式跳远、背越式跳高。

表二 足球专项技术和战术

类别	教学内容
技术	球性练习、移动、运控球、踢球技术、接球技术、头顶球技术、抢球技术、掷界外球技术、守门员技术等
战术	进攻战术：运球过人技术、斜传直插、交叉变向运球、"2打1"、"2打2"、"3打3"和边路进攻、中路进攻等 防守技术：位置、盯人、抢、断球、保护、协防等
教学比赛	五人制、七人制、十一人制（比赛阵型介绍、特点、要求）

表三 篮球专项技术和战术

类别	教学内容
技术	运球、传接球、投篮、持球突破、进攻组合技术、防守技术、抢篮板球技术
战术	进攻基础配合：传切配合、突分配合、掩护配合、策应配合 防守基础配合：关门、挤过、交换、夹击、补防 快攻、半场人盯人、区域联防等
教学比赛	半场三对三、半场四对四、全场五对五

表四 排球专项技术和战术

类别	教学内容
技术	准备姿势、移动、垫球、传球、发球、拦网、扣球
战术	个人发球战术、个人进攻战术 串联练习：一发一垫、发-接-传
教学比赛	四对四比赛、六对六比赛、九对九比赛、气排球比赛等

表五　乒乓球专项技术和战术

类别	教学内容
技术	握拍、推挡、攻球、发球、搓球、拉球、步伐、结合动作
战术	推挡-正手发力攻、侧身发力攻、搓球起板、发球抢攻等
教学比赛	升降级比赛、关键分比赛(8比8开始)、发球抢攻比赛

3. 专项基础理论知识内容

根据教学要求通过理论教学使学生基本掌握参与运动项目的发展史、运动的价值与功能、运动的损伤与防治、竞赛规则与裁判法、竞赛的组织和编排,学会观赏比赛,养成经常参加运动和体育健身的习惯。

4. 专项身体素质内容

结合各项目的特点,全面发展速度、耐力、力量、灵敏、柔韧等一般身体素质和专项身体素质、增强体质,达到《国家学生体质健康标准》对高中生的要求。

(三)市郊普通高中体育专项化教学时数、成绩评定体系

由于新高一学生是从各个不同的初中考入我们学校的,学生的整体素质不同,专项能力不同,所以第一学期为体验教学,通过问卷调查、根据学校的实际情况确定4—5个项目,每位学生每个项目体验四周,学期末确定选项,高一第二学期基本根据选择的项目进行上课,其中高三下学期以十周安排,每周4课时(每课时为40分钟授课时间),共328课时。

表六　＊＊项目教学时数分配(分为5学期,共328课时)

教学内容	高一	高二		高三	
	第二学期	第一学期	第二学期	第一学期	第二学期
基础知识	4	4	0	0	0

教学内容	高一	高二		高三	
	第二学期	第一学期	第二学期	第一学期	第二学期
专项理论	4	4	4	4	4
专项技能	40	40	44	44	28
素质练习测试	20	20	20	20	12
机动	4	4	4	4	4
合计	72	72	72	72	48

专项化教学成绩评定采用终结性评价与过程性评价、绝对性评价与相对性评价相结合的形式,既关注学生每学年一次的最终考试、也关注学生的平时表现与进步幅度,采用目标参照性测试以促进学生主动学习,更采取常模参照性测试在评价对象群体中建立基准,以对学生进行客观公正的评价。考核内容包括专项技能、专项身体素质、一般身体素质以及学习态度四个方面,所占比例分别为50%、20%、20%、10%。

(四)市郊普通高中体育专项化教学资料的管理

对在专项化教学中的公开课教案、反思,学生选项统计、学期成绩以及成绩对照等资料进行整理、统计,及时收集资料装订成册。

(五)市郊普通高中体育教师专业化发展

从2013年进行专项化教学开始,我们就建立了体育教学交流制度,2013年11月体育组全体教师观摩了闵行区金汇高中的大专项展示课,2014年12月金山区高中体育专项化教学研讨活动在我校开展,展示了篮球、田径、足球、乒乓球、健美操等六各项目的教学,2015年4月宁波市鄞州区教育代表团一行13人来我校进行为期一天的参观交流,观摩了足球(男、女)、篮球、网球等项目的专项化教学展示。除此之外,为了切实提高体育课堂教学质量,确实促进体育教师的专业教学水平,每年假期学校委派教师参加由国家、市级高校举办的足球教练员以及专项化教学项目的集中培训,提升了我校体育教师的专项素质。专项化教学推动了体育教师的教科研活动的开展,也促进了体育教师的专业化发展。张婷教师在 2016 年 10 月参加的上海市 0—5 年青年教师体育技能大赛中获得高中组个人一等奖,张婷教师的论文《谈如何激发高中女生对足球大专项课的兴趣》发表于 2016 年第 8 期《新课程》,并获得优秀论文一等奖,张婷教师的《高中女足专项化教学策略的研究》于 2016 年 10 月成为上海市青年教师立项课题。

四、结论与建议

(一) 课题研究的结论

专项化教学是高中体育教学改革的方向,我校这几年每周开设两节 80 分钟的大专项教学,结合课题的深入实践与反思,保证了实践智慧的积累。通过四年的专项化教学实践,体育教师的专项技能教学能力有所提高,全校学生的身体素质和专项技能有了很大的进步,2014 年金山区体质监测中排名高中组第二名,2016 年体质监测合格率高中组第一名,特别可喜的是我校女足队员获得 2015 年上海市校园足球精英赛高中组第一名,今年代表上海参加了全国"卓尔杯"青少年挑战赛获得第四名,田径、排球、跳踢等项目也在市、区级比赛中获得优异的成绩。

(二) 课题研究的建议

1. 配齐、配足体育场地设施以及专项教学师资

由于是郊区老学校,目前只有一块 400 米的田径场,一个标

准的篮球场以及室内乒乓房、形体房、健身房,晴天基本能满足上课场地需求,但遇到雨天田径、球类项目就不能实施正常教学,强烈要求有一个室内体育场馆。

由于开设专项教学采用 3 班 5 教师小班化的教学模式,全校三个年级全部正常开设专项化教学,将造成体育教师短缺,特别是足球、篮球专项任课教师难以满足学生选项的要求,学校拟采取外聘或引进具有较高水平的专项教学能力的教师或教练员加入本校的专项师资队伍。

2. 男女生合班的组织教法

男女合班在篮球、乒乓球、田径专项化教学中比较突出,对我们任课教师来说是个崭新的挑战,除了身体素质的各方面差异之外,高中学生男、女生心理特征差异更大,因此往往有的教学手段对男同学作用不错,但对女同学无法进行练习指导,这就更需要在分层教学方法上进一步提高教学的有效性策略。

3. 运动负荷、运动量的合理安排

在教学过程中,由于从传统的 40 分钟/课时,一下子提高到 80 分钟/课时,无论是教师还是学生都存在明显的不适应,具体表现在对课堂教学学习中的练习强度、密度等量化指标的控制和把握上比较欠缺,这有待于我们教师进一步的实践探索和提高。

4. 高中体育专项化教学缺乏与之相适应的教学评价体系。

5. 为承担专项化教学的体育教师提供必要的政策保障,包括落实超工作量补贴、探索符合体育教师工作性质和特点的绩效考核制度等。

6. 积极开展体育教学研究工作,倡导区域性体育教学合作与交流活动,开展示范性体育课堂展示活动,积极参与各类有关专项化教学项目组活动,促进教师专业化发展,不断提高体育教学质量。

高中班级建设中体育精神元素的发掘和渗透研究

占丽云

一、问题的提出

作为一所普通高中,多年来,我校以"理解生命、享受体育、追求卓越"为宗旨,积极创建以体育为特色的校园文化。近期,学校再次细化了创建体育特色的学校发展规划。在这种背景下,全校形成了在不同领域融入体育特色的教学教研氛围。学校从教学管理、德育工作、学科教学到体育课程本身,都在积极探索体育特色如何有效落实的问题。德育作为学校工作中的重中之重,如何有效发挥体育在德育工作中的作用,这对学校德育工作者提出了挑战。

班主任作为学校德育教育工作的中坚力量,是班级德育工作的具体组织者和实施者,在班级管理工作中,要勇于突破传统的教学管理模式,积极探索班主任工作新途径、新方法,积极在创新中推进班级管理工作。当前班级管理和班级建设的实践和研究,仍停留在教师的言传身教、建立激励机制、班干部培养等传统方法上,缺少新鲜元素的植入。

与此同时,体育的德育功能在学界拥有广泛共识,普遍认为体育教育的性质和任务就蕴涵着和表现出鲜明的德育功能。在体育德育的途径、方法、内容上,学界都有成熟的实践和研究。在能推进德育的体育形式上,除了体育课程,也提出了加入民族体育等新的体育形式。可见,以体育推进德育是学校教育的有效途径。但是,无论是实践还是理论上,在班主任工作中融入体育特色,把体育作为推动班级建设的有效手段,还缺乏深入的思考和系统的研究。

由此,我们试图探索体育与班级建设的结合点,寻找一条体育特色的班级建设之路。

二、研究目标与内容

(一) 研究目标

1. 深入发掘班级建设中的体育精神元素,形成创建体育特色学校背景下的体育精神元素在班级建设和育人价值中积极渗透的有效路径。

2. 拓宽和丰富班级建设者的工作思路及方法,提升其资源整合的能力,促进体育特色班级建设,并以此促使学生德智体全面发展。

(二) 研究内容

1. 发掘班级建设中的体育精神元素。

2. 探索班级建设中可渗透体育精神元素的内容与形式。

3. 形成体育精神元素在班级建设和育人价值中积极渗透的有效路径。

4. 建立评估体系框架,对体育特色班级建设中的学生进行德智体三维度的评估,检验渗透体育精神元素的班级建设的效果。

三、研究方法与过程

(一) 准备阶段(2014.3)主要采用文献研究法和调查研究法

1. 设计课题,对课题的可行性进行论证

2. 理论准备

翻阅资料、网上查询,了解国内外对本课题的研究现状及发展趋势,确立本课题的位置和研究范围。

3. 实践准备

了解学生对体育形式的了解程度、爱好程度,确定班级管理中可渗透的体育元素;选择实践班级,了解各班级学生体育能力及水平、班主任体育能力及水平。

(二) 实施阶段(2014.4—2016.12)主要采用行动研究法和个案研究法

1. (2014.4—2014.8)发掘班级建设中可使用的体育精神元素,探索班级建设中可渗透体育精神元素的内容与形式。

2. (2014.9—2015.8)形成体育精神元素在班级建设中的渗透的有效路径。

3. (2015.9—2016.12)建立学生的评估体系框架,对体育特色班级建设中的学生进行德智体三维度的评估;建立对班级的评估体系框架,检验渗透体育精神元素的班级建设的效果。

4. 以反思的形式助推实践研究。

（三）总结阶段（2017.2）主要采用经验总结法

制定评估表，撰写研究论文和案例，鉴定研究成果。

四、研究成果

（一）为班级建设发掘出可供参考的体育精神元素

体育精神元素泛指一切可能在班级建设中载入的与体育相关的静态实体和动态行为（体育教学、运动竞赛、群体活动、体育学术交流、健身知识论坛、体育宣传报道等）所形成的思想道德和意志品质。

为了拓宽"体育精神"的内涵，我们引入当前教育界育人价值新概念"核心素养"，把体育的育人价值用"核心素养"的各要素来表现，在体育课程或体育活动中发掘它们的存在。"核心素养"包括九大要素：社会责任、国家认同、国际理解；人文底蕴、科学精神、审美情趣；身心健康、学会学习、实践创新。这些要素与体育的相关性会有差别，比如身心健康与体育的相关性比人文底蕴会更高，可挖掘的体育精神元素更丰富。

我校的体育特色创建丰富了校体育课程和体育活动，其中部分与班级建设相关，成为我们发掘体育精神要素的主要来源，这些体育活动课程包括全员性和非全员性的课程，以及体育类学生社团活动。另外，作为体育特色学校，每个年级都设有一个体育特色班，有专门为他们设置的运动训练类课程，在特色班中挖掘体育精神元素，这些课程也提供了丰富的素材。

整合以上"体育精神"各要素以及班级建设相关的体育活动，我们为班级建设发掘出可供参考的体育精神元素，具体如表1。

表 1　体育精神元素发掘列举

体育精神元素（列举）	体育精神		班级建设相关的体育课程或体育活动		
	核心素养	核心素养相关体育精神	全员性体育活动	体育类学生社团	运动训练（体育班特设课）
体育精神元素 1（通过广播操比赛培养集体主义精神）	社会责任	集体主义、规则意识	每天广播操、每天早锻炼、每月班级（篮球、排球、拔河、长跑、广播操）联赛、每年运动会、师生对抗赛、体育相关的晨会、班会、主题活动、节日文化、体育训练与文化学习关系研究	篮球社、男足社、女足社、棋类社团、乒乓球社、健美操社、亭林腰鼓	高一以速度、耐力等基础性项目为主，高二以速度、耐力、力量等项目为主，高三主要以高考项目为主，上海市龙文化全能赛、上海市民运动会风等各类比赛
体育精神元素 2（通过班级拔河比赛培养团结合作精神）	国家认同	爱国、民族精神、团结合作			
体育精神元素 3（通过参加国际象棋社团培养接纳外来文化的意识）	国际理解	视野开阔、包容、接纳			
体育精神元素 4（通过参加龙文化比赛了解祖国文化，热爱民族文化）	人文底蕴	热爱民族文化、礼仪规范意识			
体育精神元素 5（通过长跑培养学生毅力）	科学精神	求实、求真、勇敢、坚毅、韧性			
体育精神元素 6（通过艺术体操提升学生审美水平）	审美情趣	欣赏形体美、韵律美			

体育精神元素 7（通过田径运动强身健体、培养乐观心态）	身心健康	强身健体意识、乐观积极的心态			
体育精神元素 8（在学习腰鼓过程中学会学习）	学会学习	自主学习的能力			
体育精神元素 9（在运动会入场式评比中培养创造能力）	实践创新	在运动中创造			

如表 1 所示，与班级建设相关的所有体育课程或体育活动都蕴含着可能的体育精神，而这些体育精神都是当前教育"培养全面发展的人"需要培养的核心素养，在体育活动中培养核心素养，即是我们班级建设中需要考虑的体育精神元素，我们列举了九大体育精神元素，如此类推，班级管理者可以根据自己的教育目的选择相应的体育课程或者活动，也可以在学校要求的体育课程活动中发掘体育精神，达到教育目的。我校体育班的凝聚力强，与班主任善于在体育特设课中的集体活动中挖掘体育精神元素息息相关。

（二）为班级建设探索了可渗透体育精神元素的内容与形式

1. 在班级物质文化建设中渗透体育精神元素

班级物质文化包含教室内外的环境布置及师生的仪表等，是班级文化的基础及其水平的外显标志。在班级物质文化建设中，必须要充分发挥学生的主体性。学生是班级的主人，班级是学生的班级，班主任应带领全班同学，用自己的智慧和双手来布置教室,使他们在班级文化建设中得到锻炼和提高。

我校的班级物质建设带有鲜明的体育特色,学校的整体外部环境也创设了良好的体育氛围,为学生体育精神元素的渗透提供了物质形式。学校运动场所有运动场、篮球场、体质体能测试室、形体房以及健身房,这些整体体育特色设计为班级的许多体育活动提供基础。全员性班级活动几乎都在校运动场所举行,每天广播操、每天早锻炼、每月班级(篮球、排球、拔河、长跑、广播操)联赛、每年运动会、师生对抗赛都在校运动场进行,一些特色主题班会也在运动场开展。

为了营造体育环境氛围,学校注重整体文化形象的设计,将体育特色元素融入到校园环境的布置和改造中,学校聘请专业的设计团队,利用运动场、教学楼、教师办公楼的墙面,设计了运动浮雕和口号标语,还利用宣传栏进行体育精神文化的传播,让全校的师生沉浸在浓厚的体育文化氛围之中。另外,学校还设计了"享受体育"主题雕塑。

同时,学校对教室的布置也独具体育匠心,要求各班级对教室的布置加大体育元素的渗透,在黑板报的内容中根据每期主题增加体育含量,墙上张贴的阅读角、书法作品和图片部分和体育有关,教室内书架中摆放和体育相关的书籍,而花架上也有和体育相关的小道具摆放。学生目之所见都与体育相关,体育精神元素渗透在物质文化中。

2. 在班级精神文化建设中渗透体育精神元素

班级精神文化是班级文化建设的核心,它影响、制约、规范着每个学生的行为,能对学生产生潜移默化的教育作用。它主要表现在班级共同的理想信念、价值观念和行为准则等,包括班级的班风、学风、人际关系、班级环境、独特的信念与情操等复合

因素,是一个班级的本质、特色和精神面貌的集中反映。体育精
神元素的渗透即运用各类体育活动渗透德育精神,建设班级精
神文化。

(1)在集体主义和集体荣誉感中渗透体育精神元素。集体
主义是中华民族的一面旗帜,是中华民族不断生息繁衍发展的
重要力量源泉。在班级建设中培养学生集体主义精神,体育活
动具有得天独厚的优势。各类需要团体合作的体育项目,让各
班学生团结在一起,在比赛过程中,不断加强班级的凝聚力,让
学生的合作能力、团体意识、集体荣誉感迅速增强。我校每月的
班级球类联赛,极大激发了学生的班级意识,各班同学都为了自
己的班级努力拼搏,负责后勤的同学也不例外。这是班级建设
中渗透体育精神元素的良好契机。

(2)在传统文化教育中渗透体育精神元素。我校特色体育
课程有一类是在体育文化课程,即在文学与艺术中渗透体育教
学。在语文、音乐、美术中,各科任教师发掘体育元素,渗透体育
精神。而班主任则以晨会、班会、校内外活动中开发活动内容,
布置各类古文阅读、古典音乐画作欣赏、交流心得等任务,在这
些形式中,融入体育精神。语文组编写的《光环背后》校本教材
在阅读欣赏课中唤醒了学生对体育名人身上体现的勇敢、坚毅、
拼搏等精神的赞叹和向往。将传统文化教育纳入班级文化建设
的重要内容之中,是班主任进行班级建设的有力武器。

(3)在班级舆论导向中渗透体育精神元素。首先在班级中
利用板报、阅读角等宣传体育精神,通过晨会、班会、平时的交流
讨论,运用多媒体手段,弘扬体育精神,激发学生对体育的热爱。
其次,我校是普高特色,学生成绩居中,尤其是体育特色班,我们
不以成绩论英雄,帮助学生认识到自己的体育长项,在体育运

动、各类体育比赛中增强自信,热爱校园生活,享受体育。再次,树立正面形象,对运动会中为班级获得荣誉的同学加以表扬,而体育班在市级各类比赛中获奖的同学可以在各班宣传,作为体育精神的象征,号召大家学习。

(4)在各类实践活动中渗透体育精神元素。实践是第一性,精神始终是第二性,一定的精神文化只有通过一定的实践形式才能形成,也只有通过喜闻乐见的方式才能为学生所接受和推崇。我们在各班级推出了系列体育活动,结合学校的各类活动进行。在校级三月的感恩节、四月的读书节、五月至六月的礼仪节、九月的体育节、十月的社团节、十一月至十二月的艺术节等各类节日中,班主任们会配合这些节日举行主题班会,在班会中融入体育元素。我们开展全校性主题班会评比,金一老师在礼仪节中上了《体育中的礼仪》主题班会,赵霞老师在读书节中上了《体育与读书》主题班会,受到师生好评。体育精神元素在实践中的渗透,弥补了一些学生在情感、心理上的缺失,从而实现了新课改的教育目标——培养学生健康心理和完整的人格。

3. 在班级制度文化建设中渗透体育精神元素

班级制度文化,是指党和政府的有关方针、政策、法规、条例、指令等和社会主义道德观念、行为规范等在班级日常工作、学习和生活中的具体体现,是班级全体成员共同认可并自觉遵循的行为准则。建立良好的班级制度文化,是班级文化建设的一项重要内容。我们尝试在班级制度中渗透体育精神元素,促进班级建设。

(1)在班干部培养制度中渗透体育精神元素。学生最初入学的时候,班干部是班主任根据学生在初中的各方面的表现来决定人选的。为了适应新的班级建设,必须尽快培养这些班干部的能力。在体育班中,班干部人选首先考虑体育特长生,给学生一个体育优先的印象。而在非体育班中,通过九月的体育节,在各类运动中观察学生的领导力、合作能力、责任心、组织能力,以帮助他们认识自己的优势所在,并能胜任班级工作。

（2）在班级日常管理制度中渗透体育精神元素。制订班级管理制度,从学习、卫生、活动几个方面对学生的班级生活有一个规范引导。我们在制订学习规则中,加入了"速度"这一体育精神:课前迅速整理桌面,课中迅速完成老师布置的任务,课后迅速完成复习。在制订活动规则中,我们加入了"协作"这一体育精神:各类集会要与其他同学保持互相关照,彼此协作。在各种其它日常管理条例中,我们也渗透入各类体育精神元素。

（3）在班级奖惩制度中渗透体育精神元素。学校对学生的奖惩有一套特定的规定,但是对班主任来说,管理有一些柔性手段,可以在班级内部采取一些特殊的方法。在奖惩制度中,班主任更多的是帮助学生进步,纠正学生的偏差,所以我们采取一些学生能接受的体育活动作为奖惩内容,相关条例有:考试成绩年级第一可以获得一次足球教练的单独培训;对有重大错误,影响班级荣誉的同学取消其参加本次市级龙舟赛的资格,等等。

（三）为班级建设形成了体育精神元素渗透的有效路径

形成在班级文化建设中渗透体育精神元素的有效路径。在班级建设中,如何渗透体育精神元素,从而帮助学生在身心方面健康成长,我们在班级物质、精神文化建设和班级制度文化建设中寻找到路径。

表2　体育精神元素渗透路径列举

班级建设	班级物质文化建设		班级精神文化建设			班级制度文化建设		
	内容	形式	内容	形式		内容	形式	
体育精神元素1(通过拔河培养团体团结合作精神)			节日文化,体育节	运动会中的竞赛	路径1			
体育精神元素2(通过长跑培养学生个人毅力)						奖惩制度	取得优异学习成绩获奖励长跑教练的陪跑	路径2
体育精神元素3(通过艺术体操提高学生审美水平)			宣传文化	主题班会中欣赏艺术体操视频	路径3			
体育精神元素4(通过制作体育板报了解体育精神)	体育名人故事	黑板报	路径4					
……	……	……	……	……		……	……	

　　如表2所示,路径1为通过学校体育节运动会中的拔河竞赛培养学生团结合作的精神;路径2为通过长跑的奖励形式,培养学生的耐力和毅力;路径3为通过主题班会中的视频欣赏培

养学生审美能力;路径 4 为通过制作黑板报了解体育名人故事,从而了解体育精神。当然,不是每个发掘整合出的体育精神元素都能有效渗透在班级建设中,需要寻找渗透的契合点,渗透的原则是能适合、恰当地促进班级建设,帮助学生全面发展。

(四) 建立了基于体育精神元素渗透的对学生和班级的评估体系框架

1. 建立对学生的评估体系框架

在整个高中三年中,每一年的期末,我们对学生在各类体育活动中的表现,以九大类核心素养为评价内容,对学生的各类精神素养进行综合评价。这个学年总评价建立在学期里多次活动的基础上。学生的这个总评价体现了他们在高中三年身心成长的状态,也体现了班级建设体育精神渗透对学生成长的作用。每次评价都有评价表,可能略有不同,但大体一致。如表 3所示:

表 3　体育活动中学生体育精神评价表

评价内容		分数	自我评价	同学评价	教师评价	平均值
社会责任	集体主义、规则意识	5				
国家认同	爱国、民族精神、团结合作	5				
国际理解	视野开阔、包容、接纳	5				
人文底蕴	热爱民族文化、礼仪规范意识	5				
科学精神	求实、求真、勇敢、坚毅、韧性	5				
审美情趣	欣赏形体美、韵律美	5				

评价内容		分数	自我评价	同学评价	教师评价	平均值
身心健康	强身健体意识、乐观积极的心态	5				
学会学习	自主学习的能力	5				
实践创新	在运动中创造	5				
姓名：　　　班级：　　　总分：　　　评价时间：						

2. 建立对班级的评估体系框架

我校有一套完整成熟的从学习、卫生、德育、体育各项指标角度对每个班级进行评价的评估体系。班级建设需要一个阶段性的评价来回顾和反思班级的成长。而班级建设中渗透体育精神元素后班级状态同样需要一个评估。基于体育精神渗透的路径，我们建立了从班级的物质文化、精神文化、制度文化建设几个维度进行评估的评价体系，着重评估班级在体育活动中，班集体表现出来的综合素质。评估表由班主任把握使用时机和使用频率。

表 4　基于体育精神元素渗透的班级建设评价表

评价内容		分值	学生评价	教师评价	学校评价	平均值
班级物质文化建设	宣传文化建设	5				
	班级布置与财产管理	5				
	师生服饰仪容管理	5				
班级精神文化建设	集体主义精神	5				
	班级舆论建设	5				
	班风学风建设	5				
	班级活动建设	5				

评价内容		分值	学生评价	教师评价	学校评价	平均值
班级制度文化建设	班干部培养制度建设	5				
	日常管理制度建设	5				
	班级奖惩制度建设	5				

班级：	班主任：	总分：	评价时间：

五、研究成效

从理论价值来看,本研究以班级建设能够培养的体育精神为出发点,寻找相应的体育课程和体育活动,深入发掘了班级建设中的体育精神元素,形成创建体育特色学校背景下的体育精神元素在班级建设和育人价值中积极渗透的有效路径。

从实践意义来看,本研究拓宽了班主任的工作思路,提升了班主任的资源整合能力,丰富了班主任的工作方法,促进了体育特色班级建设,使得学生在丰富的体育活动中德智体得到全面发展。同时也有助于学校体育特色的创建。

六、反思与展望

本研究开发了班级建设的新路径,将体育精神元素渗透入班级建设中,丰富了班级建设的形式和方法。但是,体育精神元素在班级建设中的渗透路径能否穷尽,能否分类,能否形成路径体系,是值得我们更深入研究的。

浅谈对数学教学中
运用体育元素的思考

庄红新

一、问题的提出

在基础教育课程体系中,数学有着特殊的地位,是各类学校的必修科目。作为促进学生全面发展教育的重要组成部分,数学教育既要使学生掌握现代生活和学习中所需要的数学知识与技能,更发挥着在培养人的理性思维和创新能力方面的不可替代的作用。一个人从小到大学到的数学知识很多很多,如果将来不在与数学相关的领域工作,相信很多的具体的公式、定理、解题方法等都会遗忘,但从数学学习中获得的求知能力、推理能力、研究方式以及遇到难题时不放弃的精神等却会陪伴终身。由此可见,为学生的长远发展考虑,数学教育不仅要培养学生的运算、几何直观、数据处理、逻辑推理等能力,更要锻炼学生人际交往能力、合作能力、动手能力、创造性活动能力等通用能力。众所周知,体育在培养学生拼搏精神、合作精神等方面有着独特的优势。如何将体育元素恰当地融入到数学教学中,以帮助学生加深对数学的理解,激发学生的智慧,充分发挥出数学的育人功能,这正是我们在数学教学中思考的问题。

二、体育元素的运用

（一）利用体育问题创设学习情境

　　课程标准提出，要关注学生学习的过程，通过创设学习情境、开发实践环节和拓宽学习渠道，帮助学生在学习过程中体验、感悟、建构并丰富学习经验，实现知识传承、能力发展、积极情感形成的统一。在数学教学中，我们可以借助体育元素，为学生创设合适的探索求知的情境，以此来增强学生认识事物和解决问题的能力，促进学习。例如在"组合"的教学中，结合课本例题和最近的热点，我们可以给出下面例题：2014年巴西世界杯足球赛，A组有4只球队进行单循环赛，前2名出线，问A组小组赛共进行了几场比赛。在介绍组合知识之前先将问题抛给学生，给学生营造一个探索的氛围，让学生自己探究。同学们利用已经学习过的"树形图"的知识，不难得出正确答案是12场。这时我们先不急于给出组合的运算方法，而是为学生继续创设下面的情境：2014年巴西世界杯足球赛，参赛球队共32支，分成8个小组，每个小组4支球队进行单循环赛，各组前2名出线，再按排定的签位进行淘汰赛，决出前4名，计算比赛进行的场数。同学们发现虽然情境变复杂了，但是此时比赛场数计算的简单与否，跟前面的单循环赛比赛场数的计算很有关系。经过上面情境的渲染和对问题的探讨，同学们可以意识到引入组合运算的一个直接原因就是简化运算，从而心理上更容易接受该知识，有利于后续内容的学习。

（二）利用数学知识解决体育问题

　　苏霍姆林斯基告诉我们：学生在学习中遇到困难的原因之一，就是知识往往变成了不能移动的重物，知识被积累起来似乎是"为了储备",它们"不能进入周转",在日常生活中得不到运用,而首先是不能用来获取新的知识。体育是与我们每位学生的日常生活联系最贴切的,《上海中长期教育改革和发展规划纲要(2010—2020)》坚持"为了每个学生的终身发展"这一核心理念,并开始启动"上海市学生健康促进工程"。现代体育蓬勃发展,体育中处处可见数学的影子,我们要有一双用数学视角观察体育的眼睛,用数学方法解决体育问题的能力。在教学中,通过让学生借助已经积累的知识,借助对有关体育问题的思考,不断地"周转",而使积累的知识变成掌握新知识的手段,变成思维的工具。例如学习"概率"之后,我给学生提出一个问题:乒乓球运动是我国的传统优势项目,我国对世界乒乓球的发展作出了很大的贡献。为了这项运动能够更好更健康地发展,世界乒联进行了很多的改革,其中一项就是将原先的三局两胜制改为七局四胜制,请同学们思考,这样修改后对比赛结果会不会产生影响? 这是一个与同学们的日常体育运动紧密联系的问题,我们知道,影响比赛结果的因素很多,比如运动员的心理变化、体能状况等等,我们通过数学分析可以更客观地看待比赛结果和运动员的实力之间的关系。同时解决的过程中必然用到概率的有关知识,在知识与现实的联系、交融中,实现知识的"周转",无形中培养了数学能力。

三、数学教学中运用体育元素的作用

(一) 促进知识的理解

数学教学的一个主要目的,就是让学生理解、掌握所要求的数学概念、数学方法以及数学思想。由于数学抽象的特点,其概念、方法和思想大都以抽象的形式出现。在教学中有些概念、知识若仅仅从概念之间、知识推导上进行讨论和分析,学生常常能听懂,但无法真正理解,更谈不上灵活运用。若适当运用学生熟悉的体育元素进行教学,可以启发学生努力思考,找到相应的知识线索,突破困境。"坐标平面上的直线"这一章介绍了直线的好几种表示形式,很多同学虽然能够在直线的各种表达形式之间进行转化,但对于为什么要介绍这么多种形式以及各种表达形式之间的内在关系依然不理解。为此,在复习时,我们先简单介绍一下台球小子丁俊晖的经历,同时让学生玩(电脑)台球游戏:将停在洞口的球打进。我们知道白球的运行轨迹是一条直线,那么如何确定这条直线呢?有的同学说两点(白球和目标球)确定一条直线,有的同学说知道一点(白球)还有一个角度(这条直线的方向,或者说倾斜程度)等。事实上,要确定一条直线的要素有两点:一个点以及直线的走向。而直线上的两点、直线的倾斜程度、截距等,都是从不同的方面来刻画直线的走向的。每一种表达形式都体现了这两个要素,相互间可以进行推导转化,它们是统一的;而每一种表达形式在体现这两个要素时选取的角度各不相同,它们又是有区别的,在应用时需要灵活选择。通过上面事例的启发和分析,同学们会对直线各种表达形式之间的内在联系形成自己的认识,促进了知识的理解。

(二) 激发学习数学的兴趣

兴趣的培养从来都是数学教学永恒的主题。建构主义教学论原则明确提出:复杂的学习领域应针对学习者先前的经验和学习者的兴趣,只有这样才能激发学习的积极性,学习才有可能是主动的。大量事实表明,许多数学大师在学习与研究时的一个共同心理特征是他们注意力能长时间高度集中,而注意力之所以能长时间高度集中的重要原因是他们对数学怀有浓厚的兴趣。对于学生而言,高效的数学学习与研究活动也基于其个人高度集中的注意力,因此,在数学教学的过程中,培养学生持久而专一的兴趣显得尤为重要。然而数学是公认的难学的科目,留给学生的印象是枯燥无味,抽象难懂。在教学中,适时恰当地引入体育元素,可以使学生明白数学并不是枯燥乏味的学科,而是与我们的生活密切相关的生动有趣的学科,从而可以大大激发学生学习数学的兴趣。例如在讲到数列时,我们可以结合奥运会四年一办这个规律,让学生推算任意一届奥运会的举办时间;在讲周期概念时,告诉学生一局乒乓球比赛比分情况和发球情况,判断是谁先发球的;在学习解斜三角形时,可以让同学们思考,足球比赛中,在选择边路射门时何处对球门的张角最大等等。总之,体育元素的应用,亲切自然,平易直观,符合学生的认知规律,能在最大程度上激发学生学习数学的兴趣。

(三) 学习优秀运动员的精神

在数学能力培养中,人们往往重点关注的是学生的数学水平、思维能力等智力因素,忽略了情感因素。但事实上数学学习的成功不仅取决于智力因素,许多时候情感因素起到更大的作用。数学今天的繁荣是无数先驱勇于探索、辛勤耕耘的结果,他们严谨治学的态度、追求真理、拼搏进取的精神永远值得我们学习。但他们又离我们普通人是那么得远,只能通过书本去感受他们的事迹。在教学中,体育元素的运用形象直观,并且就在我们身边,学生更容易从情感上产生共鸣,在潜移默化中去学习优秀运动员的精神。在讲到"空间直线与平面垂直"时,让同学们观察跨栏等实物,猜想一下判断一条直线与一个平面垂直的方法,同时请同学们介绍一下我们身边的优秀运动员刘翔的事迹,他的刻苦努力、执着追求,他与队友的相互鼓励、共同进步,他与竞争对手的相互尊重、惺惺相惜。相信这些对于学生正确看待学习过程中遇到的困难，树立学好数学的信心和正确的竞争意识都会产生积极的影响和作用。

四、结束语

德国著名的教育家第斯多惠曾经说过："我们认为教学的艺术不在于传授的本领，而在于激励、唤醒、鼓舞。"在数学教学中，运用体育元素发挥数学育人功能的过程，就是激励、唤醒、鼓舞的过程。用学生身边的事例去解释去学习知识，学生听起来熟悉，接受起来容易，学习的欲望会更强烈。作为学科老师，我们要时时留意，经常总结，让数学课堂因体育元素的加入而鲜活、精彩！

体育特色课程文化背景下
高中物理课堂教学实践研究

一、问题的提出

上海市亭林中学创办于 1940 年,坐落于上海市远郊亭林古镇,现已建校 77 年。从开办到上世纪中叶,学校以卓越的办学实绩,蜚声黄浦江两岸,被誉为浦南首中。文革前后,学校划入金山区,定位为普通高中,优质师资纷纷调离,生源不断下降,办学成绩持续下滑。在艰难的转型过程中,学校开始将重心转向体育教育,逐步形成了体育传统。2006 年,学校抓住创建实验性示范性高中的契机,提出了"理解生命,享受体育"的办学理念,经过三年努力,于 2009 年成功创建为金山区实验性示范性高中。近些年来,学校虽然赢得了很多的荣誉,但学校的发展仍相对缓慢,亭中人逐渐意识到不走特色发展之路,学校将难以向更高层次迈进! 在国家教育部、市教委大力推进"体教结合"工作的大背景下,基于高中多样特色建设、"健康第一"的理念要求,以及学校的办学传统,按照传承和发展的思路,学校确定了"理解生命、享受体育、追求卓越"的办学理念,并将创建上海市特色(体育)普通高中作为学校发展的愿景,同时对"享受体育"的内涵进行了诠释,提出了"在运动中强体、立德、增智"的主张,逐步完善学校体育特色课程建设,凸显体育的育人价值,不断提升办学品位,从而探索了一条独具特色的素质教育之路,这是时代的要求,教育改革的趋势,也是学校发展的必由之路。

所谓体育特色,是指基于本校特有的办学宗旨,选取适合于本校的突破口,探索已有的办学之道,逐渐形成某方面教育教学优势的学校。特色学校不仅外显为全体学生综合能力或多数学生某一方面能力的突出发展上,更表现为学校文化建设内化为人的意识行为,成为一种精神,一种风格,一种文化。

课程文化,从广义来讲,课程文化大体上可以包括三方面:课程物质文化、课程制度文化和课程精神文化。这是一所学校办学特色和个性发展的集中体现。

体育特色学校课程文化,是指基于本校的办学宗旨,选择"享受体育"为突破口,构建体育特色课程框架体系,探索在运动中"强体、立德、增智"的方法和路径,逐渐形成教育教学优势,进而形成特有的课程文化。

二、研究目标与内容

(一) 研究目标

1. 探究物理课堂教学与体育教学的结合的模式。

2. 构建研究体育特色课程文化背景下高中物理课堂教学的框架体系。

3. 全面提升物理教师在教学中融入体育,改变学生的学习方式,加强学校体育特色学校的建设。

(二)研究内容

1. 研究学生对物理知识与体育知识间相关的认识程度。

(1)收集相关国内外资料,研究课程标准。

(2)多方式(问卷调查法,学生座谈会等)初步了解学生的认识程度。

2. 研究物理课程与体育课程间的结合点。

(1)分析课程之间的结合点,使知识点相互对接,学生感知能力对接。

(2)通过课程之间的相互联系,把理论和实践相结合。

3. 形成体育特色课程文化背景下高中物理课堂教学的评估体系框架。

(1)学科命题中做特定修改,引入更多相关的体育知识。

(2)进行学科测试,把试验本方案的班级和未试验的班级进行学科测试,并比较。

(3)分析寻找对策,研究教学方法,设计教案,最后形成研究报告。

三、研究方法与过程

(一)准备阶段(2014.3—2014.8)

1. 理论准备

研究《上海市中学物理课程标准》,把有关高中物理教学的内容具体转化为课堂教学中有效融入体育知识的基础要求,撰写课堂教学设计,讨论研究可实施且可操作的最有效的方案并加以讨论研究。

2. 实践准备

调查与分析:通过问卷、座谈等形式了解学生对物理知识中蕴含的体育知识的积累情况,并加以分析和研究,初步知道学生的特点及如何采取相应的课堂教学方式。

(二)实施阶段(2014.9—2016.7)

1. 对问卷等调查结果进行数据统计,对学习现状汇总分析,准确把握学生现有的知识特点,为最后的研究结果做事实依据。

2. 研究物理教材中的知识点,收集和整理教学中与体育运动相关的结合点。

年级	章节	物理知识点	体育知识点
高一第一学期	第一章匀变速直线运动	速度	田径等
高一第一学期	第二章生活中的力	摩擦力	体操、游泳等
高一第一学期	第二章生活中的力	力的平衡	平衡木、走钢丝等
高一第一学期	第三章牛顿运动定律	作用力和反作用力牛顿第一定律	拔河、拳击、跳高跳远助跑、举重等
高一第一学期	拓展II第一讲抛体	斜抛运动	铅球、标枪等
高一第二学期	第四章圆周运动	角速度和线速度	弯道、铁饼、链球等
高一第二学期	第五章机械能	功和能	举重等
高一第二学期	拓展I动量冲量	动量	沙坑、海绵垫子等

3. 同课异构,教师直接相互交流,积极探索,定期(两周一次)反思教学设计是否有效、合理、恰当,改进课堂教学设计方

案,提高效率。

4. 与体育课相结合,在体育课中实践,让学生体验更丰富。

(三)总结阶段(2016.9—2017.3)

1. 总结课堂教学设计,归纳享受体育理念下的物理课堂教学方案。

2. 撰写研究论文,提炼有效研究成果。

四、研究成果

(一)学生对物理教学中对体育知识的认识

通过对高一全年级学生的调查问卷结果进行数据统计分析,发现 3% 的同学表示不清楚,11% 同学知道一点,32% 的同学知道一些,54% 的同学知道很多,我们可以发现,同学们对物理教学中的体育知识的了解程度还是很高的。在座谈会中,很多同学说到了在物理运动学中涉及田径中运动的快慢的联系,受力分析时涉及体操中的平衡的联系,在牛顿运动定律应用中所涉及的跳高、拔河等,抛体运动中涉及的标枪、铅球运动等,圆周运动中涉及的链球,铁饼等,机械能中涉及的举重等,在能量中涉及的沙坑和海绵垫子等。物理学中的体育运动无处不在,

物理教学中的体育知识

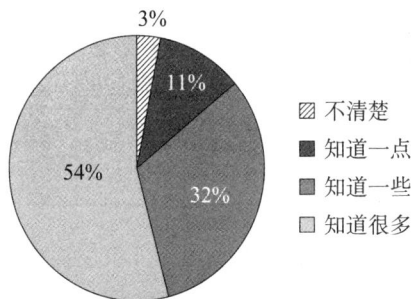

图例:
- 不清楚
- 知道一点
- 知道一些
- 知道很多

体育运动离不开物理的支撑,科学合理地在物理课堂教学中应用物理知识阐释体育运动,十分有利于在体育特色课程文化背景下的高中物理课堂教学实践。

(二) 构建了特色物理课堂教学框架体系

在体育特色课程文化背景下,我们根据学生问卷和座谈,以及与体育老师的沟通,通过课题组的集体智慧把体育元素有机地融入到物理课堂教学中进行实践,主要涉及到的物理教学内容有匀变速运动、力和力的平衡、牛顿运动定律、圆周运动、功和能等,而挖掘出的体育元素有田径运动、体操运动、以及各种球类运动,通过情景引入、视频演示、题目练习等方式进入物理课堂教学中。

(三) 探索了物理课堂教学中渗透体育知识的路径

体育运动追求的"更高""更快""更远"实质上都与物理知识有关,优秀的体育运动员总是能巧妙合理地利用物理知识进行训练和比赛。而物理作为一门与研究对象的运动和受力密切相关的学科,与体育运动之间也存在着天然的联系。用体育运动进行物理教学可以使物理教学理论联系实际,将物理知识运用于实践活动,也可以使物理教学摆脱枯燥无味的知识讲述。

我们在物理课堂教学实践过程中,真心也是摸石头过河,心里也没底,但在实践中也不断努力探索,其中我们的一般路径为：

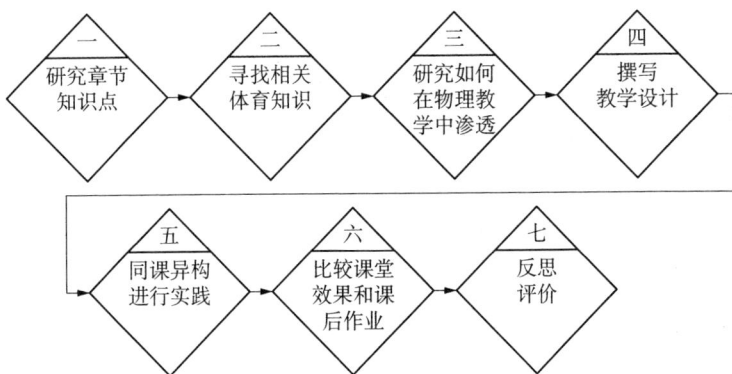

首先我们把课堂教学内容中的物理知识点进行梳理，寻找在教学过程中会涉及到的体育知识，并研究如何在物理课堂教学中进行渗透，比如通过情景引入，课堂练习，举例说明等等，最后根据研究的结果撰写教学设计。实践阶段是在情况相同的两个班级中分别使用传统的教学设计和渗透体育知识的教学设计进行授课，比较两个班级的课堂反应效果和课后作业情况，最后根据结果进行反思和评价。事实上很多体育运动可以作为生动形象的物理教学案例，平时如果多留心，多积累，多思考，多收集，经适当加工就会成为有效的、学生感兴趣的教学素材，下面简单进行教学案例列举。

案例 1：用引体向上运动，讲述力的合成与分解。如图 1 所示是力的合成与分解图，其中 F 是力 F1 与力 F2 的合成，同样力 F 也可以分解成为 F1 与 F2。类似地，学生在做引体向上运动的时候，其实采用的就是力的合成与分解，如图 2。学生在学习的时候要结合自己生活的实际状态，留意在做引体向上的时候是两臂分开省力还是两手臂合拢省力。采用这一教学方式可以使学生的积极性得到调动,产生学习兴趣,再结合自己的生活实践,对于知识的记忆、理解也深刻,而且课外活动的时候就可以通过做引体向上来验证自己所学的物理知识。学生验证后发现,当合力 G 不变的时候,两个分力之间的夹角越小,分力越小。

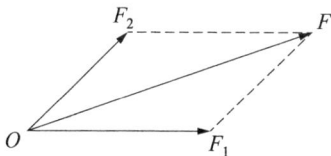
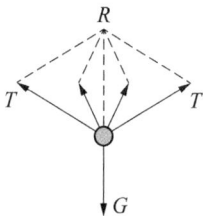

图 1　　　　　　　　　　图 2

结合体育运动来构建情境进行物理教学,有助于激活课堂气氛、提升学生的学习兴趣,而且在教师有意识地引导下,学生会在参与体育运动之余,从物理角度来认识体育运动,从而进一步完善物理概念的熟悉和规律的掌握,有效实现自学能力的提高。

生活之中处处皆学问,体育运动更是以物理知识为理论指导,反过来用体育运动进行物理教学也很有效果。将体育运动带入物理课堂,有利于课堂效率的提高,有利于加强学生对于物理学科的兴趣,有利于学生更好地掌握物理知识,也有利于学以致用。除此之外在物理课堂中引入像体育运动一样的生活案例,从物理角度来探究、理解现实生活中的事物,对于学生学习能力、科研能力、综合素质的提高都具有显著作用。

五、研究成效

(一)提高物理课堂效率

物理学科对学生的逻辑思维、抽象思维要求比较高,而且物理知识也比较博杂,因此,很多学生觉得物理学习比较困难。笔者发现将体育运动与物理教学相结合,可以有效促进物理课程的教学。比如,排球运动中如何发球、如何扣球,都包含平抛运动的知识;拔河比赛考查了摩擦力的运用,对于作用力和反作用力也是很好的教学案例。又比如,足球运动中的"香蕉球"是如何形成的,标枪运动中如何能把标枪扔得更远等,这些体育运动中都蕴含有物理原理,学生普遍都喜欢运动,对运动的兴趣远远大于学习物理的兴趣。利用体育运动提高物理课堂,效率自然十分有效。

(二) 开发学生物理思维

知识的掌握过程总是通过学习者听、看、闻、摸等感觉器官接受外界事物,获取外界事物的软或硬,大或者小,轻还是重,高还是低等信息,然后经过思维活动对这些事物的属性进行概括、加工及总结,从而成为自己掌握的知识。体育运动可以为思维活动提供丰富的感性材料,在体育活动中进行物理教学可以使学生的动作思维转换成为物理思维,转而将一些抽象的物理知识化为生活中的形象动作。比如电学中安培定则、左手定则、右手定则的学习过程就要通过手的动作的反复练习,然后将动作化作记忆,完成由运动到思维的转换。对于圆周运动,喜欢自行车运动的学生,会感觉骑车高速转弯时自行车偏向弯道内侧,这样对圆周运动受到向心力的概念就会更加清晰。以上都是通过运动强化练习物理思维的实例,说明了体育运动能够发展物理思维。

(三) 促进学生智力发展

体育运动除了能够锻炼学生的学习思维外,也能够提高学生的智力,从而提高学生的物理学习效果。众所周知,体育训练可以促进人体的新陈代谢,增强人的呼吸功能,加大人的肺活量,促进人体的消化。进行体育锻炼的时候人脑中核糖核酸也会增加,促进人的脑部发育,增强人的记忆力;体育锻炼让人的神经系统的灵活性和平衡力得到锻炼;体育锻炼可以使人集中注意力,提高观察力,增强判断力,尤其是对人的反应速度具有增强作用。所以体育活动可以促进学生的智力发展,从而从根本上改善学生的学习能力,促进学生的物理学习。

(四)为区内教师的物理课堂教学提供可借鉴的参考

虽然我校在创建体育特色学校,但拉动了的是学校教育的整体改革,是体育特色课程文化背景下的物理课堂教学实践研究,为全区高中物理课堂教学的发展提供了一个借鉴参考的典型案例,不仅在课堂教学中可以渗透体育知识,还可以有法治、德育、艺术等内容,教学的特色与经验也将逐渐在一定区域内实现辐射与推广。

(五)推进了特色学校进程的发展

在体育特色学校课程文化建设过程中,学校的办学理念、办学策略、办学行为、办学风格、办学成果将渐渐内化为学校课程文化,提升了学校的办学品质。上海市特色(体育)普通高中的创建,为学校的个性化发展指明了方向,学校逐渐走出了特色发展之路,向着特色学校的发展方向不断迈进。这样的高中物理课堂教学为特色学校的创建也提供了微薄之力。

总之,有关物理课堂教学中涉及体育运动和体育运动中有着广泛应用,将物理知识有机地渗透于物理教学中有利于提高学生体育锻炼效果,有利于提高学生体育比赛的成绩,更有利于提高物理教学质量。如何在物理教学中渗透体育知识,做到有的放矢,有待于广大物理教师不断的研究与探索。

六、反思与展望

在体育特色学校课程文化建设过程中,学校虽然已经开展了一系列的工作,也取得了一定的成果与成效,我们也在物理课堂教学中取得了一些成果,但是也面临着困难与不足:

(一)教学评价体系不完整,不好操作。同类型不同班级的学生情况也略有不同,评价有难度。

(二)学校的物理实验室设备设施不完善,硬件设施仍非常缺乏,特别是缺少专业实验员、DIS 仪器和传统实验仪器,这些都制约着学校物理课堂教学活动的有效开展。

(三)由于学校地处远郊,资源相对缺乏,对学校物理课堂教学来说,可借鉴的资源和学习的机会较少,缺乏专家高屋建瓴的指导,对师资的培训力度不够,教师研究团队成长缓慢,再加上经费的支出问题,教师在课堂教学建设、教学设计编写方面显得能力不足,动力不够。

(四)在特色创建过程中,如何实现物理学科与体育有机融合仍是值得继续深化研究的课题。

今后设想对体育特色课程文化背景下物理课堂教学的实施途径、评估机制等进行进一步的深化研究:一是探索物理教学的实施途径,包括物理课堂教学的实践研究、课程资源开发与利用研究、课程组织管理制度研究;二是形成课程群的评估机制,包括课程合理性的价值判断的评估、教师在课程组织实施中教学行为评估、学生在课程学习过程中学习行为评估。通过课程的设计、实施、评价等,进一步优化学校的课程结构,带动学校整体的课程改革。

虽然探究的过程是一个长期而艰苦的过程,但我们深信体育特色课程文化背景下物理课堂教学发展的方向是正确的,亭中人必将披荆斩棘,团结一心,充分发挥集体智慧,使特色学校建设工作不断深化和发展,在彰显"体育"文化特色的同时,进一步提升学校的办学品质,提高学校办学质量。

【导语】

　　特色建设最终应落实到有效课堂的质量上来，反映到学生的学习效果上来。亭林中学注重从高处着眼、从平处入手，以全局定位、局部突破的创建思维与方法，把创生课程范式作为提升教学质量的关键，把课堂作为检验教学方法与效果的窗口。各学科老师纷纷带着问题审视自己的教学情况，借鉴新的课程与教学理念，捉摸提升教学质量的方法，拓宽提升学生学习方法的空间。在积极探索、改进、完善适合亭林中学实际的教学模式与课程教学呈现方式中，耕耘出了具有亭林中学"风味"的教学"盛宴"，学生从中得到了可口的"美味"，老师也尝到了舒心的"甜味"。

四、教学篇

习得性课堂的再组织：
提升高中生英语交际能力的实践研究

阮　旖

一、课题的提出

（一）语言习得与学习的科研成果表明，只有当学生认识到语言整体时，他们才能认识语言的本质

第二语言发展监控模式理论（Monitor Model of Second Language Development）的创始人美国语言学家斯蒂芬·克拉申（Stephen D. Krashen）在"习得与学习的假设"（acquisition and learning hypothesis）（见图表）中指出，通过学习获得的知识只能用来监控通过习得获得的语言知识的输出过程。克拉申对于"习得"和"学习"的界定如下：只有在自然的交际中关注语言的意义才有可理解输入，最终获取"习得"的知识；有意识的"学习"只关注语言的形式，学习者通过掌握语言规则从而学得知识。他认为第二语言习得有赖于为学习者提供"可理解输入"（comprehensible input），习得过程只能在即时的言语表达中得到体现，而口头表达和笔头表达中都提供了可理解语言输入。

克拉申认为，习得知识和学习知识不能相互转换。有学者

Learnt
knowledge学得

Monitoring

Acquired
knowledge习得

监控

Output输出

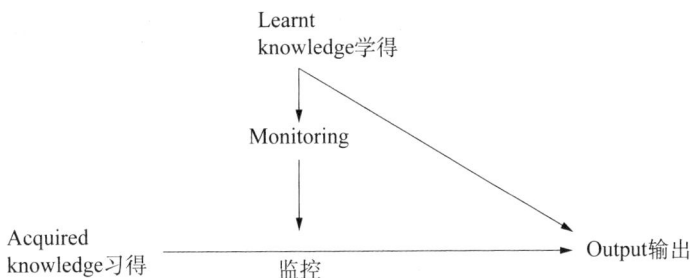

(Keith Johnson & Helen Johnson, 1999:216)

认为,学习的知识可以转化为习得的知识,习得的知识也可渗透到学习的知识中。多数学者认为监控理论解释了传统语法教学法的弊病和不足,为第二语言学习的目的——完成交际任务提供理论支持。语言习得过程应该是一个语言输入与语言输出的双向过程,而且输入是手段,输出才是目的,当学习者进行富有意义的交际时,这种习得过程便自动产生。

(二)《上海市中小学英语课程标准》指出英语教学要为提高学生多元文化背景下的交际能力奠定良好基础

《上海市中小学英语课程标准》指出英语教学要为提高学生多元文化背景下的交际能力奠定良好基础;提高学生适应多元文化为背景的社会交际能力,为学生提供丰富的语言交际的机会,帮助他们掌握恰当的交际方式,促进思维发展;为他们进一步认识世界、适应社会打下良好的基础;学校要为学生提供具有生活性、时代性和文化性的课程内容,英语课程的学习素材,要贴近学生和社会生活的实际,要富有时代气息,要以提高学生的人格修养、审美情趣和文化品位为目标来进行课程编制,以促进学生的自我发展和终身学习;英语教学要为学生营造良好的英语课程实施环境,优化英语课程的实施过程,重视营造良好的英语学习环境,英语教学要以语言知识和技能为基础,提高学生语言综合运用能力,强化与信息技术的整合,处理好"学得"与"习得"的关系,以习促学,拓展学习时空,提高英语教学效率。

因此英语教学要注重习得与学得并举原则,体现交际性。英语教学要结合学生的年龄特点和生活实际,创设交际情景,通过大量的语言实践,运用交际法(又称"意念法"、"功能法"或"意念–功能法")使学生获得综合运用语言知识和语言技能进行交际的能力。

(三) 英语教学的现状要求英语教学必须强调语言的交际功能

长期以来高中英语教学中存在重阅读轻交际运用的现象。目前高中英语教学有三大"法宝":背单词、做阅读、做听力。死记硬背式的单词输入是无意义的输入,如果学生没有体验词汇在语境中如何表达运用,那么这样的学习不是习得,只是短暂的记忆。所谓的"做阅读",就是通过反复训练来训练学生应对选择题和问答题的阅读技能。如此一来,学生的思想(thinking)在哪里? 真正的阅读是学生在已有相关背景知识的基础上通过对文本的理解所获得的新知识,阅读其本质应该是一种联系自我的反思过程,所以有效的阅读应该是一个习得的过程,语言表达是最佳途径。同样"做听力"也存在类似问题,就对我所任教的学校做统计,90%的听力训练是应对高考听力题型的机械训练:听"短对话和语篇"做选择题,听"长对话"做填空题,没有思考,没有话题讨论,只"听"不"说",没有"习得"自然也无有效输出。

如何在英语教学中注重习得与学得并举原则? 如何在"听说读写"日常教学中用好语言表达在习得中的杠杆作用? 这是

本课题要解决的问题。

二、研究概况

(一) 研究目标

本课题运用交际法策略进行习得性课堂的实践,设计符合多样性、趣味性、真实性原则的交际活动,希望保持学生语言学习的积极性,使学生在真实生活语言学习环境中体验、感受、领悟英语,提高学生对英语的理解能力,拓展学生的知识面,优化学得,强化习得,形成多渠道、多层面、多元化英语习得性课堂教学的再组织。

(二) 研究内容

1. 习得性课堂活动内容设计的研究

本课题将根据习得性课堂的要求,组织设计不同层次与内容的活动,让学生在基于"说"的活动中,通过大量的语言实践,充分表达自己的思想与观点,获得综合运用语言知识和语言技能进行交际的能力。本课题中的"说"不仅仅是 speaking(讲),而是 articulate,即能自然清晰地表达自己思想与观点的能力。

本课题研究从源于课本(text-based)、源于任务(task-based)和教学道具(teaching aid)等三大途径实践语言交际活动。

2. 教师作为习得性课堂引领者的角色研究与实践

为确保达成习得性课堂的目标,教师在聚焦"说"的习得性课堂活动中必须做好课堂的引领者,从课堂气氛、课堂指导等方面准确定位教师的角色。

本课题从以下两个方面进行研究与实践:教师如何创设条件,营造课堂"说"的气氛,做好习得性课堂的保障者、激励者;教师如何设问引导,提升课堂"说"的质量,做好习得性课堂的引导者、设计者、促进者。

（三）研究方法

1. 文献法

阅读有关创新教育有关文献（包括文字、图形、符号、声频、视频等具有一定历史价值、理论价值和资料价值的材料），得出一般性结论或者发现问题，寻找课题研究新思路。

2. 调查法

通过问卷调查、访问调查等。了解事实情况、分析情况、认真研究，得出结论，寻找解决办法和进一步研究的方案。

3. 案例研究法

根据课堂真实的故事，教学实践中遇到的困惑的真实记录。对这些"真实记录"进行分析研究，寻求解决问题或改进工作的方法，完善习得性课堂的再组织。

4. 行动研究法

在行动研究中不断地探索、改进工作，解决教育实际问题。将改革行动与研究工作相结合，与教育实践的具体改革行动紧密相连。采用"计划——行动——考察——反思"的基本模式。

5. 经验总结法

根据教育实践所提供的事实，分析概括教育现象，挖掘现有的经验材料，并使之上升到教育理论的高度，以便更好地指导新的教育实践活动的一种教育科学研究方法。

（四）研究过程

第一阶段：开题 2017 年 3 月

通过调查法、文献法搜集整理资料，研读有关文献，撰写开题报告。

第二阶段：第一轮实践 2017 年 3 月—2017 年 8 月

基于习得性课堂再组织，进行行动研究、案例研究。

第三阶段：阶段性总结与再实践 2017 年 9 月—2018 年 5 月

项目负责人完成阶段性实践论文一：《以"说"促学，提升英语核心素养》，发表于《新课程》(2017 年 10 月)。

第四阶段：总结 2018 年 5 月—2018 年 6 月

项目负责人完成阶段性实践论文二：《课堂引领者的作用——浅议提升高中生英语表达能力之教师的角色》，撰写结题报告。

三、研究结果

(一) 研究成果

1. 基于习得性课堂的要求，运用交际法策略，通过课题研究与实践设计不同层次与内容的活动。

本课题从源于课本(text-based)、源于任务(task-based)和教学道具(teaching aid)等三大方面组织设计不同层次与内容的活动以达到"以说促学"的目的。

(1) 源于课本内容(text-based)的活动设计

通过趣味性的设计，在传统的词汇学习、阅读活动中组织"说"的活动，通过"说新词"法、"补充阅读材料分享交流法"、"文本信息采访交流法"等策略达成语言的有意义习得。

【案例一】词汇学习中的"说"：以"词汇句型操练"为例

教师设计句型(XXX)is(can be defined as)……(此处是对目标词汇定义)，this means that……(此处是对目标词汇的拓展理解)，for example(an example of XXX is)……(此处是联系实

际生活加深对目标词汇的理解与运用)。以 success 为例,Success is when you achieve what you want or intend. This means that a person who is successful is usually very determined and focused. An example of success could be winning a race or meeting your personal fitness goal.

如果说"说词"是对词义的基本理解与运用,只处于"布卢姆教学目标分类系统"(Bloom's Taxonomy)的最低层次:知道"知识"(knowledge)。那么"句型操练法用词"已进入"领会"(comprehension)与初步"应用"(application)层面。学生完成对目标词汇的进一步思考与理解,此活动对英语水平与综合能力要求较高,建议分组讨论合作完成,最后通过"说"分享各组成果。

【案例二】阅读中的"说":以"补充阅读材料分享交流法"为例

教师根据模块主题选择补充阅读材料,以"消费"(consumption)模块为例,教师准备"过度消耗"主题的若干篇阅读;两人一组,每个小组抽取不同的语篇,教师通过引导式设问,帮助各组学生通过合作讨论从"问题"与"解决方法"两条主线理清文章大意;各组学生就"问题"与"解决方法"两个方面(两人分工)做汇报阐述,无需对语篇内容作面面俱到的汇报,也不必在意语法与用词用语的准确性,只强调讲演的激情表现;学生根据每个小组的汇报记录一个解决方案。

阅读即思考,比对传统阅读做选择题的操练,这样的阅读集独立思考、集体讨论和小组汇报一体,按"问题"与"解决方法"两条主线梳理文本提升了"布卢姆教学目标分类系统"中的"分析"(analysis)和"综合"(synthesis)能力,最终通过说的方式输出从而检测学习效果,不求完整与完美,因为交际法原则认为流利比语言准确性更重要,允许困难与错误的存在。

此活动过程中需要教师及时对各组学生进行有效引导与监控,学生数不宜过多。作为补充阅读的材料其主题源于课文、难度略高于课文,因此建议在英语拓展课、提高班等小规模课堂上进行实践。

【案例三】阅读中的"说":以"文本信息采访交流法"为例。

在高中英语课本中经常会碰到科普研究类主题的文本,文本往往会呈现不同阶段的研究及结论,此类文本有效阅读的关键点在于梳理信息,以文本"关于电子游戏对大众影响的调查"的阅读为例。教师按研究者姓名、研究时间、研究结论三项设计表格;学生先通读文本,教师帮助解决文本中难词与难句;每个同学通过抽签拿到其中一个研究者的姓名名牌并贴在胸前,快速阅读完成这个研究者的信息;然后在班级内走动采访不同学生以获取其他研究者的信息并记录。这个活动的亮点在于学生在采访与被采访的过程中,不得拿着文本照本宣读,只带表格和自己记录下的关键词,自己组织语言,通过"说"的方式表达文本内容;就同一个研究信息,学生有机会采访不同学生,通过不同渠道收集信息,最大可能整合成接近文本的完整信息。因为此类文本的阅读目的是获取有效信息,学生为了能顺利地"说"好、"记"好信息,必须过滤与整合信息,这样阅读更有意义,学生的"听说读写"能力都得到提升。

(2) 源于真实任务(task-based)的活动设计

通过多样化的活动途径,将课内"短活动"与课外"长活动"相结合,通过"角色扮演"、"调查与报告展示"等形式开展多元化的习得活动。

【案例一】课内"短活动"：以"角色扮演"为例。

角色扮演在日常英语活动中是非常普及的一种手段。在学习"能源"（Power）模块时，教师设计了"打造绿色豪华宾馆"为主题的任务单。先通过全班头脑风暴一：一个好的团队组合需要具备哪些特点与要素？头脑风暴二：宾馆各部门的岗位有哪些？然后学生 7—8 人一组，明确各自角色；讨论各个部门与角色如何体现环境友好的理念，具体的策略、措施、活动等等，教师参与讨论指导；讨论展示活动各角色的出场顺序，教师帮助宾馆老板这个角色就开场、结束及中间过渡等环节的处理；对照好团队的特点与要素，组内同学积极互动，明确每个人展示的要点以及角色与角色间的过渡衔接；每个角色用 1 分钟左右的时间作展示。

在这个普通常见的案例中，笔者认为有两个环节特别值得借鉴：因为是大组活动，教师特别增加了讨论"好团队特征"的环节，让学生的小组活动有标准可依，有利于培养学生团队合作能力；教师在整个活动的准备过程中充分发挥促进者（facilitate）的作用，特别是学生讨论如何体现环境友好理念与具体措施这一环节，教师通过引导性问题步步追问，启发学生思维，鼓励学生异想天开。比如保安职位，学生无法与绿色环保挂钩，教师先问：你觉得保安工作有哪些？学生答：保卫安全，阻止坏人入侵。教师再问：如何阻止？学生先答：用警棍。教师问：有办法与绿色挂钩吗？10 秒后学生灵感突现答：我可以用水枪，把坏人逼到草坪开水枪可以浇花。学生的异想天开得到老师充分鼓励，因为交际法原则认为学会用语言交流是首要目的，学习是一种创造性过程，撬动学生的思维才是有意义的学习。

此活动适合在"听说课"进行,根据上海高中的班级规模,全班要分 4—5 组,因此部分小组的汇报表演可以在不同时间段作为课堂的 Daily Talk 环节,也可以设计多个主题,使各小组汇报表演的多样性更具趣味性。

【案例二】课外"长活动":以"调查与报告展示"为例。

交际法原则倡导将课堂交际活动与课外生活中的交际结合起来,培养学生发现问题和解决问题的能力。因此微型课题研究与社会调查活动可以作为课外"长活动"的探索。以下为笔者在皇家大学的课堂观察案例,这是一个前后历时 3 周的调查与报告展示活动。

步骤 1:分组选定主题。学生 3—4 人一组通过课堂讨论确定各组调查主题:结婚仪式调查、现代科技技术对生活的影响调查、对超自然现象的认同度调查。

步骤 2:确定任务。各组根据主题设计调查问卷,由 8 个不同层次问题包括是非题和问答题组成,并确定问题秩序。期间教师指导各组确定问题。例如《对超自然现象的认同度调查》的问答题如下:

1. Do you believe supernatural?

2. Have you heard your family or friend talk about the supernatural?

3. What do you think about supernatural?

4. How much percent between science and supernatural?

5. Do you believe the life after death?

6. What do you think about something that science can't give explanation? If you have second life what would you want to be?

7. Are you interested in supernatural?

8. Have you changed your opinion between science and supernatural?

步骤3：调查研究。每个学生必须采访10位被访人，记录相关数据与信息，并请被访人签名（或合影）。

步骤4：指导调整。一周后，每个小组向教师汇报采访情况并现场模拟采访，教师给予指导，比如如何简洁开场？如何选择采访对象？等等。

步骤5：继续调查。各小组继续完成课外采访任务。

步骤6：数据统计。又一周后，教师就展示中如何利用图表说明数据做指导，并下发相应的图表样式，指导学生上机练习如何将数据转化成图表。

步骤7：整合材料。各组准备ppt，小组成员分配各自的展示任务并课外演练，要求学生关注各成员间自然衔接。

步骤8：小组展示。每个成员展示时间为5分钟左右，要求3—4位成员多轮次穿插表达，衔接自然，图表数据说明清晰，并能发表自我见解。

步骤9：反馈评价。观众和教师现场互动提问，并给予反馈意见。

这样的活动项目尊重学生对英语学习的兴趣与爱好，由学生自主确定主题、设计问题并作调查报告，教师给予及时有效的指导。符合交际法原则活动必须是有趣的和有意义的要求。

这样的课外活动，除了调查报告也可以设计微型课题研究，既可以作为课外作业也可在年级层面或学校英语节开展比赛活动，教师为学生提供多渠道的展示的平台，例如广播、论坛、布置廊、舞台剧、多媒体演示会等等。

(3) 借助教学道具(teaching aid)的活动设计

通过基于真实生活的活动设计,以"创意"活动展示、"边走边讲"(walk and talk)新闻播报等活动形式,开展具有较高思维含量与创新元素的习得活动。

【案例一】"创意"活动展示。

学生三人一组根据对真实生活的认知,设计一款实用超前的产品;明确产品功能与使用说明;设计产品图或制作产品模型;各小组在三分钟内做产品的宣传与说明。因为时间有限,学生在展示前必须利用白板罗列产品说明的基本点,在展示中借助产品设计图或产品模型,在最短时间内向受众演示产品功能、使用说明以及市场价格等。

由于道具来自学生创意与创作,大大增加了活动准备的趣味性和展示的直观性,更能体现交际法的真实生活任务活动的原则。这样的活动可看性强,同样适合在班级或年级层面进行课外英语擂台赛等活动。

【案例二】"边走边讲"(walk and talk)活动。

学生 2 人一组,选定一个主题,例如介绍我的偶像,学生利用课外时间一人脱稿如新闻记者一样边走边讲,2—3 分钟时间完成一个主题讲演,一人利用手机或 iPad 进行摄像,并上传给教师。

"边走边讲"运用现代化道具(手机或平板电脑)让学生通过自然的走动控制讲话节奏,学生以"我在对你说"的状态表达自己的观点,讲演活动更真实可信。笔者建议讲演主题可以与课文内容或社会热点相关,上传的小视频可以用作 Daily Talk,既能有效控制 Daily Talk 的时间又能增加趣味性。

2. 教师作为习得性课堂引领者的角色研究与实践

本课题从课堂气氛、课堂指导等方面重点研究教师在聚焦"说"的学生课堂活动中的角色定位，通过实践就学生"说"的活动中教师如何提问与引导讨论的策略进行梳理与提炼。

（1）创设条件，营造课堂"说"的气氛

【策略一】做好保障者，设计桌椅摆放与学生分组，给予学生"说"的条件。

英语课堂活动中"说"是语言输出的基本途径，这样的交际互动需要眼神交流、肢体语言得到充分展示，因此课桌椅的摆放既要利于学生交流，也要方便教师巡回走动指导、监测活动。在讨论课时将桌椅分组摆放，如"图表一"所示，这样的安排既达成了分组面对面的讨论交流，学生也可以在需要时查看黑板上的活动要点与要求，也留有空间给老师穿梭其中进行指导与监测。演讲课、表演课时将桌椅摆成圆形或 U 型，如"图表二"所示，如果学生数较多可以加排 2—3 圈，这样的安排在教室内留出较大的展示区域，同时也有利于展示的学生与其他学生的互动交流，教师可以同时兼顾到全体同学的反应，及时跟进。

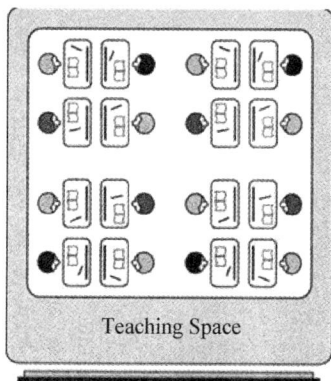

Teaching Space

图表一

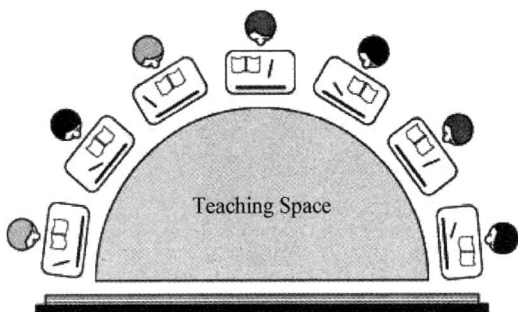

Teaching Space

图表二

学生活动之前教师还要做好合理分组工作,大多数情况教师可以运用异质分组法每组4—6人,有利于学生在小组讨论中优势互补、同伴互助。但是对于一些特别内向的学生或特别有困难的学生教师可以同质分组每组2—3人,这样的分组可以给予内向学生更多的发言机会,由于规模小也便于教师加入小组讨论,督促学生发言,给予困难学生更多的个别指导。

【策略二】做好激励者,给予每个学生以合理期望与关注,引发学生"说"的热情。

只关注活动内容的设计,并不能保证学生活动的高达成度,因此教师除了做好活动的设计者,还需做好学生活动的激励者,让每个学生有信心有意愿"说"起来。当教师通过备课组活动设计好课堂活动任务之后,个体教师必须根据所教学生情况以及自身的特点特长做好以下几个环节。

首先明确活动指令与步骤。一般的课堂讨论活动,建议教师在宣布活动内容与规则之后,将活动要求与主要提示词以板书形式列于黑板,方便学生在讨论中及时对照,避免有学生因不明指令或缺乏提示而不敢开口。对于比较复杂的小组展示活动,建议教师准备 Handout,学生每人一份,Handout 包含以下几个方面:活动主题;活动展示的时间长度;内容要求,比如是否需要配套图表、制作道具、设计 ppt 或者板书要点;角色要求,比如为确保每个学生都要参与"说",教师可以规定在 3 分钟的展示活动中,组内每个同学轮流表述,每人一次 30 秒,且组内成员之间的表述要顺利衔接;活动评价要求等等。这样的提示有利于学生明确自己在活动中应该做到什么、做什么,心中有数才能信心满满,做到敢"说"。

其次要给予学生合理期望与关注鼓励。教师要对每个学生充满期望,要给予后进学生更多的表现机会,对学生表达上的错误不讽刺,不对个别学生有偏爱,善于分析学生不当表现的原因,并能顾及学生的个体需求,创设民主、公平、安全的课堂氛围,当学生感受到老师对每个学生的平等关爱时,他们会喜欢并信任老师;当教师对每个学生充满期望时,学生会将老师的期望内化成自身的动力。教师的激励让学生自己点亮激情,从我敢"说"到我要"说"。

(2) 设问引导,提升课堂"说"的质量

提升课堂"说"的质量,如何"设问"是关键,教师要做好引导者和促进者。本课题从教师在什么情况下需要设问、怎么问、问什么三个方面作实践与研究。

【策略一】做好引导者,因材施教分层设计问题,让学生有话"说"。

教师首先要清晰不同学生的二语习得水平,才能设计好针对不同层次学生的问题,让每个学生都能找到自己"说"的起航点。根据 Stephen Krashen 和 Tracy Terrell 的研究,学生二语习得大致分以下五个阶段:产出前阶段(Preproduction),学生具有模仿、理解、替换练习的能力;早期产出阶段(Early Production),学生有一定的输出能力;语言出现阶段(Speech Emergence),学生已能进行基本沟通交流;中等精通阶段(Intermediate Fluency),学生能陈述观点分享想法;高级精通阶段(Advanced Fluency),学生能明确表述立场与思想。根据调查,笔者所在学校的高中生大部分处于这五个阶段的中间三个阶段,占比分别为 30%、50%、15%。只有教师问题设计切合学生的水平与语言运用能力,学生才能顺利投入"说"的活动,并得到提升。

比如高中牛津英语(上海版)第一册第一单元"Body Language",在引入话题的学生讨论中,对于语言能力早期产出阶段与接近语言出现阶段的学生,教师可以问 What do you know about body language? Can you give us an example of body language? 学生可以结合肢体动作进行描述,学生如果词汇有限,也可以通过肢体表述自己的观点,参与到"说"的活动中;对于接近中等精通阶段的学生,教师可以问 Why do you think body language is important? Can you tell us a story about your own experience? 学生可以通过举例来说明肢体语言在交流中的重要性,让学生通过挖掘自己的体验找到"说"话的内容,内容真实所以学生有话可"说",真实生动的内容还能引起同伴学生的兴趣,语言出现阶段的学生虽然自己不能表述完整的故事,但是可以在同伴的故事之后通过"插话"的形式,用一句或几句话来补充自己的想法或体验,这样他们同样也能体验到完成教师"高级"任务的成就感。

【策略二】做好设计者,根据文本设计问题,组织有效讨论,让学生"说"出思想。

教师要善于科学设计基于文本的有思维含量、开放式的问题,让学生在问题引领下"说"出思想。基于文本的问题一般植入在开场、中间、结语三个教学环节中。

开场环节问题设计的目的在于让学生明确文本的主旨大意,问题设计要注意开放性,一般答案没有对错,以便打开学生思路,大胆投入讨论与思考中。比如在阅读材料"Desertification"(《沙漠化》),文本中从自然过程与人类破坏两方面阐述了沙漠化现状与原因。问题设计可以从以下两个方面入手:1、What do you think? Is desertification mainly a natural process or a man-made process? 2、Why? Give a reason or your opinion. 第一个问题是开放式的,学生可以根据自己的理解做出判断,而第二个问题的设计旨在引发学生思考,可以根据自己对文本的理解也可以根据自己已有的常识说出理由。

中间环节问题设计的目的在于让学生分析文本细节,问题设计要注意抓住文本核心内容,涉及对文本语言、结构、意图的理解,因为要求较高,可以在讨论中适当留白或给予学生时间做部分书面准备。还是以"Desertification"(《沙漠化》)阅读为例,先为文本假设一个标题"Desertification is a natural process and is not caused by man",然后设计两个问题:1、Do you think the author would agree with this title? 2、Find examples of evidence in the text that is both FOR and AGAINST the statement in the essay title. 第一个问题的回答其实要基于学生自己对文本内容的分析与理解得出结论:沙漠化既有自然原因也有人为原因,从而推断根据作者写作意图不会赞同这个标题。第二个问题要求学生梳理出支持"沙漠化是自然过程"的证据和反对这一观点的证据,不难看出反对的证据,其实就是"沙漠化是人为破坏"的证据。通过收集文本中的证据,学生对细节有了深入分析,并生成自己的判断。这一个环节可以先留时间学生梳理记录要点，再做小组讨论交流。

结语环节问题设计的目的在于让学生表达自己的观点与反思，可以从文本拓展到现实社会与个人经历，培养学生综合自己的想法并分享表达的能力。还是以"Desertification"(《沙漠化》)阅读为例。可以设计如下问题：Think about three changes in your city that are currently happening. Use a sentence to describe each of these changes. 这个问题可以让学生先小组讨论第一部分，有哪些变化？而第二部分可让学生自己准备，然后再小组交流，在说的过程中也练了写。

基于文本的"说"涵盖了学生理解能力、思考能力、写话能力的综合训练，对问题设计的要求相对比较高，对教师具有一定的挑战性，笔者建议备课组教师合作讨论设计问题。

【策略三】做好促进者，根据不同教学场景用问题推进对话，让学生将"说"进行到底。

无论是分层问题还是基于文本的问题，在学生"说"的过程中，时常会出现空白、错误或缺乏深度之时，教师需要即时生成问题来推动学生继续话题讨论。以下根据不同场景罗列一些可供教师参考选用的问题。

场景一：当教师需要学生进一步拓展话题时。

Can you tell us more?

Would you say that again?

Can you give me another example so we can understand?

场景二：当教师需要其他学生共同投入一个话题时。

I'd like to hear what others are thinking about Jack's comments?

That's a great question. Let's pose it to the rest of the class.

场景三：当教师希望学生对话题内容作进一步澄清时：

Why do you think that?

I was wondering why _____ .

I don't understand what you mean.　Can you explain your thinking more?

场景四：当教师希望给学生的话题作启发或补充时：

I think that _____ .　What do you think?

I agree with you because _____ .

I'll restate what you just said. Listen to make sure I got it right.

I'd like to add on to what you said.

这些问题的选用者不仅仅局限于教师,学生"说"的活动是教师引导学生构建他们自己知识的过程,因此经过教师在课堂讨论中有意识的示范与培养,高中学生完全可以在小组讨论用这些问题来做到同伴间相互推进对话,真正让"说"进行到底。

(二) 研究成效

本项目的研究与实践顺应了时代对外语教学的要求——语言交际能力的培养是语言教学的基本目标,应贯穿语言教学的全过程,习得性课堂中的听说训练不是应试的训练,而是既贴切真实生活又需经过思考与加工的有意义表达,从而达成英语学科素养与应用能力的培养。

通过课题研究明确了在"听说读写"日常教学中用好语言表达("说")在习得中的杠杆作用的必要性;通过运用交际法策略在教学各环节中设计符合多样性、趣味性、真实性原则的交际活动;将课堂气氛、课堂指导等方面作为切入点,教师在聚焦"说"的习得性课堂活动中的角色定位更清晰。

本项目提出习得性课堂的再组织,运用交际法策略,在课堂教学活动中设计与提供有意义与基于真实生活的任务,突出英语学习中"说"的功能与作用,本项目中的"说"不仅仅是 speaking(讲),而是 articulate,即能自然清晰地表达自己思想与观点的能力。因此本项目的创新点在于:在习得性课堂中让学生通过"说"来表达思想,促进思维,通过语言交际带动学生读、写能力的提升,最终促进学生语言能力与素养的整体提升。

此外,通过本项目的实践积累了大量的教学案例,这些资料对一线老师习得性课堂的教学实践具有很好的借鉴作用。

四、结论与思考

《上海市中小学英语课程标准》指出:听、说、读、写是语言交际活动的基本形式,也是语言教学的培养目标,语言能力的培养应贯穿语言教学的全过程,但在不同教学阶段应有所侧重。高中阶段应适当侧重阅读能力的培养,兼顾听、说和写的能力的提高,培养综合运用语言的能力和持续学习的能力。

本课题研究特别突出高中英语教学中"说"的功能与作业,并非要与《课程标准》背道而驰。突出"说"是因为目前高中英语教学中"说"已经被严重弱化,学生的交际表达能力远没有达到《课程标准》的要求,离上海国际化大都市建设的要求也有一定距离。

通过运用"第二语言发展监控模式"理论的对照分析,我们不难发现片面地机械地进行阅读训练,并不能有效提升学生的语言素养,也有悖于"整体语言教学法"的理论,学生富有成效的说是教与学的基础,基于这样的现状与分析,笔者运用交际法策略,在课堂教学活动中设计与提供有意义与基于真实生活的任务,通过达成高效的"说"促进语言能力与素养的整体提升。

随着课题实践的进一步深入,下阶段我们将在以下几个方面作推进:结合学校所在地的社区文化背景以及新高考背景下外语教学的要求,编撰出适合本校学生学力水平、体现习得性课堂特征的校本教材,方便在校内与区域内推广英语习得性课堂的实践与研究;同时在再实践再研究过程中不断提升教师的教学能力,特别是课堂导学的能力,每年积累一定的习得性课堂的教学案例与反思,通过更多校级与区域层面的分享研讨,让这样的教师队伍不断壮大。

普高史传文阅读教学策略的案例研究

肖海鹰

一、课题的提出

史传文学是浩如烟海的古代典籍中的明珠,是民族文化的精髓,闪耀着智慧的光焰,给人心灵的荡涤,情采的颐养和精神的需泽。其笔墨精粹的语言,言约意丰的叙事,凝练传神的形象,皆是我们取法构思的源泉。指导学生学好史传文,无疑是文言文教学必须面对的课题,一些有志于改革的教师在中学语文文言文教学策略上做过一些努力和探索,提炼了可供借鉴的经验和做法,但对史传文的教学却鲜有人涉足。

"史传文"从广义上来说是可信度较高的历史著作中,具有传记性质或涉及人物刻画,且文学性强的作品。它以历史为基础,又包含了一定的文学成分,体现了历史与文学的交集与融合。从狭义上来说,仅指纪传体史书中的人物传记。

史传文学是历史著作中具有传记性质或涉及人物刻画,可信度较高且文学性强的作品,浓缩着中华文明的景观,汇集着民族文化的精髓,蕴涵着丰富的人文内涵和教育价值,史传文学是把历史与文学融为一体的文学体式。对史传类文言文的学习可以让学生感触到中华民族历史发展的脉搏,感受到中华民族的文明进程,还可以让学生体会到民族精神、民族情感及民族语言的内在品质,受到中华民族的道德情操的陶冶,让自己成为名副其实的"炎黄子孙"。

如何让蒙尘的历史古籍焕发新的光彩,如何用古人的智慧滋养年轻一代的成长,如何让古人的哲思光辉引领我们的前行,是今天的史传文教学亟待解决的问题。我们尝试在大量课堂实践的基础上,汲取语文教育前辈成果的精髓,运用专题整合策略,构建适合史传文阅读教学的策略体系,充分发挥史传散文在提高中学生语文素养和人文素养等方面的多种教育功能。这对培养学生的实践、创新等综合能力,对全面提高我校学生的语文综合素养,具有深远的实践意义。

专题整合教学是指为了更好地达成课程目标,在一个专题下,根据学生的心理特征和认知水平,在把握教材内容的基础上对教材结构进行调整,将相关知识、相关内容进行最优化组合,帮助学生建立知识系统,从而提高教学效率的优化教学方法。专题整合策略以新型的教育理念为指导,遵循文言文的教学规律,充分发挥语文课程教书育人的功能。它不仅强调教学内容的整合,更强调根据史传文的特点和规律以及学情精心整合教学方法、手段及与教学相关的资源,使师生通过一系列教学活动,实现双赢发展和共同成长。

二、研究概况

(一) 研究目标

1. 探究高中史传文阅读教学的有效教学策略。

2. 通过研究,培养学生良好的学习习惯,提高学生自主学习,自主探究和合作能力,实现知识传承、能力发展、积极情感的统一,凸显史传文的育人价值。

(二) 研究内容

1. 通过调查,了解本校师生对史传文学习的认识及教学现状。

每个年级调查了解学生对课内所学篇目的记忆情况,进而了解学生对史传文的认识,从而了解学生的学习现状和教师的教学现状。

2. 探索适用于普通高中史传文教学的有效策略。

我们通过研究教材来掌握史传文的基本特点,并反思史传文教学中的不足,分析教学策略中的误区及其形成原因,明确史传文教学策略——专题整合策略。

专题整合教学:是指为了更好地达成课程目标,在一个专题下,根据学生的心理特征和认知水平,在把握教材内容的基础上对教材结构进行调整,将相关知识、相关内容进行最优化组合,帮助学生建立知识系统,从而提高教学效率的优化教学方法。专题整合课型有:

(1) 专题知识导学:梳理文言知识、文体知识、文化知识。

(2) 专题阅读鉴赏:以文导文,比较阅读。

(3) 专题阅读探究:设置情境,提出问题;调查研究,解决问题;汇总交流,成果共享。

(4) 专题复习训练:专题知识复习、阅读鉴赏训练、高考试卷讲评、开放式练习。

3. 关注师生的评价方式。

史传文教学中存在的问题,关键在于建立正确的师生评价机制,不能全以成绩来衡量师生,要把考试和平时课堂活动记录结合起来评价学生。激发学生的阅读兴趣,提升学生的综合素养,传承中华民族优秀的美德,培养学生高尚的人格。

(三) 研究方法

本课题是行动研究课题,我们在工作中以边学习、边实践、边研究改进,提升的方式进行。

调查研究法:通过调查研究,了解学生对史传文的认识,然后分析得出结论,着手进行研究。

文献研究法:关注国内外教育发展动态,收集积累相关的文献资料,提高理论水平。

行动研究法:通过学习、实践、总结,探索新的教学。

经验总结法:对实践活动中的具体情况及时进行归纳与分析,不断改进操作方法,撰写经验总结,使研究更趋系统化、理论化,提高操作质量。

(四) 研究过程

第一阶段:准备阶段(2014.5—2014.12)

1. 理论准备

研究《上海市中小学语文课程标准》,明确史传文阅读教学在整个高中语文教学中的重要地位。通过研究高中史传文篇目来掌握史传文的基本特点,反思史传文教学中的不足,分析教学策略中的误区及其形成原因,明确史传文教学策略——专题整合策略。

2. 实践准备

调查与分析,了解教师的专业素养,学生对史传文的认识和学习态度,教师对史传文教学的重视程度,史传文教学常用的方法及拓展情况。

第二阶段：实施阶段(2015.2—2017.12)

1. 开题论证

(1)对师生调查的结果进行统计分析,对学生的学习现状及教师的教学现状汇总分析,准确把握学生的学习能力及教学现状,分析教学中的误区及其形成原因,为之后的对策研究提供了事实依据。

(2)研究教材

仔细比较高中4篇史传文与其他类型的文言文,发现史传文的独特之处,进而分类梳理,选择增补的史传文篇目,进行专题导学。

2. 实施专题整合教学策略研究,探究高中史传文阅读教学的系统有效策略,建构史传文知识体系,帮助学生对史传文的认识,提升学习能力,适时增量,拓展学生的史学视野,提升学生的文化素养。

(1)确立各个年级的学习重点、培养能力、课型范式

比如:根据高一课内所学篇目确立专题学习重点及培养能力,而后指定与课内所学篇目有关的课外阅读篇目,最后确立上课的范式。高二、高三依次类推。

(2)三个年级各进行史传文的教学课例呈现

第三阶段:总结阶段(2018.3—2018.10)

撰写研究论文和报告,鉴定研究成果

三、研究结果

(一)我校史传文的教学现状

文言文教学是语文教学的一个重要部分,而史传文教学是文言文教学的一个重要组成部分。学生阅读能力的培养与提

高,不仅在于学生的兴趣,自身能力的培养,更在于教学方法的适切。此课题研究在于探究史传文阅读教学的有效策略,以及培养学生良好的学习文言文的习惯,培养学生阅读史传文的兴趣,培养学生自主探究和合作能力,实现知识传承、能力发展、积极情感的统一,凸显史传文的育人价值。

　　史传文教学是高中文言文教学中不可或缺的一大块。然而反观目前我校史传文教学,大多数学生对学习史传文有些力不从心,虽然学得辛苦,练得频繁,但最后呈现的结果是高耗低效。尤其是普通中学的学生,他们对学好史传文,既没有信心,又没有方法,更缺乏应有的热情,学习中始终处于被动接受的地位。另一方面,老师教学方法太单一僵化,重言轻文的现象屡见不鲜,教学往往以应对高考为目的,只满足于说文解字的理解、文言句式的辨认,却忽视了古典作品的精微玄妙,传承和弘扬中华民族博大精深的文化仅仅剩下了一个空洞的口号。

　　在实际教学中,史传文的教学效果很不理想,究其原因发现,高中教师在史传文阅读教学中还存在着以下误区:一,强调主题意识,淡化文体意识;二,强化文言知识,淡化文史知识;三,强化课内讲授,淡化拓展迁移。鉴于此,我们依据王荣生的"用教材教"的理论和"范例教学"这两种理论,明确并找到了适合我们普高的史传文教学策略——专题整合策略。通过专题整合策略将史传文重组、创生,让学生在掌握基本的古汉语语法、词汇外,对史传文学这类文体有个大致的了解,掌握史传文学的文体特征及有关常识,学会鉴赏史传作品中的人物形象,认识史传作品所兼有的史诗性质和史论性质,了解史传作品中历史人物的品质、精神及其对后人的影响。

（二）专题整合教学策略遵循的主要原则

1. 知识梳理与学法指导相结合的原则

重视史传文言知识、文化知识、文体知识的梳理，引导学生在整理、归纳、概括中形成知识链。同时重视并加强学法指导，培养学生的自学能力，让学生能够用已有的学习方法，去阅读鉴赏新的文学作品。

2. 共性分享与个性阅读相结合的原则

在史传文学专题整合的教学中，我们要掌握好个性和共性的原则，既见"树木"亦见"林"。既要指导学生鉴赏单个的经典作品，又要让他们掌握解读史传类作品的钥匙，了解史传这一类文体的基本特征。

3. 系统性与灵活性相结合的原则

专题的设计和整合，必须充分考虑学生的认知水平，符合学生的思维规律，编写内容要系统有序。与此同时，要认识到教材无非是个例子，在教学过程中要允许学生根据自己的学习需求来整合学习内容。

4. 主体性与主导性相结合的原则

要充分尊重学生的主体地位，创设研究型学习的机会，调动学生的参与热情，让学生乐学、会学，使学生的潜能得到开发。同时要注意，教师作为组织者、引导者、参与者，要与学生的主体性相联系，通过教师的主导，让学生的主体作用发挥得更充分。

（三）专题整合策略

1. 专题知识导学

专题知识导学课型是以文言知识、文体知识、文化知识的梳理为重点的课型。

仔细比较史传文与其他类型的文言文，会发现史传文的文言词汇、文体特征、文化知识有自己的独特之处。可以分类梳理，进行专题导学，如：

第一、对史传作品里出现得比较频繁的文言词汇进行梳理导学。

我们在高一第一学期补充了《张衡传》一文，让学生整理了如：表官职任命的"拜、授、封"，表调动的"徙、改、调、放、出官"，表升迁的"拔、擢、升、陟、迁"，表罢免的"罢、黜、废、去"，表人物个性的"矜、佞、谲、耿介、骨鲠、鲠切、谄谀、木讷"，表刑罚的"大辟、髡、笞、磔、刖、族、杖、流、赭衣、械"，表死亡的"崩、山陵崩、薨、卒、不禄、死、没（殁）、终"等，表赞扬的"多、嘉、称、誉、与、许、叹"，表违背的"牾、忤、逆、倍（背）"等。

第二、对史传作品的文体知识进行主题导学。

如：以秦汉时期史传类代表作为专题，让学生了解史传文学的发展脉络。《国语》以记言为中心的模式；编年体的《左传》"极工于叙战"；《战国策》在人物故事的编排上有新的发展，它以人物活动组织材料，安排结构，展开故事情节，为纪传体的出现开创了先例；《史记》被后代史学家和文学家奉为圭臬，被鲁迅先生称赞为"史家之绝唱，无韵之离骚"，其纪传体的产生对后世文学的发展产生了深远的影响；《汉书》的记人叙事虽逊于《史记》，但仍写出了不少出色的人物传记，如《李广苏建传》《霍光传》等，和《史记》《汉书》并列为前四史的《后汉书》《三国志》同为纪传体史学典范，但《三国志》和《后汉书》过于讲究简洁、凝练，因而在描写和刻画上比前两部书要逊色一些。

第三、对史传作品里的文化常识进行专题导学，加深学生对历史文化背景、文化制度的认识。

我们在高二第一学期补充了一个史传文单元，我们选择了

《魏其武安侯列传》《信陵君列传》两篇文章。

（1）积累文言词汇，整体感悟文本。

如：古代官职的文化知识：宰相、尚书、太尉、司徒、司空、太史、太守、知州等。如：古代称谓中的"愚、鄙、卑、敝、臣、仆"等谦称；"令尊、令堂、令郎、尊府、君、子、足下、夫子、大人"等敬称；对百姓的称谓"黔首、布衣、黎民、黎庶、黎元"等；古人的年龄"垂髫、总角、豆蔻、束发、弱冠、而立、不惑、知命、花甲、古稀、耄耋、期颐"等。

（2）分析传神写照的人物描写方法。

（3）分析叙事结构和戏剧化的矛盾冲突。

（4）体会太史公笔法。

2. 专题阅读鉴赏

以经典篇目为范例指导阅读，让学生通过一篇文章的学习，认识一类文体的特征，明了一类文学的谱系，由个性到共性，构建阅读图式，我们可以把精选出来的导学文章理解为定篇。作为教学的范式，就不能仅仅停留在文言字词句的理解上，而应该有更为丰富的教学内容，体现出史传文教学的文体意识、文本意识、文学意识和文化意识。

《廉颇蔺相如列传》是高二第二学期接触的第一篇史传文，我们可以把此文作为导学范例，帮助学生构建史传文的阅读图式，其基本环节可以设置如下：

（1）知人论世，介绍司马迁及《史记》在文学史上的地位。

（2）疏通文言词汇，整体感悟文本内容。

（3）赏析作品，从叙事学的角度分析传神的人物描写，分析叙事结构和戏剧化的矛盾冲突，体会全知视角叙事带给我们的阅读感受，品味将强烈的爱憎感情寄寓在叙事之中的"太史公笔法"。

（4）学会客观公正地评价历史人物，学习蔺相如机智勇敢、不畏强暴和顾全大局的精神，认识廉颇忠贞爱国、勇于改过的精神。

（5）总结学习这篇课文的方法，梳理相关知识点。

（6）拓展阅读，推荐被梁启超誉为《史记》十大名篇的另外九篇作品：《项羽本纪》《淮阴侯列传》《李将军列传》等，把学生的阅读视野向课外延伸。

（7）阅读交流，展示学生课外阅读的成果。老师适时点评。

还可以围绕一个相似点，比较阅读不同的作品，在阅读过程中通过比较、对照和鉴别，找出其中的相似点和不同点，加深对文章的理解，提高鉴赏能力。相似点可以是同一传主、同一作者、同一文体、同一风格、同一题材、同一表现手法等。比较阅读可以弥补教师讲解的机械乏味，设置悬疑，激起学生探究的欲望，启迪学生积极思考，让学生主动发现和研究问题。只要教师善于选取独到的比较点，阅读教学就能收到"牵一发而动全身"的效果。如把《三国演义》同《三国志》放在一起比较阅读，就能看出史传与小说叙事手法的不同，《三国志》是"以文运事"，而《三国演义》是"因文生事"。

3. 专题复习训练

专题复习训练课的目的在于通过系统的知识整理帮助学生消化所学的内容，建立知识点之间的联系，形成较为完整的知识体系，进而掌握学习方法。"专题"是相对于每篇课文的课后练习和零散的知识点复习而言，专题的跨度大，内容繁杂，是文学知识、文化知识、文言知识的聚合。专题整合复习训练课必须紧紧围绕教学目标和高考要求，把原来零散的词汇、句型、语法、阅读理解等变成一个纵横联系的整体。通过整合，帮助学生对所学内容进行梳理、归类,并总结出规律,使知识系统化和规律化,便于记忆、积累和运用。专题复习训练总的一条原则是要提高效率,精讲精练,切实减轻学生的负担。

如我们在高三第一学期上了一节史传文复习课《读文贵读人——人物传记类文言文阅读指导》,其基本环节如下:

(1)高二以来学过的语文教材中人物传记类文言文有哪些?

(2)让学生看近五年高考文言文第一篇文章,主要围绕人物展开记叙,叙述人物的生平简历和突出事迹的人物传记类文言文。

(3)总结概括这些文章有何特点。

A. 选材来源及特点:选文大都出自正史,选材真实、典型。

B. 表达方式:主要以记叙、描写为主,议论较少。

C. 写作顺序:一般采用顺叙的写法。以时间流变为线索,勾勒传主的基本生命历程,概括性地描绘出较为完整的人物形象。

D. 价值取向。

(4)人物传记类文言文题目特点有哪些? 重点关注三类题目:

A. 概括人物的性格/品质

品质的词语有:忠心耿耿、大公无私、不慕名利、光明磊落、临危不惧、持之以恒、不畏权贵、刚正不阿、坚韧不拔、表里如一、视死如归、堂堂正正等。

相关性格的词语有:乐天达观、成熟稳重、温柔体贴、活泼可爱、内向害羞、风趣幽默、小心谨慎、多愁善感、豪放不羁、心直口快、少言寡语、善解人意等。

B. 概括人物做某事的原因,解决问题采取的策略、办法,秉持的理念等

C. 揣摩人物的心理状态

(5) 归纳人物传记类文言文阅读的基本方法。

A. 第一步:

写了什么(初读全文,整体感知,把握关键)

把握四大要素:人物、身份、时间、事件(典型)

B. 第二步:

怎么写的(联系题目,细读文本,再加揣摩)

塑造人物形象的方法(正面描写、侧面描写、细节描写、环境描写)

C. 第三步:

为什么这样写:作者对人物所持的情感和态度(价值取向)

(6) 归纳选材来源及特点:选文大都出自正史,选材真实、典型。

专题复习训练其基本的形式有:

A. 专题知识复习。

对学过的知识进行专门的整理复习,帮助学生加深理解和记忆,汇集与史传有关的古代文学文化知识题,重点检验学生对知识点的掌握和迁移能力。

B. 阅读鉴赏训练。

加强史传文阅读鉴赏指导,指导学生联系上下文的语境理解句意。复习过程中,注重对学生进行捕捉、归类、筛选和整合文言文文本信息的能力训练,同时加强一些阅读和赏析史传文学作品方法的指导。

C. 高考试卷讲评。

搜集整理近几年上海市及全国高考卷中的史传文阅读题，加以汇编。按题型进行训练、例题解析、点评得分点和失分点，帮助学生理解常见的实词、虚词，掌握特殊句式，培养学生分析和综合文言文阅读材料思想内容和鉴赏评价能力。

D. 开放式练习。

设置开放性练习题目，拓展学生的思维空间，打破单一的求问思维，培养学生分析解决问题的能力。

如高三第一学期史传文《苏武传》一文，结束时我们设计了一道开放式题目：有人认为真正的忠诚应该是忠诚于国家、人民，而非忠诚于君主。换句话说，就是要忠诚于明君（因为明君善治国），而非昏君。而那些不分黑白，一味盲目服从君主，为君主作无谓的牺牲的行为我们称之为"愚忠"，那么你认为苏武的忠诚是愚忠吗？

（四）改变了师生的评价方式

史传文教学中存在的问题，关键在于建立正确的师生评价机制，我们不能全以成绩来衡量师生，要把考试和平时课堂活动记录结合起来评价学生。激发学生的阅读兴趣，提升学生的综合素养，传承中华民族优秀的美德，培养学生高尚的人格。

我校每学期组织一次学生默写名句比赛，从中发现记忆力强的学生。我们每学期开出学生要阅读的古典名著，如《史记》《汉书》等史传文，并进行一次深入的师生交流活动，这样大大激发了学生的阅读兴趣。三个年级每学年组织一次古诗文大赛，用来选拔成绩优秀者参加每年 11 月区组织的古诗文大赛，2011年我校高锦涛、陆静怡等同学就是我们从中选拔出来的优秀学生，高锦涛还参加了上海市古诗文大赛并获得三等奖，2017 年我们高二的 3 位学生获得了区第一届古诗文电视大赛一等奖的好成绩。这些都源于我们师生的努力，我们改变了以成绩来衡量一切的传统评价机制，改为考试和平时课外活动相结合的评价方式，大大激发了学生学习古文的阅读兴趣，从而提升了学生的语文综合素养。

四、研究成效

我们四年来的努力探索和研究不仅取得了实践上的一些成果，还取得了一些显性的成果。

1. 我们学生的古文学习能力得到了更充分的发展。

通过实施专题整合教学，我校学生学习史传文的积极性提高了，从而也提升了他们学习文言文的能力。在课堂上处处可以听到他们独到的发言，课外的阅读量也在不断地增加，语文综合素养也在逐年提高，学习成绩也在不断提升。在每年举行的古诗文大赛中，我们学生多人次获奖。2017 年我们高二的 3 位学生获得了区第一届古诗文电视大赛一等奖的好成绩。

2. 教师的教学观念得到彻底的改变，专业素养迅速提升。

我们在调查问卷中得知我们教师史传文教学的方式方法比较简单，基本套用一般文言文的教学模式。史传文教学重工具性轻人文性的情况依然充斥课堂，教学内容往往窄化为文言字词句的教学。史传文教学中缺少必要的拓展阅读，指导的方式方法也不得当。对此，我们要求教师们及时总结经验教训，反思自身存在的不足，而后写出教学后记或者教学反思，并在教学中逐步改进，绝大多数老师能在史传文教学中运用专题整合策略，随着教师观念的转变，教学课堂随之发生了变化，教学质量也在不断地提升，我们语文组在区各次大型质量抽查中常常超过同类学校。

五、结论与思考

四年来的研究实践,我们语文组老师齐心协力,才取得了些许成绩,以上的实践成果正是我们努力的结果。尽管粗浅,但是来自实践的成功,我们深感欣慰。当然在实践中有的我们做得还很不够,有如下几点值得我们作进一步的研究。

(一)处理好"范例"与"组文"的关系

作为专题整合教学的核心篇目,"范例"的选择显得至关重要,按照"范例教学"的理论,范例应具有本质性、根本性、基础性。专题教学时,要选择具有典型意义的范例,充分发挥其示范和参照作用,教活一篇,"授之以渔",让学生掌握阅读史传文的方法。专题整合不能面面俱到,应以最显著的知识点为核心整合其他选文,如:紧扣《鸿门宴》等"范例",组合《魏公子列传》《汉书·霍光传》《史记·游侠列传》等课文拓展研究史传人物形象的刻画。再如:围绕史传褒善贬恶这一特点。

(二)处理好专题性与开放性的关系

专题整合教学是基于同一概念、同一文体整合的原理,将同一知识点的相关内容、相关文本集合在一起的教学,体现了知识的集约性和整合性。专题内的内容相对封闭。但在教学时,绝对不能仅仅囿于封闭的知识点,而应该左串右联,寻找本专题知识点与其他专题之间的联系。

(三)处理好专题"点"读与专题"泛"读的关系

我们希望通过专题整合的方式,实现课内学习的拓展和迁移,鼓励学生广泛涉猎、厚积薄发,扩大阅读视野,提升思维品质,从大量的经典著作中汲取精神和智慧。正如古人所云"操千曲而后晓声,观千剑而后识器。"然而,专题整合教学更忌讳贪多嚼不烂,只有广度没有深度的阅读。蜻蜓点水、浮光掠影,会让专题学习流于肤浅。因此,有时候我们要驻下脚步,深入字里行间去细细品味作品的精妙。聚焦重点、难点、关键点、一触即发点,定点研读、讨论,把经典"范例"读精,读透、读出不一般的味道。通过"范例"的深入解读,掌握这一类文体的学习方法,为解读其他史传文提供"源头活水",专题整合教学时,要处理好"点"读与"泛"读的关系,在"点"读和"泛"读间寻找平衡点,拓宽专题教学的广度,提升专题教学的深度。

普高艺术课堂中实践型体验式
教学的探究与实践

高红丽

一、问题的提出

上海市中学艺术课程标准对高中艺术课程的定位是以艺术审美为核心,通过美术、音乐、舞蹈、戏剧、影视等各门类之间的相互融汇,以及与人文、科学、技术等学习领域相关课程的相互渗透,促进学习艺术通感、迁移思维和整合素养的形成。艺术学科的特质是运用初中美术、音乐所学的技能进行综合拓展,从中挖掘文化内涵,进行审美和实践、人文和综合。我校近几年来开展了"二一一"理解型课堂教学模式的研究活动,要求教师把更多的时间交给学生,保证充分自主学习的时间。但我校是金山区一所普通高中,学生的知识面窄,对艺术相关的文学、历史等知识知之甚少;学生对从欣赏到理解的思维转换较有困难;学生活动部分,则有学生的思维拓展能力和延伸能力比较欠缺等问题。如何让学生在课堂上有效消化艺术赏析部分的理论知识与文化内涵已成为学生迫切需要。艺术课堂上如何安排适当的实践活动?又如何在短短的活动时间里达到探究与拓展的目的呢?

针对普高学生情况、艺术课程标准和学校教学宗旨,课题组在艺术课上实施了体验式学习活动设计与实践的方案,此方案是针对学生课堂实践活动、高中艺术教材中的"研讨与创造"环节而开发的,并与我校"二一一"理解型课堂教学模式相结合。设计与实践体验式学习活动是建立在学生经历基础上,有效与学生在义务教育阶段美术、音乐学习中的学习经历衔接,在课堂中安排适当的实践活动环节,比如绘画、手工、设计、弹奏、演唱、表演等,让学生充分参与到艺术课堂中,进入直接学习状态,在实践中形象地实现从欣赏到理解的思维转换,在操作中实体化艺术知识,使学生能顺利地进入情境逻辑,活学活用,增强学生在艺术学习上的正迁移。

所谓体验式学习是指从阅读、听讲、研究、实践中获得知识或技能的过程。这一过程只有通过亲身体验才能最终有效地完成。本课题中的艺术课堂中体验式学习是在课堂中安排适当的实践活动环节,比如绘画、手工、设计、演唱、表演等,让学生充分参与到艺术课堂中,进入直接学习状态,在操作中实体化艺术知识,使学生能顺利地进入情境逻辑。体验,既是一种活动,也是活动的结果。作为一种活动,即主体亲历某件事并进行反思;作为活动的结果,即主体从其亲历中和反思中获得认识和情感。

实践型体验式学习是在课堂上以体验式学习的方式实施课堂实践活动,包括课堂师生活动及课堂作业设计等环节,因材施教,探索适合我校教学实体化活动方法。

二、研究目标与内容

(一)研究目标

1. 改变以往艺术课上侧重欣赏的理论性单一模式,探索更适合我校学生的体验式学习活动。

2. 通过研究,提高教师的资源整合与教学设计能力,给学生提供了兴趣化课堂,培养了学生的创新精神和实践能力。

(二) 研究内容

1. 寻找并设计适合我校学生的体验式学习活动

通过调查,了解我校学生对艺术及相关的文学、历史等知识水平及对教材中感兴趣的因素,根据学生认知与兴趣基础挖掘教材中适合我校学生开展此活动的内容或环节。

2. 明确体验式学习活动实践在艺术课堂中的作用

我们通过研究学生与教材的基本特点,分析传统教学的误区及其形成原因,明确适合我校学生的体验式学习活动,以具备丰富课堂教学、促进学生艺术通感、提高学生从欣赏到理解再到创造的能力的作用。

3. 构成体验式学习活动实践的运用方法

探索艺术课堂体验式学习活动的实施方法,形成适合不同层次的学生实施的有效路径。比如各种的活动内容和各种的活动形式的实施方法。

4. 构造体验式学习活动实践的策略

根据学生原有现状、课堂开展活动情况、课堂艺术作品和教学评价整合体验式学习活动实践的策略。

三、研究方法与过程

(一) 准备阶段(2014. 2—2014. 9)

课题组运用查阅法等,做好以下工作:确定课题、搜集情报;成立课题组、确定课题组成员分工;设计课题研究方案,进行课题论证。

1. 理论准备:查阅关于体验式学习等教学方法的文献资

料,了解国内外研究的现状,明确研究方向。

2. **实践准备**:通过问卷、座谈、课堂反馈等形式了解学生对与艺术相关的文学、历史等综合文化知识了解的情况以及艺术赏析时需要帮助解决的问题及学生的兴趣方向。

(二)实施阶段(2014.9—2015.9)

主要运用行动研究法等,做好以下工作:

1. 着重研究教材中拓展和创造的环节,分析学生情况制定计划

教材中每个单元都有"拓展与选择"和"研讨与创造"环节。根据之前对学生的调查,先从高一教材开始,根据不同的单元、不同的班级学生等,课题组成员对不同单元进行分工,尝试制定设计体验式学习活动计划。每周安排一次备课组活动,明确相关单元所需要的实践活动类型,研讨适合我校等普通高中学生水平的活动形式。

2. 实施活动型体验式教学策略

在课堂教学过程中,尝试用体验式学习活动的设计。并根据课堂评价和学生创作成果检验学生从赏析到理解的转换困难等问题的解决程度,及时发现问题,找出原因,想好对策,再实践再修改,并逐渐完善。

3. 积累与反思活动型体验式教学策略的经验

借助体验式学习活动的设计和实践在课堂教学中的研究,积累优质资料,撰写一些课例,记录实施过程中的心得体会,并检测教学效果。

(三)总结阶段(2015.9—2016.3)

撰写普高艺术课堂中体验式学习活动设计与实践的研究报告,将研究过程中的心得体会、研究成果等汇编成集,完成课题

结题报告。进一步研究市体育特色学校创建的要求,丰富体育特色课程文化"强体、立德、增智"的内涵,打造上海市特色(体育)学校。

四、研究成果

(一) 深化教师有关体验式学习的认知

法国的阿尔都塞认为学校是意识形态的制造工厂,学生到学校接受教育,就是在塑造成为某一意识形态的承载者。任何学习理论都只在转化成学生接受的意识形态之后才不是空谈,要让实践型体验式学习理论在学生意识形态里落地生根,而教师的教学理念传达给学生主要是通过课堂上潜移默化的迁移内化,这种内化是需要一定的过程,需要在实践中予以贯彻,实现教学和学习理念与学生实践的良性互动。

实践型体验式学习是教师在教学中教师积极创设各种情景,引导学生由被动到主动、由依赖到自主、由接受性到创造性地对教育情景进行体验,并且在体验中学会避免、战胜和转化消极的情感和错误认识,发展、享受和利用积极的情感与正确的认识,使学生充分感受蕴藏于这种教学活动中的欢乐与愉悦,从而达到促进学生自主发展的目的;是一种强调知识与学习主体互动联系的教学,注重学习者的深入参与,突出人与人、读者(学生)与作者(教材)双向交流沟通,不强求统一认识而尊重个体差异,各有所获;是以学生为主体的学习方式,学生在学校"二一一"教学理念的基础上了解到体验式学习的理论基础,在课堂实践中了解到体验,既是一种活动,也是活动的结果。作为一种活动,即主体亲历某件事并进行反思;作为活动的结果,即主体从其亲历中和反思中获得认识和情感。

（二）寻找并设计适合我校学生的体验式学习活动

根据课题要求，课题组做了一系列问卷和访谈的调查活动，第一步初步了解学生对艺术学科的知识储备，发现由于高中生面临着沉重的高考压力，一方面作业任务繁重，时间上很难分给非考试学科；另一方面大部分学生表示自己对艺术基础知识不了解或遗忘，很多高中生分不清印象派与抽象派，但又碍于自尊心，羞于开口，不好意思问老师，上课时采取不配合、不抗拒、不主动的学习行为。第二步了解学生的兴趣点，如平时经常接触的阅读书籍、电脑软件、课外活动、学习和休闲方式等，尽量保持与学生视野接近的角度寻找与学生的共鸣。

根据前期的调查研究，针对调查结果，课题组尝试寻找适合我校学生的体验式学习的实践活动，并把教材细化，根据每种分类寻求不同的实践活动，然后以实践活动为导向进行教学设计。

1. 以活动形式分类

直观感受型：选择材料、呈现材料以直观的音像等置学生于具体情境中。例如，笔者在一节艺术欣赏课《野猪林》中安排了游戏性感知环节，让学生带上老师准备好的脸谱面具，按自己所戴面具角色的感觉从教室外走进教室，给同学们亮相。请同学们辨识这四种同学所扮演角色的行当。教室内在黑板上写出四种锣鼓点，启发学生试着将锣鼓点配上。在这四位同学走进教室的一瞬间我清楚地听到了学生"哇——"的一声，学生的脸上都浮现出惊奇、感兴趣甚至跃跃欲试的表情，班级的戏曲氛围一下子被带动起来。这种表演式学习使学生因教学活动适应他们的娱乐需要，提高学习的积极性。

角色模拟型：在教师的引导和小组同学的帮助下，充分融入情境,获得丰富的情感感受。

如笔者在第十四课《将戏曲舞台融入时代》的教学当中,考虑到戏剧具有的形象性、情感性等特点,笔者安排了京剧《火焰山》"求扇"这一片段,安排学生自己选择角色,以独特的理解,用话剧(或戏曲)的念白语调进行表演。在这个过程中,学生们要选择各自喜欢的片段,还要选择一位同学做导演,在小组中分配角色,并与同学讨论表演方案,最后模仿话剧(或戏曲)的念白方式,运用合适的音色、语调和变化的语言节奏去刻画剧中人物,并带了一些简单的动态表演,使学生如闻其声,如见其人,如临其境,这堂课上得有声有色。

动手操作型:在"做中学",让静态的知识融入动态的活动中,以绘画、手工、设计、弹奏、演唱、表演等体验为主。

如在讲授《匠心构筑,巧夺天工》这一单元时,笔者让学生以身边的上海石库门建筑为考察对象,提出了几个问题,让学生从研究的角度,通过调查、访谈等方式予以解决。一个问题是石库门房子的优劣点分析。另外一个是为什么北京流行胡同,而上海流行石库门?笔者建议学生从形式结构的比较,包括建筑布局、建筑样式、局部装饰、居住形态等方面去寻找答案,然后用摄影、速写、软雕塑等方式展示出来,亲身感受建筑艺术创造的魅力。在速写建筑造型环节中指导学生抓准石库门建筑的主要形式特征;在制作软雕塑建筑模型的环节中指导学生了解石库门建筑的结构造型以及其与周围环境的关系。

师生置换型:让学生扮演教师的角色,针对某一符合学生兴趣和能力的内容进行合作探究,使学生有充分的展示自己、互动的机会,加深对教学内容的体会和理解。

如在《让人穿着更靓》这一课时,笔者组织了两次小老师的活动,第一次是在赏析导引部分的袍式服装介绍中,如果只有教师一一罗列介绍袍式服装的样式、颜色、审美等会显得枯燥无趣,因此笔者选了一位喜欢讲故事的学生以讲故事的方式做引导,第一步先上台讲"缺一条龙的龙袍"的故事,第二步和其他学生对讲故事的同学进行提问,如"为什么龙袍上要有龙纹?龙纹这种装饰有什么涵义?"等,通过讲台上下的提问探讨引申出袍式服装掩饰封闭的形式特征,象征了封建社会保守内敛的思想观念和礼仪道德对行为的制约;第二次是小老师和小模特角色结合,由一位学生穿上一件课上介绍的袍式服装,由另一位学生介绍这件服装的颜色、花纹图案、样式及象征的审美思想。这样的师生置换活动首先在形式上让学生有眼前一亮的感觉,改变了学生的教师讲解的固有思维,使课堂生动形象起来,提高了学生的学习情趣;其次由于学生担任了教师的角色,使学生在预习、作业等环节更加重视起来,提高了学习效率。

艺术教学中的活动主要是以这些方式组成的,以这些活动为目标进行活动性导向设计,根据教材中适合哪种形式的活动为设计目标组织目标性教学。

2. 以艺术形式分类

造型类艺术的活动:绘画和摄影艺术中,艺术家用线条、色彩、色调和居留在平面空间中创造着或平面感或立体感的二度形象;雕塑、建筑艺术和工艺美术中,艺术家们则以泥土、木石、金属为材料,在立体的空间中创造出具有实在物质性的三度形象,所以在体验活动中可以通过再现艺术家的某一个步骤进行再现型体验活动等。

听觉类艺术(音乐、曲艺)等:如笔者在高一年级第二学期第二单元《歌情乐韵　悦耳爽心》中的拓展与选择部分里,分了两步体会听觉类艺术的活动,先是由学生仔细聆听钢琴曲《少女的祈祷》和小提琴曲《苗岭的早晨》感受乐曲旋律,想象一下听到乐曲后在脑海里留下了什么景象,然后跟同学们分享描述出来;第二步的活动是"为音乐选诗画",播放两个音乐片段,感受音乐的魅力,为这两段音乐选一幅与音乐相符的画,部分同学将脑海的画面以绘画的形式表达出来。

视听类艺术:戏剧、电影、电视剧等。如笔者在高二《野猪林》一课中的体验活动是请出同学带上老师准备好的脸谱面具,按自己所戴面具角色的感觉从教室外走进教室,给同学们亮相。请同学们辨识这四位同学所扮演角色的行当——生、旦、净、丑。在黑板上写出四种锣鼓点,并让学生大声齐读鼓点节奏,播放戏歌《说唱脸谱》片段,并请学生跟唱。感受京剧的旋律美感及部分净角的面部特征。刚开始跟唱时学生的声音都很小,在一小段过后我也站在教室中间跟着旋律唱起来,随后学生的声音渐渐增大,在后面独唱段中优说唱的脸谱形象,笔者在幻灯片上显示了与歌词一样的脸谱,并在旁边配上该脸谱的表演,学生唱得更有劲了。

3. 以学生分层分类

针对不同层次的学生和每个学生的专长设计不同的活动,达到因学定教的课堂效果。如在笔者在《歌情乐韵 悦耳爽心》中的两步走的活动中,第二步的"为音乐选诗画"活动,根据学生实际情况,一部分学生是为这两段音乐选一幅与音乐相符的画,一部分学生将脑海的画面以绘画的形式表达出来,这样能充分地因材施教。

(三) 构成体验式学习活动实践的运用方法

探索艺术课堂体验式学习活动的实施方法,一方面形成适合不同层次的学生实施的有效路径,比如各种活动内容和各种活动形式的实施方法。另一方面为了避免一些活动设计的误区,发生"只动手不动脑"、只注重活动的有趣,在实践型体验式学习中体验不是结束而是开始,要衔接对活动意义的思考,要明确关注存在于学习者头脑中的重要概念和恰当的学习证据。

1. 体验:这是学习的起始阶段。学生在真实情境中活动,获得各种知识,产生相应的感悟,行为受到情境的影响并对情境产生影响。但同时又根据学生实际情况实施不同的活动。

(1)分层体验:一种是依据个别差异,教师要通过调查和观察,掌握班级内每个学生的学习状况、知识水平、特长爱好及社会环境,将学生按照心理特点分组,形成一个个学习群体。在实践体验活动中利用小组合作学习和成员之间的互帮互学形式,充分利用了学生层次的差异性与合作意识;另一种是根据每个学生的专长进行分类,针对不同专长类的学生设计不同的体验活动,互为因果。

(2)分类体验:根据教材的单元分类设计不同主题的体验式活动,如造型类艺术的活动、视觉类艺术活动等。

2. 交流:在实践体验活动以后很重要的就是,活动过后学生要与同学和教师分享他们的感受。分享个人的感受只是第一步,关键部分则是把这些分享的东西结合起来,与其他同学探讨、交流以及反映自己的内在反思。

3. 反思整合:在这一阶段,学生回顾自己的体验活动,对自己的体验进行分析、反思,明确自己在体验过程中学到了什么、发现了什么问题、情境对自己产生了哪些影响等,从经历和活动中总结出原则或归纳提取出精华。并用自己的方式去整合,同学之间相互协助进一步定义和认清体验中得出的结果。

4. 应用：学以致用，将这些活动体验与生活联系起来，而应用本身也成为一种体验，有了新的体验。

（四）构造体验式学习活动实践的策略

实践的课题应与学生经历衔接。杜威的实用主义教育思想主张教育是社会共同生活的基础，只有使教育和社会生活实践联系起来，教育才能发挥其应有的作用。学生在义务教育阶段已经熟悉手工制作、跟唱等教学环节，由此过渡到高中阶段通过画、手工、设计、弹奏、演唱、表演等方式进行艺术创作在学生的能力范围之内。由于我校学生的特征，在实施中需要与学生社会生活联系起来，降低创作难度。

举个案例，笔者在讲授高一《匠心构筑，巧夺天工》这一单元里的《世博展馆的欣赏与设计》一课时在实践体验环节安排了设计世博馆的活动，学生生活在金山区，通过调查发现学生对自己周边比较了解，对金山以外或上海以外了解较少，所以在设计环节定的主题为"假设世博馆要建一所金山馆"，有学生针对金山特色的金山农民画或者江南水乡的古镇特色设计了有地方特色的建筑。在讲授高二第五单元《巴黎圣母院》时，安排了设计背景墙这一环节，结合学生之前了解到的中国传奇的爱情故事，定了设计主题为"我心中的传奇"。在高二第二单元《辛德勒的名单》中在悲怆的欣赏氛围中安排了一段文字朗读，在课中发现只有文字朗读缺乏情感，如果为这段朗读安排一段背景音乐，效果会更好，所以在表达自己的欣赏体会这一环节，笔者建议学生为自己的欣赏感受配一段自己熟悉的符合文字意义的音乐，并用乐器、组合演唱等表演出来。

1. 创设模拟情境为动手体验活动提供情感空间

情境模拟教学是在教学实践过程中发展的一种教学方法，

是一种能让学生身临其境的体验式教学方法。当然,高中艺术课堂中的情境模拟和角色扮演的体验教学,不应仅仅停留在"好玩"的层次,还要注意要有更深的发掘。比如在京剧《火焰山》的角色扮演中,对于孙悟空钻进铁扇公主肚中"求扇"如何表现的问题,因不可能还原出生活形态的空间,学生们就无法表演,笔者就建议学生观看原本,学生才发现在中国戏曲的特殊表现体系中,这一点不成问题。演员用特定的身段程式"滚毛"就表现出进入公主的肚中。之后,笔者再让学生们从这点出发总结我国传统戏剧的特点,最后自然而然就得出结论:戏曲是一种超于生活真实的虚拟性舞蹈动作的艺术。

2. 教师点拨引导,在实践中形象实现从欣赏到理解的思维转换

在高中艺术课堂的实践型体验式教学中,教师所起的作用除了组织实施外,最关键是要起到点拨引导的功能,能帮助学生在实践体验中逐步实现从欣赏到理解的思维转换。

从笔者备课组所讲授的艺术课程的效果来看,学生和家长普遍反映"爱上"和"印象深刻"。实践型体验式教学让学生通过亲历实践,学生在亲历中感受到直接的,具体的,丰富的体验,从而能理解知识经验的意义,激起学习知识经验的兴趣,并在体验中产生情感,形成态度,观念;这是学生在学习过程中知识的内化经验的升华,是自得自悟的全部活动状态,它的亲历性,构建性的特点造就高倍数的教育价值;让学生在动手实践中拓展思维,既锻炼了学生的动手能力,又能巩固知识,优化学生的认知结构,培养创新能力。

总之,高中艺术课堂的体验教学过程,就是让教师认识到学生的主体地位,同时注重学生经历,有效与学生在义务教育阶段

美术、音乐学习中的动手实践经历衔接,我校学生更容易适应;学生可以主动参与到教学过程中,达到主动学习的目的,也提高了学生学习艺术的兴趣,激发学生探究的热情;学生可以在创作中提高思维拓展能力与延伸能力,解决我校学生艺术学习中的实际问题;在动手实践中能让学生尝试到创作的快乐,提高学生自信心,增强学习信心,促进学生全面和谐发展和健全人格的形成。

五、研究成效

1. 主动学习。在传统教学中,教师是教学的中心,学生只需专心听讲,认真记笔记即可。而体验式学习则要求学习者发挥主动精神,对自己的学习负主要责任,真正成为教学过程的主体。体验式学习强调学习者积极主动地参与,认为没有这种参与,就不能产生任何体验,更谈不上学习过程的完成。

2. 寓教于乐。寓教于乐一直是教育界为激发学生的学习兴趣而试图攻克的难题。寓教于乐中的"乐"字应包涵两层意义:一是指教师把传授的知识融入能激发学生兴趣的教学方法中去,尽量使教学过程像娱乐活动一样吸引人。二是指教师通过调动学生,将被动学习变成主动掌握的过程。"体验式学习"的提出为这方面的研究开辟了一条新的思路。在这里"乐"的重心已有所偏移,即并非教师单方面制造的乐趣,而是学生主动体会到的乐趣。学生学得快乐,这才是寓教于"乐"的真正实现和真实效果。

3. 学以致用。学习的目的在于应用,真正有用的知识是要运用与行动的。如果你学了满腹的知识而不去运用,那么就像宝藏被埋在地下,你只有把它挖掘出来,拿去使用才能体现它的价值。而艺术教育的最终目的是为了发展学生的实践能力和探究创新能力。学以致用是传统教育的一个难题,原因之一是学生很少有应用知识解决实际问题的场所、时间和机会。在艺术教学中则表现为不了解艺术课堂上的各种活动与日常生活有何关联,生活是艺术创作的源泉。"尽可能运用自然环境资源(如自然景观、自然材料等)以及校园和社会生活中的资源(如活动、事件和环境等)进行艺术教学。"一方面,这能有效地激发学生的内在需求,调动学生学习美术的积极性;另一方面,依托校园和社会生活等环境资源,能为学生创设展示才艺的平台。把校园的展示墙、文化长廊、学校网站等平台资源充分利用起来。让学生把所学的课堂知识应用于校内外美术活动中,发展学生的实践能力与探究创新能力,从而寻找成功的快乐,体验获取价值的愉悦,提高学生的美术素养,创造生活美。

六、反思与展望

在体验式学习的实践研究中,课题组虽然已经开展了一系列的工作,也取得了一定的成功与成效,但是也面临着困难与不足:(1)学校的硬件设施比较缺乏,专用教室过于简洁,只能适用于美术班的学生作专业的绘画训练,对于所有学生的普及性还不够,教师的示范设备不够完善,一些投影设备不能保证后座的学生观看清楚,影响了很多活动的开展。(2)由于学校属于普通高中,在高考的压力下,艺术课程的时间得不到有效保证,尽量不占用学生课下时间的保证制约着体验式学习的实践活动的有效开展。(3)学校地处远郊,而一些便利的艺术资源如画展、演出等都位于市中心,不能及时开展一些校外展馆参观等活动。

在下阶段的设想中,探寻艺术课程的系列化活动以保证活动的有效实施,可按照教材的单元设置实施单元作业设计,以长期化、系列化的实践活动延展体验式学习,研发单元作业评价机制和评价工具。

任何的教学改革或者新的教学措施的实施都是一个长期而艰苦的过程,但我们相信为了学生全面发展,我们一定能让学生体验到艺术课的乐趣,爱上艺术课,同时,这也是实施素质教育的有效途径。最重要的是,让教师和学生共同认识到:学习本身是一件很快乐的事。

高中化学教学中运用发现法 进行实验教学的实践研究

唐月泉

一、问题的提出

化学是一门以实验为基础,微观想象与宏观洞察相结合且本身具有独特用语的自然科学。它专门研究物质的组成、结构、性质以及变化规律,它是一门集基本理论和实践为一体的实用科学。

从教材角度分析,高一、高二的化学教材中有很多的化学实验,实验占据了教学内容的相当一部分,同时实验也是考察学生科学素养和实践能力的重要方面。与此同时,课本中的诸多实验又都有各自的特点,有的是定性实验,有的是定量实验,有的是验证实验,有的是探究实验,有的是全体学生都能做的学生实验,有的则是以教师的演示为主的演示实验。

从学校角度分析,我们学校作为上海远郊的普通高中,上述大部分化学实验所需试剂和仪器都有按要求配备,大部分实验都是可以通过实际操作完成的,缺乏仪器的主要是课本上第十章中测定 1 mol 气体体积的装置,但是就算缺乏与课本上一模一样的仪器,也还是可以根据相关原理利用其他装置设计和进行相关实验。

从学生角度分析,我们普通高中的学生,普遍基础比较差,所以学生虽然对实验的兴趣普遍比较高,但对于各种化学实验的目的和严密的实验步骤的设计是比较茫然的,学生面对相对而言既严谨又繁琐的探究过程既缺乏耐心又缺乏逻辑思考,尤其是在考试压力下,学生往往更注重相关结论,而不是实验探究的过程和相关思想方法。

从教师角度分析,在传统教学思想依然根深蒂固的今天,教师始终处于教学活动的中心,这样的教学,剥夺了学生发现问题和体验知识获得的权利,致使培养出来的学生缺乏创新意识,缺乏自己发现问题和自己解决问题的能力。

综上,研究在高中化学教学中运用发现法进行实验教学有着十分重要的意义。

二、研究目标与内容

(一) 研究目标

1. 通过课题研究,运用发现法增强与学生的对话交流,促进学生认知能力的发展、提升学生发现问题和解决问题的能力。

2. 通过课题研究,运用发现法引导学生学会自行合理设计化学实验。

3. 探索发现法在高中化学实验教学中应用的策略、途径、方法。

(二) 研究内容

1. 通过观摩老师的课堂教学实践和教案等调查方法了解发现法在高一、高二年级化学实验教学中应用的现状;通过与老师访谈,让化学老师提供真实的关于发现法在实验教学中的运用的现状或建议的相关想法(比如是否有在化学实验教学中运

用发现法、在化学实验教学中运用发现法的方法、在化学实验教
学中运用发现法的关键、在化学实验教学中运用发现法的目的
等);通过与学生访谈或谈心,了解学生关于高中化学实验教学
的想法(比如学习实验的困难之处、做化学实验的频率、老师的
授课方式和对应的教学效果是否良好等)。

2. 通过教材研究和研读课程标准,整理教材中的相关实验
(包括实验目的、实验原理、实验药品和仪器、实验步骤、误差分
析、实验结论等)。

3. 通过课例跟进,探索发现法在高中化学实验教学中应用
的策略、途径、方法。如:动手实验优先策略,学生发现自己的
兴趣需求;同学互动互助策略,学生增强自己的探究欲望;师生
教学相长策略,学生挖掘自己的创新能力等。

4. 通过师生交流、生生交流、网络交流等交流方法增加对
话交流,以此帮助学生更加全面认识高中化学实验,并通过这些
交流,知道自己原先想法的不足(如实验原理、实验装置、杂质干
扰的排除等),弥补原先自身想法的缺陷,并举一反三,能够在下
一次的化学实验学习中不再犯同类错误。

5. 通过课题研究和课堂实践,学生能自己发现和归纳化学
探究的一般规律和自行合理设计类似的化学实验并完成实验
报告。

三、研究方法与过程

(一) 准备阶段(2014.5—2014.12)

1. 理论准备

全体课题组成员研究《上海市中学化学课程标准》以及理解
二期课改的相关要求,把课程标准规定的学生化学培养目标具

体转化为化学实验教学设计。并通过文献研究法和经验总结法,研究化学实验教学的基本原则,理解化学实验教学设计的相关理念,明确发现法在化学实验教学设计中的基本方法。

全体成员研读关于化学教育尤其是高中化学实验教学的刊物、专著等;研读有关发现法教学的论文、案例等;研读发现法在在高中化学实验教学中应用情况的相关文献。

利用每两周一次的备课组活动定期交流研究成果或者交流心得体会。此阶段主要由经验丰富的两位高级教师—李海老师和金龙老师带领其他老师一起学习和研究。

2. 调查访谈

通过调查、座谈、分析、归纳等方法了解高中学生的化学实验学习现状与教师对于发现法在化学实验教学中应用的现状,并利用每两周一次的备课组活动交流相关情况,并由李秋霞老师负责记录交流情况。

3. 实验用品准备

由阮方明老师负责整理出高一高二化学实验所需实验用品,其他老师配合梳理出所需实验用品。

(二)实施阶段(2015.1—2016.12)

1. 初期(2015.1—2015.6):准确把握本课题的理论和事实依据。

(1)教师们研究和整理化学实验相关培养要求,以及关于教师运用发现法的教育理论和案例,为课题研究提供理论依据,形成较为完善的研究方案,由唐月泉老师具体负责研究方案的完善和修正。

(2)对本校学生进行化学实验学习现状汇总分析,并把不同类别的学生进行科学分类,准确把握学生学习化学实验的能力和水平,寻找典型个案,为之后的研究提供事实依据,由葛平老师具体负责高一学生,由唐月泉老师具体负责高二学生。

2. 中期(2015.6—2016.6):探索适用于高中学生发现法的具体化学实验教学设计,并在高中化学实验教学中应用发现法培养学生良好的学习习惯,理解科学研究的一般方法,学会自己发现问题和自己解决问题。

(1)在 2015 学年中,由全体高一高二化学教师尽可能选择合适的,本校有条件完成的实验,运用发现法设计合理的实验教学教案,在课堂中实践,除了上课的老师,其他老师要进教室听课,并在课后反思和修改。

(2)运用发现法这种有研究性学习特点的课堂教学方式,开阔课堂教学新视野、新路子,通过教师的启发,树立让学生自主学习化学的理念,此过程由全体高一高二师生共同参与。

(3)老师们在化学实验课堂中进行运用发现法的实践,之后教师相互交流,积极探索,定期反思,改进发现法在高中化学实验教学中的应用,由全体高一高二教师共同参与。

(4)在课堂中运用发现法,引导学生理解相关化学实验的原理,并能利用相关化学原理设计相关化学实验,此过程由全体高一高二师生共同参与。

(5)由唐月泉老师负责定期进行师生间的各种形式的交流,寻找和总结学习过程中学生的不足,运用经验总结法适时改进发现法在高中实验教学中的具体应用。

3. 后期(2016.6—2016.12):全体课题组成员通过对课题的实践,形成适合自己学生学情的教学方法,进一步在实践中改善。

（三）总结阶段（2017.1—2017.5）

通过前一阶段对课题的实践研究,运用经验总结法,总结发现法在高中化学实验教学中应用的策略、途径、方法,形成较为成熟的在实验课中运用发现法的策略、途径、方法,并由唐月泉老师具体负责撰写研究报告。

四、研究成果

（一）了解发现法在高一、高二年级化学实验教学中应用的现状

通过通过阅读教师的教案、通过观摩老师的课堂教学、通过和教师、学生的访谈,课题组了解到发现法在高一、高二年级化学实验教学中应用的现状并不理想,教师们一般并不会自始至终运用发现法进行教学。主要原因为:

1. 教师缺乏运用发现法的动力激发。传统的满堂灌思想自觉或不自觉地充斥于课堂中,考试压力和课时限制这两座"大山"逼迫教师不断灌输教学内容,打压了教师运用发现法进行教学的热情。

2. 班级中学生素质参差不齐。因为学生进行发现的水平差异较大、学生进行发现的时间长短不一,学生进行发现的契机难以动态把握。

3. 部分学生习惯了被动式地接受,习惯了坐等教师讲解和给出答案。对于通过主动发现进行学习的欲望不高。

4. 部分学生担心自己出错,担心自己的发现没有价值,这种心理包袱使得他们不愿在课堂中积极发现。

（二）整理教材中的相关实验

我们整理了高一、高二化学教材中的相关实验（如表1、表2

所示），并把相关实验的实验目的、实验原理、实验用品、规范步骤等均整理出来，至于实验步骤的细化过程如何发现，则由每位教师自己通过课题研究不断进行改进。

表 1　高一主要化学实验研究项目

序号	研究项目
1	卤素及其化合物
2	物质溶解过程的能量变化
3	硫及其化合物
4	氮及其化合物
5	原电池和电解
6	化学反应速率和化学平衡
7	盐类水解

表 2　高二主要化学实验研究项目

序号	研究项目
1	铁及其化合物
2	铝及其化合物
3	元素周期律
4	测定 1 mol 气体的体积
5	结晶水合物中结晶水含量的测定
6	酸碱滴定
7	乙醇的性质
8	乙醛的性质
9	乙酸的性质
10	检验一些无机化合物

（三）探索了发现法在高中化学实验教学中应用的策略、途径、方法

本课题组也一直在探索发现法在高中化学实验教学中应用的策略、途径、方法，希望能帮助教师们更好地在教学中运用发现法。

经过两年多的课题研究，发现主要有以下策略：

1. 动手实验优先策略

通过动手实验优先策略，激发学生进行发现学习的兴趣和需求，比如在《盐溶液的酸碱性》这节课中，我知道学生早在初中就学会了如何用 pH 试纸测溶液的 pH 值，所以采用动手实验优先策略，一开始就直接先让学生自己用 pH 试纸测定 0.1 mol/L 的醋酸钠溶液、0.1 mol/L 的氯化铵溶液、0.1 mol/L 的碳酸钠溶液、0.1 mol/L 的氯化铁溶液、0.1 mol/L 的氯化钠溶液、0.1 mol/L 的硝酸钾溶液的 pH 值，并及时记录，在学生通过比较 pH 值的差异主动发现了不同盐溶液的酸碱性不一样之后，再着手进行对所发现问题的探究。正如教育家陈鹤琴指出"凡儿童能够自己做的，应该让他们自己做；凡儿童能够自己想的，应该让他们自己去想"。

2. 同学互动互助策略

一个人的力量是有限的，集体的力量是无限的，解决较为复杂的实验过程时，采用同学互动互助策略更能有效帮助学生发现，并发现如何解决发现的问题，在学生的互动互助中，每位学生为解决发现的问题出一把力，在不断成长和发现的过程中，增强自己的探究欲望，并最终发现结论。比如，在《配制一定物质的量浓度的溶液》这节课中，以配制 250 mL 0.1 mol/L 的碳酸钠溶液为例，学生分组互助，有的学生想到了如何通过计算得到

碳酸钠的质量,有的同学想到了可以用玻璃棒搅拌加速溶质溶解,有的同学通过摸到热乎乎的烧杯壁想到了不能马上转移溶解的碳酸钠溶液……在同学互动互助策略下,学生的发现欲被激发,最终较好地解决了发现的问题。

3. 师生教学相长策略

教与学是相互的,从大方向来说,在发现法的运用过程中,本着教学相长的策略,既有助于教师提升教学水平,又有助于学生提升创新能力,两者均能发现问题,发现解决问题的方法,学生充分挖掘自己的创新能力。

4. 发现氛围建立策略

建立良好的师生关系是营造运用发现法进行教学的重要一环。良好的师生关系使学生获得心理上的安全感,可以消除学生过分的紧张感和与教师之间的距离感,从而使学生能够更好地进入到课堂的发现过程中,克服胆怯,敢于发现,敢于与教师讨论或交流不同的想法,使师生的思维在课堂上得以相互碰撞,产生交集。同时,作为教师,应该对主动表达自己发现的学生予以肯定,并对其提出的问题予以重视,给予及时的指导。总之,良好的师生关系能为学生营造良好的发现氛围。

其次,帮助学生在学习的过程中树立正确的"发现观"。换言之,就是帮助学生正确看待"发现"这个事情,通过课题研究我们发现有相当一部分的学生不愿意在课堂上主动发现、不愿意把自己的发现主动表达出来的原因是担心会受到其他同学的嘲笑或者质疑,尤其是当自己无法解释发现的问题时,怕别的同学会认为"他好笨啊!"。帮助学生树立正确的"发现观",主要地就是让学生明白学习过程本就是发现问题、发现问题的解决方案的过程,而课堂也本就应该是允许并鼓励学生进行发现的地方,为学生在课堂营造出热烈而有序的发现氛围。同时,应该让学生明白,那些能够发现问题的学生往往是听得懂并且思考过的学生,应该鼓励学生进行发现,向爱发现的学生学习。

发现法在高中化学实验教学中应用的主要具体途径和方法有:

1. 发现式情境的创建法

通过课题研究,我们可以发现,新奇的、出乎意料的实验现象能够在一定程度上引起学生对教学内容的兴趣,这个结论对于教师是十分具有借鉴意义的。通过情境教学的使用可增加课堂教学的趣味性,在潜移默化中增加学生的兴趣,通过创设发现式教学的情境,学生更加高效地进入学习状态,更好地满足学生的学习需求,教师完成教学任务的同时,提升了学生的"发现"激情。

而且,化学本就是一门以实验为基础的自然科学,跟语言相比,通过实验现象可以更为直观、更容易引起学生的注意和思考,因此,教师可以利用实验现象在课堂上的呈现,让学生在观察的过程中积极发现。

比如在《铜锌原电池》的教学中,本组的杨振宇老师便把铜锌原电池作为音乐卡片的电源,在课堂一开始就响起了美妙的音乐声,为学生创建了一个很好的发现式情境,大大提升了学生进行发现的兴趣,引导学生发现探究其中的奥秘。

2. 发现式交流的提问法

学生的阅历毕竟是有限的,不一定都能完全通过自我发现解决全部问题,需要有人与他们一起参与发现的过程,教师与学生共同通过问答这一不受环境制约的方法,可以简便有效地解决很多问题。通过课题研究发现,在高中化学教学中,通过教师连续不断递进式的发问,学生会产生很多疑问,进而学生就会在好奇心的驱动下,积极主动地发现和探究这些问题的根源。

比如在《铜锌原电池》的教学中,本组的杨振宇老师在通过创建发现式情境激起学生发现的欲望之后,一边提出几个递进式的问题,一边让同学们进行实验:

(1)先观察铜片、锌片分别插入稀硫酸的现象是什么?并记录。

(2)把插入稀硫酸的铜片、锌片用导线连起来,又有何现象?

(3)实验前后测量铜片、锌片质量有无变化?

(4)溶液中的氢离子浓度有何变化?

(5)氢离子在铜片上得到的电子从何而来?

(6)如何证明导线上有电流通过?

学生一边做实验,老师一边指导学生层层深入思考,在这样的发现式教学的过程中,学生发现了很多知识,提高了自身能力。

3. 发现式教学的换位法

高中化学实验教学中,不仅仅需要教师的有效引导,学生的积极参与和主动配合同样非常重要。高中化学学科中的很多知识都是经过科学的实验而得来的,为了真正发挥化学实验课的功能,教师应该鼓励每一个学生都参与到发现式的学习当中,他们的每一个点滴发现都闪耀着令人激动的光芒。

在进行演示实验的教学时,教师可以避开自己单独进行实验的教学方法,在备课时安排班上两名学生进行实验的操作,让他们去讲台前给同学们进行实验演示。这两名学生中,一位学生主要负责操作,另一位同学作为实验助理配合,同时另外请一位学生配合讲解实验的操作步骤和要点,这样的安排会让其他学生更有身临其境的感觉,他们的注意力也会更为集中,课堂学习氛围也不至于过于沉闷。将由学生参与的化学实验演示引入课堂,学生成了实验探究教学的主演,他们的自主学习意识得到了增强,知识增长、思维深度和发散性也能得到更好的提升。

通过探索发现法在高中化学实验教学中应用的策略、途径和方法,发现在高中化学教学中运用发现法进行实验教学的主要途径和基本环节如下图所示。

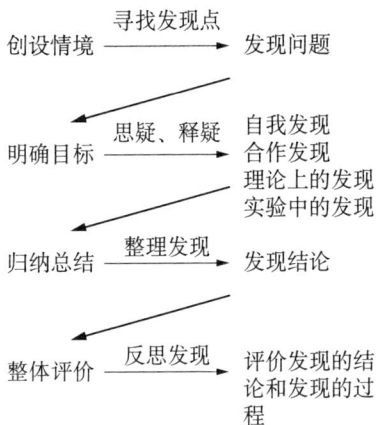

下面以氯化氢的实验室制法为例,举例发现法在实验教学中的应用实例:

实例评析:学生在知晓了氯化氢的诸多用途之后,激发了发现制取氯化氢的欲望;学生在不同氯化物和不同酸反应的实验过程中,发现了反应的原理;在了解氯化氢性质的前提下,发现了应尽可能避免水的参与。在实验的过程中,提升了观察和解决问题的能力。

创设情境：氯
化氢的用途　──寻找发现点──→　发现问题：如
何得到氯化氢？

明确目标：氯
化氢的实验室　←──思疑、释疑──　自我发现：不能用排水法收集、避免水
制法　　　　　　　　　　　　　　　合作发现：难挥发酸可制易挥发酸
　　　　　　　　　　　　　　　　　理论上的发现：氯化物可提供氯元素
　　　　　　　　　　　　　　　　　实验中的发现：不同氯化物和不同酸的反应

归纳总结：实
验原理和装置　──整理发现──→　发现结论：实验室通过氯化钠固体
　　　　　　　　　　　　　　　　　和浓硫酸反应制取氯化氢

整体评价：把
握反应的原理　←──反思发现──　评价发现的结论和发现的过程：学生及时发
和装置　　　　　　　　　　　　　现了制取原理，但对于氯化物的选择需要实
　　　　　　　　　　　　　　　　　验和理论指导才发现氯化钠固体最合适

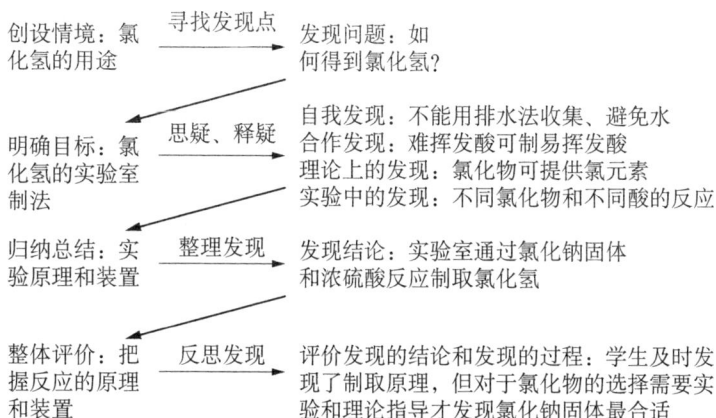

（四）通过运用发现法进行教学，加强交流，促进能力

　　课堂教学效果的有效发挥需要注重师生之间的交流，通过在高中化学教学中运用发现法进行实验教学，教师在教学中不再缺少交流的动机激发，学生在课堂中不再缺少交流的技能引导，在发现法的引领下提升发现、表达和沟通的能力，发现法注重在课堂教学中为学生创造一些交流沟通、合作发现的机会。在不断鼓励学生发现、适时创设发现契机的基础上，让全体学生参与到课堂上发现性的活动和学习中，改变学生羞于开口、不自信、机械性的心态，让学生积极开展交流合作与发现活动，提高了学生的参与意识。而且，在学生实验中，学生参与着实验的设计、实施、误差分析以及数据处理等各个环节，会接触到很多关于实验细节的问题，这很有利于发挥学生"主人翁"的精神，在动脑和动手的过程中收获知识、提升能力。

　　在不断的交流中，在学生的积极参与下，学生对于各种化学实验的实验目的、实验原理、实验用品、实验步骤等的理解更加深刻，在发现法的引领下，优化了学生的表现，学生逐渐变得善于发现问题，善于发现解决问题的方法，善于发现如何表述自己

的想法,最终解决化学实验相关问题,学会自行合理设计化学实验。比如,在进行《测定 1mol 气体体积》的实验中,学生通过生活常识发现了周围温度、压强对气体体积的影响,通过生生交流发现了可以用间接法测气体体积,即通过测排出液体的体积得到气体体积,通过查阅资料发现传感器可以精确得出气体体积,通过课后反思发现了若干种测定 1 mol 气体体积的方法,通过学生实验发现了不少需要改进实验之处,通过总结归纳最终发现并设计了若干合理的测定 1 mol 气体体积的实验方案。

总之,通过课题研究,加强了师生交流,提升了学生能力。

五、研究成效

1. 通过课题研究,加强团队建设,打造一支优秀的教师队伍

个人的力量是有限的,团队的力量是无限的,在课题研究的过程中,每位组员动脑动手,一起成长,致力于打造一支优秀的教师队伍。

比如,本团队深入研究了教材中的化学实验,并整理了这些实验,但是实验本身又有很多不同,有的是演示实验,有的是学生实验,有的是定性实验,有的是定量实验,有的学习要求很高,有的学习要求较低,在这些不同的实验教学中,如何在实践中具体运用发现法是非常值得商榷的事情,需要大家一起进行理论和实践的研究。另外在课题研究中还发现,课堂中发现法贯穿于多种要素中,比如:学生的查阅资料是一种发现;学生的互相问答是一种发现;学生的探究实验是一种发现;教师的情景提供是一种发现;教师的问题引导是一种发现……比如下列六大要

素必定贯穿着发现法,如下图所示。

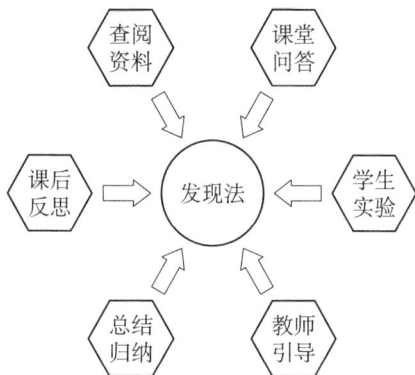

总之,通过课题研究,教师既提升了自己的理论水平,开阔了自己的视野,又巩固了团队的凝聚力,在课堂的实践中,不断提升教学水平。

2. 通过课题研究,优化教学环境,营造实验教学的良好环境

在没有这个课题的时候,教师如果缺乏实验用品,往往就不会去做这个实验,但是有了这个课题之后,我们会尽力把实验用品配齐全,或者用替代品弥补,不再把实验资源的匮乏作为借口,优化了教学环境。在良好的实验教学环境中,学生对化学的兴趣也更加浓厚。

3. 通过课题研究,进行课堂跟进,推进课程改革的有效实施

对于教学,关键在课堂,在理论研究的基础上,在多次磨课之后,教师们进行课堂跟进,不断改进,积累了不少在高中化学教学中运用发现法进行实验教学的宝贵经验,并让课堂教学效果证明了本课题研究的价值。

4. 通过课题研究,利用科研助推,形成系列教育的科研成果

在课题研究的过程中,利用科研助推,教师们撰写案例、发表相关的化学教学论文等,形成了系列教育的科研成果,并把科研成果逐步加以推广到各个不同性质的班级中。

5. 通过课题研究,进行班级示范,辐射其他班级的课堂改革

每个班级都有每个班级的学情,同一份教案并不一定适用于所有班级。课题组挑选中等层次的平行班作为示范班级,在取得一定的课堂效果之后,学生都愿意投入到这样的课堂中,并促进了其他班级的课堂改革。

化学实验是学生获取知识的手段之一,是进行化学教学的重要方法,是培养和开发学生非智力的重要途径,如何把化学实验课上好,是一件十分重要的事情。通过课题研究,我们为高中化学实验教学提供了可借鉴的参考,通过校级、区级公开课进行示范教学,为同行运用发现法进行教学提供了可参考的样本。

六、通过本研究引发的思考

1. 教师教学观念的转变是进行发现式教学的前提条件

目前,满堂灌式教学的传统依然根深蒂固,尤其对于偏远郊区的学校,辐射到先进的教学方法或教学理念总归比较晚,要搞好发现式教学,首先教师的教学观念必须转变,否则就会使课堂教学穿新鞋走老路。在实际教学中,学生的学习方式究竟能不能发生应有的转变,取决于教师怎样引导学生发现、怎样帮助学生发现,也可以说,教师怎样教,学生就怎样学,学生学习方式的转变以教师教学方式的转变为前提。

2. 教师学生双主体的充分发挥是发现式教学取得成效的关键所在

通过课题研究,我们发现在课堂教学的实践中,当教师属于从属地位,希望不断放大学生的主体地位时,往往课堂成了学生嬉笑聊天的乐园,各种化学实验试剂也任意被学生漫无目的地胡乱从一个试管加入另一个试管中,实验记录也是空白。教师的地位是不能完全被取代的,我们不能从满堂灌这个极端,到另一个完全放任不管的极端。此外,有时虽然学生在课堂中、在实验中有诸多发现,但是学生的自我发现水平有限,难以完全符合教学要求,依然需要教师的引导才能发现。实践证明,只有充分发挥教师和学生双主体的作用,才能取得发现式教学的成功。

3. 对学生的发现要有包容性

在传统的学生实验教学中,通常采用的方法是让学生预习、操作已经设计好的现成的实验步骤并得出预定的结论。学生在实验过程中只是扮演了操作者的角色,就像执行内部预先设定好的程序的机器人一样,学生的主观能动性并没有得到发挥,其过程虽然表面看起来可能是顺利、井然有序的,但实际上并没有发挥学生实验的真正价值。为避免这种状况的发生,教师应该留给学生充分的发挥空间,进行一些具有包容性的引导发现,如“为了达到实验目的,我们应该怎样设计?”“为什么要这样做?”“有没有更好的办法? 换一种方法可不可以?”等,进而将实验的设计权和操作权还给学生,使学生像“小科学家”一样去思考,去探索,培养学生的探究能力和创新思维。

七、反思与展望

在课题研究的过程中,课题组虽然已经开展了一系列的工

作,也取得了一定的成果与成效,但是也面临着一些困难与不足:

1. 在课题研究过程中,如何实现学科与教学方法的有机融合;如何运用发现法处理不同的教学内容;如何在课程改革的大背景下,尊重学生个性化的选择,尤其是不喜欢化学学科的学生,为全体的学生提供多样化的选择,这些仍是值得继续深化研究的课题。

2. 如何恰当地把握好学生的发现还有待研究。因为学生个体差异并不小,学生的发现有时是如预计般的,但因为发现是动态的,充满了随机性、不确定性,甚至有时充满了偶然性,不是所有老师都能很好地把握和评价学生的发现,这方面的研究还值得继续深挖。

下阶段有两个设想:

1. 研究如何在化学实验教学以外的课程中运用发现法

实验教学中,因为化学实验自身的特点,能引起学生进行发现的兴趣,丰富学生进行发现的经历,收获学生进行发现的乐趣。但化学实验只是化学课程的一个重要部分,并不是化学的全部,比如化学基本理论也相当重要,但是某些化学基本理论本身可能比较枯燥乏味,如何具体激发学生的发现热情、如何具体引导学生进行发现仍然需要继续研究。

2. 完善对学生发现式学习的完整评价体系

通过对高中化学教学中运用发现法进行实验教学的研究,我们发现虽然学生的发现兴趣逐渐变得浓厚,学生的发现经历越发丰富多彩,但是对于学生的发现应如何科学而又完整地评价仍然需要继续研究。因为评价是检验人才培养是否达到目标的重要的环节,是评估学生掌握课程知识及相关能力的重要手段。在很大程度上,评价还可以反过来引导学生发现更多的知识和培养学生创新能力。

虽然研究的过程是一个长期而艰苦的过程,但我深信本研究发展的方向是正确的,一定可以披荆斩棘,团结一心,充分发挥集体智慧,把课题研究工作不断深化和发展,为进一步提高学生各方面能力而努力。

基于高中生命科学核心知识学习的"问题链"设计与实践研究

金晓燕

一、问题的提出

全国生物课程标准提出"倡导探究性学习"的课程理念。上海市生命科学课程标准以提高全体学生生命科学素养为核心的课程理念,其中强调了"强化科学探究,提倡学习方式的多样化"。为什么要提出强化科学探究的课程理念呢?我们从普通公民解决问题的角度来看,作为一个现代社会的公民,要解决日常生活和工作中的种种问题,必须习得优质的思维方式,获得提出问题、分析问题、解决问题的能力。根据上海市教育委员会《关于实施上海市普通高中学业水平考试的通知》规定,考试能力目标和具体要求对生命科学思维做了如下的要求:从情境中提取、鉴别生命科学信息;分析、综合、归纳生命科学现象与事实;对生命科学现象或事实做出判断或进行推理、计算;运用生命科学知识或所获信息解释、解决与生命科学有关的实际问题。这体现了上海市二期课程改革对教师和学生的要求。

课改的要求和现实的情况存在着差距。笔者所在的学校是上海市的一所普通高中,我们的学生普遍存在"听得懂,不会做"

的现象,学生不善于发问,分析问题、解决问题的能力薄弱,思维比较停滞,缺乏有效思维的策略。高中生命科学基础型课程设置在高二年级,由于生命科学研究的对象、发展历史、研究方法的独特性,理论性强,对学生知识技能要求高,学生在学习上缺乏兴趣,把握不了学科核心知识,厌学与不学现象比较普遍。再加上高二下学期学生已选择好了加一学科,对于那些没有选择生命科学的学生,更加没有学习的动力。此外,教师为了给学业水平考试留出充足的复习时间,拼命加快教学进度,一言堂、满堂灌、自问自答的现象普遍存在,即使有些老师在课堂上提出了许多问题,但绝大多数的问题缺乏针对性、挑战性、开放性、科学性、启发性,问题与问题之间缺乏连接与递进,教学重难点不易被化解,更无从谈起高效课堂。本课题的研究可以促进教师有效提问,提高学生解决问题的能力,是一个具有实际价值的命题。

本课题名称中,所谓"问题链"是指教师围绕某一核心知识目标达成,从学生原有知识水平出发,按照知识点的内在联系,将教学内容转化成一系列问题,形成按顺序解决的逻辑链条。所谓"核心知识"是指教学过程中对于我们的学生来说有一定学习难度的内容,主要是指那些有必要借助"问题链"形式辅助解决的教学重点和难点。

二、研究目标与内容

(一)研究目标

1. 通过"问题链"实施过程(核心要点和策略)的研究,提升学生思维品质;

2. 通过"问题链"设计原则和分类的研究,提高教师提问技巧。

(二)研究内容

1. "问题链"基础研究

(1)按照章节梳理核心知识,形成学科核心知识体系;

(2)了解学情,明确需要"问题链"辅助解决的教学重难点。

2. "问题链"设计研究

(1)"问题链"设计的原则研究:拟对适切性原则、递进性原则、生成性原则进行实践;

(2)"问题链"设计的分类:根据不同类型的教学重难点,设计不同类型的"问题链"。拟对差异性类型、递进性类型、迁移性类型、探究性类型等进行实践。

3. "问题链"实施策略研究

(1)梳理提炼"问题链"实施中的核心要点;

(2)归纳总结"问题链"实施的策略;

(3)反思累积教学经验,形成系列"问题链"课例,拟以第五章生物体对信息的传递和调节为例形成课例。

(三)研究方法与过程

1. 准备阶段(2014年9月—2014年11月)

由课题组负责人牵头,成立课题组,确定课题组成员分工。设计课题研究方案,进行课题开题论证。完成前期准备工作:①通过文献资料法查阅收集关于问题教学法、"问题链"教学模式等文献资料,了解国内外研究的现状和趋势,明确课题的研究方向。②分章节梳理核心知识,初步整理完成第五章核心知识框架。

2. 实施阶段(2014年12月—2015年5月)

主要通过行动研究法,针对核心知识设计"问题链",并且做好"问题链"的实施、反馈、改进等工作。

（1）设计"问题链"

从第五章节核心知识出发,课题组成员对第五章进行分工,按课时分别完成相关章节核心知识框架的梳理,并尝试着手"问题链"的设计。每周安排一次备课组活动,针对某一核心知识,由一位教师提供一份设计好的"问题链",备课组教师进行研讨,研讨后对"问题链"进行初步修改。

（2）实施"问题链"

在课堂教学过程中,尝试用"问题链"的形式帮助学生掌握核心知识,通过实践反思、再实践再反思的过程,如此循环往复,不断完善"问题链"。

（3）积累"问题链"

通过备课组研讨,尝试描述问题链呈现形态,根据已经积累的问题链初步尝试对"问题链"进行归类。在此期间,积累优质"问题链"资料,撰写相关课例,及时记录"问题链"实施过程中的心得体会。

3. 总结阶段(2015 年 6 月—2015 年 8 月)

完成课题的收尾总结:主要通过经验总结法,对"问题链"设计与实施的具体情况及时进行分析,梳理问题,不断改进,归纳总结"问题链"设计的原则和分类、"问题链"实施中的核心要点和策略,形成系列"问题链"课例,收集课题组成员取得的研究成果,完成课题结题报告。最后聘请有关专家对课题研究成果进行鉴定。

四、研究成果

（一）形成了问题链设计的框架体系

1. 梳理知识框架体系

课题组成员对第五章的 5 节内容进行分工,对每节的知识点进行梳理,按照知识点的内在联系,将每节的知识点串联形成知识框架。再将每节的知识框架汇总整理,形成了第五章的知识框架体系。

2. 采用辅助解决方式——研讨单

为了方便备课组开展研讨活动,特别设计了问题链的研讨单。

亭林中学生命科学备课组活动研讨单			
课题			
知识框架:			
重点( )难点( )	问题链设计	学生活动安排	设计意图
研讨反思:			
主备人		日期	

研讨单包括:①章节的名称即课题;②每节的知识框架;③针对的核心知识(是重点还是难点,还是既是重点又是难点)、问题链的设计、学生活动安排(包括学生回答问题的组织形式、活动方式等)、问题设计的意图(包括知识、技能和方法的获得以及情感态度价值观的培养等);④研讨反思(包括设定核心知识的原因、问题链中问题之间链接关系的描述、实施效果的情况反馈等);⑤主备人及日期(年月日)。

从教学目标的设定、学生认知水平的情况、教学内容本身的特点等方面,按照研讨单的内容和要求,逐一对已初步填写的研讨单进行研讨,汇总形成完善后的第五章研讨单。通过这种问题链设计的辅助解决方式,明确每节需要问题链解决的核心知识,初步完成相应的问题链设计和修改。

3. 建构问题链结构图

在原有研讨单的基础上,建构第五章问题链的结构图,为了充分体现核心知识内容结构与问题链中问题之间链接的对应关系,直观形象地表现核心知识内容结构和问题链的呈现形态,设计了问题链表格。表格为一列三行,第一行为核心知识部分,呈现核心知识结构图;第二行为问题链部分,呈现对应的问题链结构图;第三行为反思部分,文字描述问题链的呈现形态,对问题链进行大致分类。其中核心知识结构图形采用简洁的文字配以括号、箭头图形,表示知识点的内在联系。问题链结构图则采用简洁的文字配以文本框和箭头图形,表示问题之间的链接关系。

如"动物体对外界信息的获取"一节,核心知识——视觉的形成结构图如下:

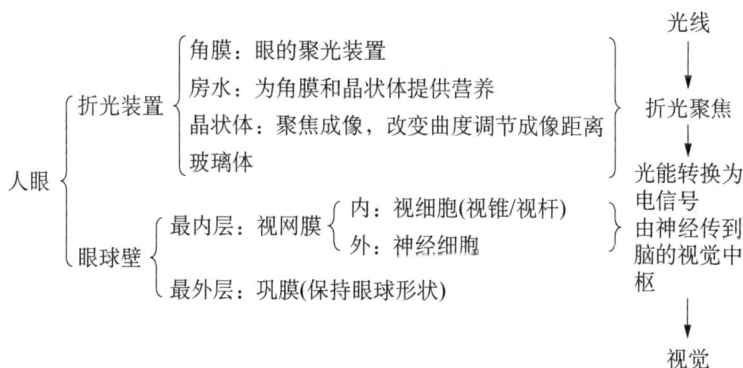

(二) 探索了"问题链"设计的原则和分类

1."问题链"设计的原则

对于单个问题设计原则的研究是一个成熟的研究领域,国内外学者对此早已进行了全面深入的研究,主要包括基础性、适度性、科学性、情景性、启发性、生成性、活动性等原则,这里就不加赘述。

考虑到问题链是一组有中心、有序列,相对独立而又相互关联的问题,在设计"问题链"时,不仅要考虑"问题链"中单个问题的设计原则,还要考虑问题与问题之间的链接关系,即由单个问题形成的问题集合体的设计原则。

（1）整体性原则

问题链的设计要遵循整体统一的原则。各问题之间并不是简单的堆砌累加,而是围绕一个核心目标展开的一系列问题。设计问题链时,要围绕教学目标和中心问题进行全方位设计和考量,在问题之间进行统筹布局,所有问题的解决都指向中心问题的解决,确保问题链的整体性。

（2）有序性原则

所设计的问题链应体现清晰的链接关系,即问题链的设计要遵循有序性原则。问题链的构成依托一定的逻辑关系——并列、层递关系或者两者以多种方式有机结合,所有预设问题经过排列组合形成有序的问题群,问题之间应该具有环环相扣的传递性、层层递进的层次性。设计问题的思路是由浅入深、由易到难、由简到繁,通过问题的逐级递进,层层推进,将学生的思维不断引向深入,逐步达成中心问题的最终解决。

（3）多维性原则

问题排列和问题设计应是多种多样的,没有固定之规,更不必有意辨别它们之间的不同,重要的是一个反复、不断修正与提高完善的过程。对同一知识,从不同角度、不同方式、不同层次设计成问题链,使得问题链设计的角度新颖、方式多样、层次鲜明,从而引发学生对问题的兴趣和好奇心。同时,问题链的设计的多维性要求问题设计广泛渗透多学科的知识,为学生综合学习打开思维的通道。

2."问题链"设计的分类

关于问题链的分类,国内已经有许多专家学者从不同角度尝试对问题链进行分类。王后雄从"问题链"的教学功能出发,总结课堂中常用的"问题链"主要有引入性问题链、差异性问题链、诊断性问题链、探究性问题链、迁移性问题链、弹性化问题链、总结式问题链和递进式问题链,并给出了相应的定义和案例,分析了其教学功能。包春华根据实验探究中"问题链"的设置技巧进行分类,提出引导链、引深链、引展链等基本类型。周月红综合上述研究者对问题链进行类型区分的出发点——教学功能和特定的教学环节,根据化学课堂结构的基本组成,提出引入型问题链、过程型问题链、结题型问题链三种与三段式课堂教学过程相对应的问题链类型。

参照以上专家学者对问题链的分类,课题组成员也对问题链的分类进行了认真研讨和深度思考,认为本课题研究的重点应该放在"问题链"内在的逻辑性和提升学生思维品质相关性方面,按照问题链的设计原则对问题链进行分类,分为并列型、层递型以及两者以不同形式结合的混合型。

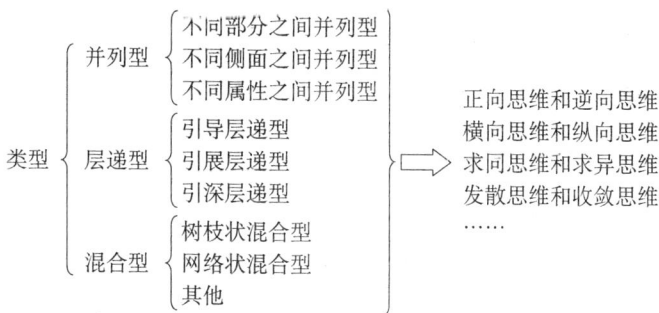

类型
- 并列型
  - 不同部分之间并列型
  - 不同侧面之间并列型
  - 不同属性之间并列型
- 层递型
  - 引导层递型
  - 引展层递型
  - 引深层递型
- 混合型
  - 树枝状混合型
  - 网络状混合型
  - 其他

⟹
- 正向思维和逆向思维
- 横向思维和纵向思维
- 求同思维和求异思维
- 发散思维和收敛思维
- ……

(1)并列型

所谓并列型问题链,是指问题与问题之间没有直接的相互关系,各问题从属于事物的不同部分、侧面或者属性,但围绕同一事物展开运行,问题之间属于并列关系。也可以就某一事物抛出一个关键问题即主问题,一个主问题对应多个子问题,子问题之间属于并列关系,主问题与子问题之间属于总分关系。

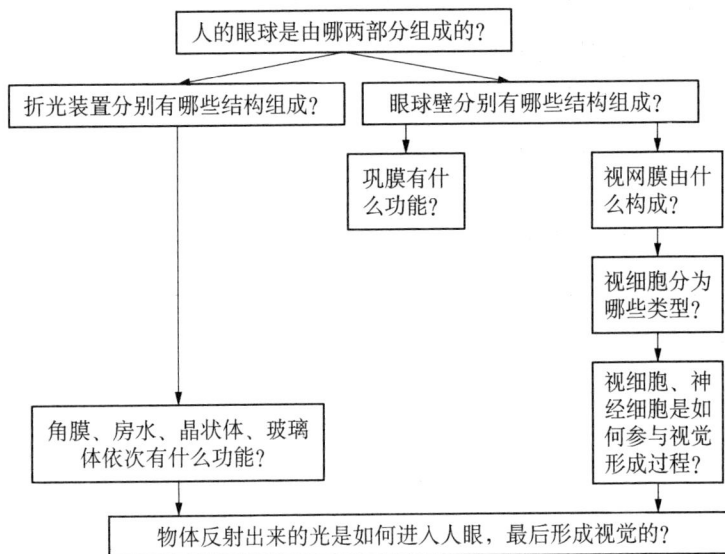

如"动物体对外界信息的获取"一节,针对视觉的形成这一核心知识设计的问题链为:

此问题链先从人眼的两大部分着手,依次对各部分结构展开提问,再由结构到功能,最终理清视觉形成的过程。对人眼各部分结构和功能的提问属于并列关系。

(2)层递型

所谓层递型问题链,是指问题与问题之间存在层层递进的关系,问题的设置由浅入深、先易后难,由简单到复杂,通过一环扣一环、一层进一层的提问,引导学生的思维向知识的深度和广度发展。对层递型问题链按照学习程度分类,可分为引导链、引展链、引深链。

什么是神经纤维？与神经元、神经之间是什么关系？

神经纤维在静息状态下，细胞膜内外的离子分布是怎样的？细胞膜内外的电位如何？

当某一部位受到刺激后，细胞膜内外的离子分布如何变化？细胞内外的电位如何变化？

此时兴奋区域与周邻未兴奋部位之间有电位差，膜内外电荷是如何移动的？

神经冲动在神经纤维上是如何传导的？

神经纤维上信息的传导有何特点？

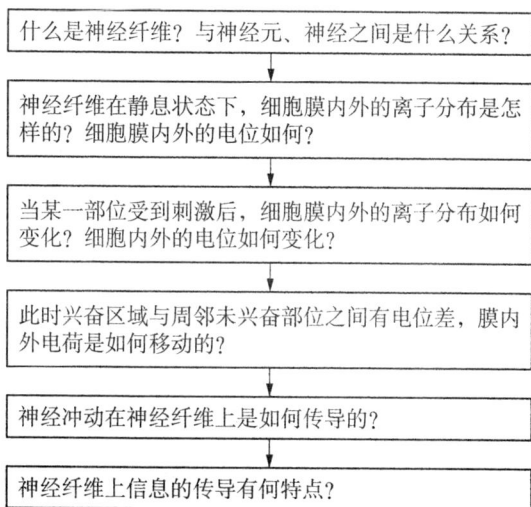

引导链关键在于"导"字，重视知识内容的连贯性，通过一个个问题的逐步引导将知识点联系起来串成链状。引导链的问题设置要求循序渐进，步步推进，针对生命活动的某些重要生理过程，能让学生逐步了解每一阶段的步骤，再将这些步骤串联起来，对全过程有一个总体的把握。

如"神经系统中信息的传递和调节"一节，针对神经冲动传导的过程这一核心知识设计的问题链如上图所示。

此问题链从静息状态下的膜电位到兴奋（神经冲动）的产生、传导，按照步骤，步步推进，再由过程归纳特点，属于引导型问题链，最后一问在原有过程的基础上深入到特点的概括。通过问题的回答，学生逐步理解神经冲动传导的全过程。

引展链关键在于"展"字，重视知识内容的系统性，通过一个个问题的逐渐展开将知识点延伸铺展形成网络状。引展链的问题设置要求围绕全面与重点、宏观与微观、整体与局部、一般与个体辩证关系展开,能让学生逐步理清知识脉络主干,对知识内容有一个系统的了解。

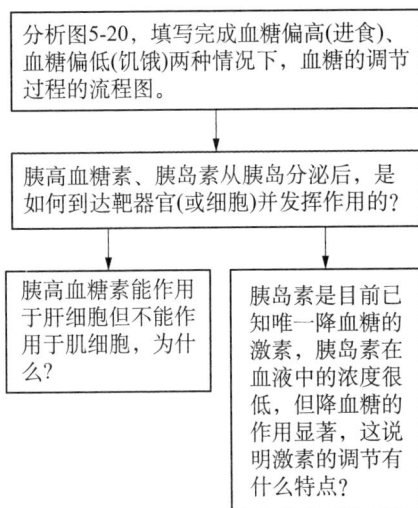

分析图5-20,填写完成血糖偏高(进食)、血糖偏低(饥饿)两种情况下,血糖的调节过程的流程图。

胰高血糖素、胰岛素从胰岛分泌后,是如何到达靶器官(或细胞)并发挥作用的?

胰高血糖素能作用于肝细胞但不能作用于肌细胞,为什么?

胰岛素是目前已知唯一降血糖的激素,胰岛素在血液中的浓度很低,但降血糖的作用显著,这说明激素的调节有什么特点?

如"内分泌系统中信息的传递和调节"一节,针对激素作用的特点这一核心知识设计的问题链如上图所示。

通过此问题链,学生先大致了解激素对血糖调节的过程,在此基础上,针对此过程的关键点激素的传递过程、发挥作用部位及作用特点展开进一步思考,由此,知识脉络逐渐明朗,学生易于掌握知识主干,从而全面系统地了解激素的作用过程和特点。

引深链关键在于"深"字,重视思维发展的深度,通过一个个问题的逐级深化将思维引向深入,提升思维高度。引深链的问题设置要求由浅入深,层层深入,让学生在思考问题的同时不自觉地深化对知识的认识,提升到一定的思维高度。

如"内分泌系统中信息的传递和调节"一节,针对下丘脑、垂体与其他内分泌腺的相互关系这一核心知识设计的问题链:

此问题链主要围绕图5—18垂体分泌的部分激素及其作用

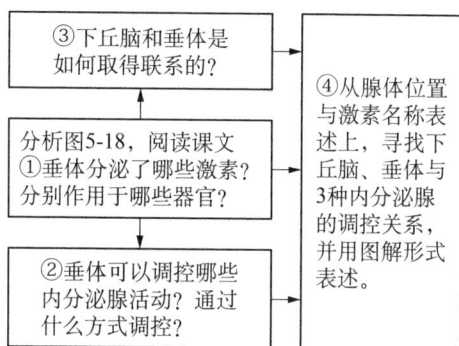

器官,以垂体为切入点,逐步展开提问,问题①考核的是学生直接从图中获取信息的能力,问题②考核的是鉴别信息及归纳信息的能力,问题③考核的是推理及阅读能力,问题④考核的是分析综合能力,由此,随着回答问题的难度加大,思维高度逐步螺旋上升。

（3）混合型

问题链中问题间的关系往往并非单一关系,可能是二种以上的关系同时存在,甚至会是多种关系的复杂套叠,往往会形成树枝状、网络状或其他问题链的结构形态。

① 树枝状

如"生物的进化"第一课时生物进化的证据的问题链设计如下图所示:

此问题链中关键问题是哪些证据表明生物是进化而来的,围绕关键问题从胚胎学证据、比较解剖学证据、生物化学证据、古生物化学证据四方面展开提问,四条问题链之间属于并列关系,每条问题链从发现的证据到揭示的规律,层层深入,属于递进关系,最终说明了生物是进化来的。问题链的总体框架属于总分关系,先并列再递进,呈现树枝状形态。

② 网络状

为什么说生物是进化的?

哪些证据表明生物是进化而来的?

观察七种脊椎动物和人体胚胎发育图,图中比较早期、中期、晚期的胚胎有何特点?

分析脊椎动物前肢骨骼的基本组成和排列方式,你能发现什么规律?

科学家对8种生物和人的细胞色素C的结构进行测定后得出的数据,比较这些数据,你得出什么结论?

化石在地层中的分布有何规律?

这些说明了什么?

这些共同之处,说明了什么?

这种分布规律证实了什么?

无论是高等动物或是高等植物,它们的个体发育都是由一个细胞——受精卵开始的,这一事实说明了什么?

同源器官的起源相同,为什么它们的形态和功能又不相同?

分析马的化石,马从哪些方面发生了进化?阅读课文尝试找出马进化的主要原因。马的进化历程说明了什么?

同源器官、痕迹器官说明了什么?

描述1926年温特实验的过程,他为什么要这样设计?单一变量是什么?哪几组处理是实验组?哪几组处理是对照组?

第1组与第4组对比,实验结果说明了什么?

第2、3组与第4组对比,实验结果说明了什么?

第2组与第3组对比,实验结果说明了什么?

这个实验得出了什么结论?

温特的实验第3组幼苗分别向着放琼脂块的相反一侧弯曲生长,为什么会这样?你能说出植物向光性的原因吗?单侧光的作用是什么?

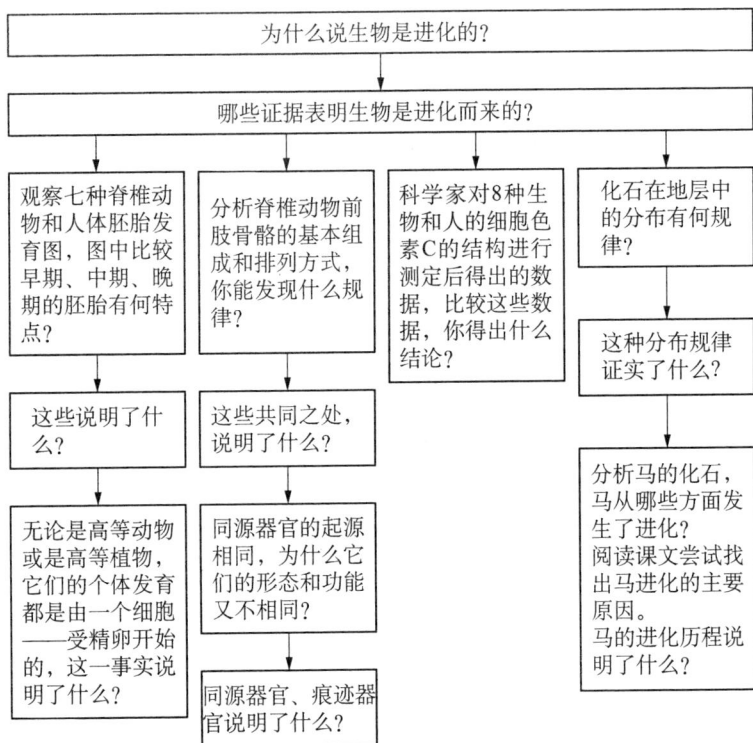

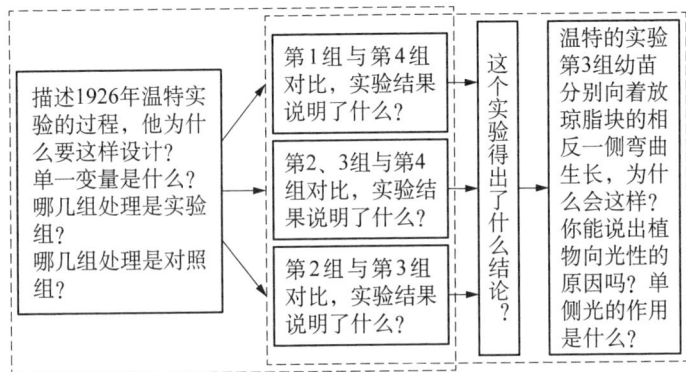

如"植物生长发育的调节"一节,针对温特的实验探究这一核心知识设计的问题链:

此问题链先从温特实验设计入手,运用单一变量原则和对照原则对实验进行分析,得出实验结果结论,最终推导植物向光性的原因。该问题链有两条线,一条线为实验的设计原则和分析方法,另一条线为实验结果结论的归纳总结,两条线串联在一起,呈现网络状形态。

③ 其他结构形态

如"动物体的细胞识别和免疫"一节,针对 B、T 淋巴细胞的特异性免疫过程这一核心知识设计的问题链:

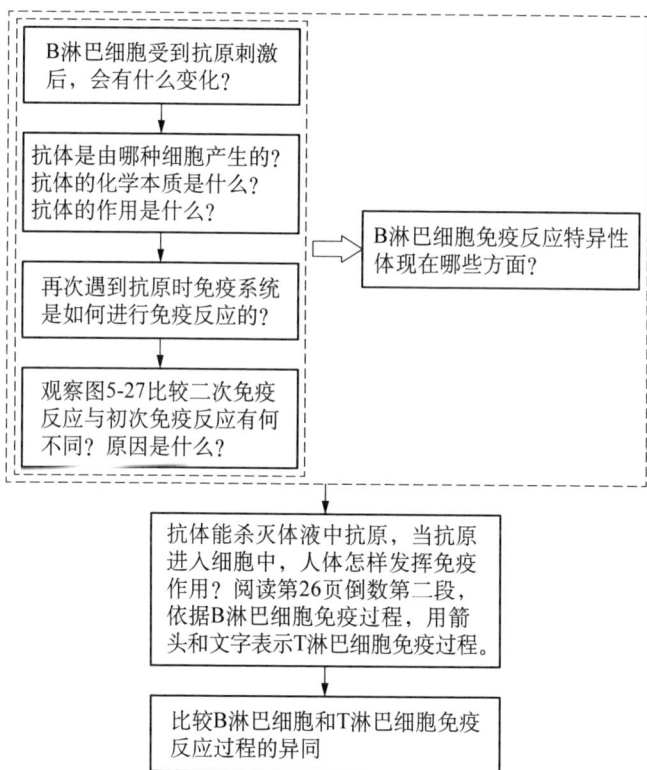

此问题链从 B 淋巴细胞的免疫过程切入,先是初次免疫,

后是二次免疫,属于引导型问题链。在此基础上,归纳该过程体现的特异性,属于引深型问题链。接着,让学生由此及彼自主学习 T 淋巴细胞免疫过程,属于引展型问题链。最后,比较 B 淋巴细胞和 T 淋巴细胞的异同,提炼得出细胞免疫和体液免疫的概念,在原有基础上再次引深。该问题链先引导后引深再引展又引深,大致呈现长链状形态。

(三) 探索了"问题链"实施的核心要点和策略

在问题链的课堂实施过程中,往往会出现预期设想和实施过程不一致的矛盾,这就需要我们找出矛盾背后的原因,思考应对矛盾的针对性的措施,梳理提炼问题链实施中的核心要点和策略。

1. 梳理提炼了"问题链"实施中的核心要点

(1) 问题的反馈调整

在问题链的课堂实施过程中,往往会出现预设与生成不一致的矛盾,教师会认为自己方方面面都已经考虑周全和成熟了,但问题提出后,到学生那里就会出现这样那样意料之外的情况,这时教师应及时应变,对问题链进行调整或补充子问题,课后再根据实施效果反思调整或修改问题链,如此循环往复,使得问题链不断完善,这是问题链设置的重要步骤,不容忽视。

(2) 问题的提问方式

课堂提问的方式很多,常用的方式有:集体式提问,教师面向全体,学生集体回答;个别式提问,教师提出问题,指定个别同学回答;自问自答式提问,教师自己设定问题,通过设问或反问,给予学生一定的思考时间,然后自己给出回答;循环性提问,教师逐个提问,学生按座位依次轮流回答;小组式提问,教师提出问题,由小组代表回答,如果回答不正确或不完整,由小组内其他同学补充回答。课堂提问需要照顾学生个别情况,一般以个别式提问为主,通过对个别学生的回答,了解学生的学习情况,如果学生出现思维障碍,教师可以针对性地加以解决。课堂提问方式并非随机选取,不仅要从教材出发,还要从学情考虑,清楚提问的目的,注意提问的语气和态度,从而保证提问的质量。

(3)问题的发问时机

课堂上要灵活把握提问的时机,可以针对问题的难易程度,提出问题以后留给学生适当的思考时间和空间,切忌"蜻蜓点水"、"你呼我应"、即问即答,尽可能让学生去联想、去总结、去概括。教师不要过早地下结论,作判断,武断评价,要多鼓励,多引导,多点拨,使答案在学生的自我判断和评价过程中得到完善,思维在自我判断和评价过程中得到进一步拓展,能力在自我判断和评价过程中得到不断增强。教师切忌先提名后发问,课堂提问的目的是调动全体学生积极的思维活动,让每一位学生都能积极准备回答教师所提出的问题,不能置大多数学生于不顾,而形成"一对一"的问答场面。教师提问的机会要平均分配给每一个学生,这样才能调动全体学生的积极性。

作为课堂教学的组织者,教师应该认真研究问什么,怎么问,何时问等基本要素,经由科学设问,以问导学,以问激疑,以问促思,营造适合于学生积极发现问题、思考问题到解决问题的氛围,高质量地完成知识的传递、方法的传授及能力的提升,使学生成为学习的研究者、探索者和发现者。

2. 归纳总结了"问题链"实施的策略

(1)关注问题解决的组织形式,形成问题链的活动性

一般问题的发问形式通常是问句形式,而在实际操作中教师常常采用问句结合指令性陈述句的形式,比如根据磷脂分子

的结构特点,请推测当磷脂分子被水包围后将如何排列? 尝试
构建磷脂分子在空气——水界面中的模型,又如观察分析植物
不同器官对不同浓度生长素的反应曲线图,说明生长素的调节
作用有什么特点。像这类问题包含着某些指令性信息,这些信
息可以指导学生通过一定的学习方式解决问题,比如阅读、观
察、实验、讨论以及刚才提到的构建模型等学习活动,这些活动
中同时还包含着一定的学习方法,如获取和整合信息、观察和实
验技能、分析比较和综合归纳等方法。问题中的这些指令性信
息往往与学生活动的组织形式相结合,可以体现学生学习方式
的多样性,让学生亲身体验问题解决的探究过程,充分发挥学生
的主体地位,培养学生自主学习的能力。即实施问题链时教师
应该充分考虑采用何种学习方式,这种学习方式教给学生怎样
的学习方法,这种学习方法提高学生哪方面的学习能力等。在
充分考虑的基础上,课堂中教师只需发出预设的指令性信息,引
导学生完成相应的学习活动,就能达到预期的学习效果。切记
课堂活动频率要简约适当,要有足够的时空让学生活动,不能让
活动流于形式。

(2)关注课堂动态的生成资源,形成问题链的独特性

问题链并非都是教师的预设,教学中教师提出问题后往往
会得到不同学生多样的回答,有些回答符合教师的预设答案,有
些答案则偏离了预设轨迹,这些"意外"恰恰就是课堂丰富多彩
的资源,这些资源是不断动态生成的,也是教师不可控的部分,
这就需要考验教师的敏感程度与应变能力。如何使偏离轨迹的
答案回到正轨呢? 经验丰富的教师往往能够充分关注课堂动态
的资源,在教学中生成有价值的问题,不断调整和补充原有的问
题链,最终达到预设的目的。这样的问题链既体现了教师精心

的设计,又体现了课堂智慧的生成,面对不同的学生群体发生着不同的动态生成,从而形成了问题链的独特性。

需要注意的是问题链的调整和补充并不是教师随意的行为,而是以一定的原则为基础的:①问题应该具有针对性,对知识的广度和深度能够准确定位,指向明确,不能泛泛发问,要求每个问题都要有针对的知识点,并能体现设计的意图。②问题应该适合学生的学习能力,不能超越学生的最近发展区。如果问题超出了学生的能力范围,教师就需要补充问题搭设"支架",帮助学生最终解决问题。③问题应该具有挑战性,一般问题链的最后一个问题要求能够引发学生高层次思考,能够升华核心知识内涵,并有利于技能方法的归纳或情感态度价值观的达成。此外,问题链作为一个有机的整体,问题链中的问题之间还应该具有环环相扣的传递性、层层递进的层次性,能够做到由此知彼,由浅入深。

(3)关注生活实际的联系拓展,形成问题链的应用性

首先,问题链中问题的提出,应尽可能从社会热点和生活热点入手,注重新旧知识的相互联系,从学生的认知水平出发,联系实际,贴近生活,创设情境,使学生感到亲切熟悉,从而激发学生的学习兴趣和探究欲望。其次,问题链中问题的提出,不应该只局限于教材设计的知识层面,还应关注知识迁移应用层面,可以涉及日常生活、最新科技动态以及其他学科领域,理论指导实践,尤其要善于将日常生活中与所学知识有关的内容加以提炼,通过有趣的具有可迁移性的问题链,旁征博引,学以致用,让学生深切地体会到知识的广泛应用性和实践性。同时,将学生引入与本学科交叉的其他领域进行更深入的拓展研究,增加知识的广度和深度,拓宽视野。再次,理论本身来源于实践,通过生

活化的问题情境创设，与时俱进，引导学生从对现实的理解和把握中去提高对理论的认识，在此基础上运用正确的立场、观点、方法去提出、分析、解决问题。也就是说，问题链中问题的提出只有关注理论与实践的紧密联系才会有持久的生命力。

（四）形成了系列"问题链"教学课例集

通过本课题的研究，课题组成员根据实际情况梳理问题、不断改进、归纳总结，形成了第五章的知识框架体系，采用了问题链研讨单开展课题组研讨活动，建构了问题链结构图形，在此基础上，通过实践反思、再实践再反思的过程，逐步完善问题链，形成了第五章问题链的教学设计系列课例集。

五、研究成效与反思

（一）研究成效

原先我们的老师不善于发问，不注重提问的方式和时机，很多时候存在着问题无效的情况。原先我们的学生不善于发言，分析问题、解决问题的能力薄弱，思考问题时思维停滞不前，缺乏有效思维的良好策略。原先我们的课堂一言堂、满堂灌的现象普遍存在，教师教得累，学生学得难，教学重难点落实不到位，课堂效率低下。

通过为期一年的课题研究，经过课题组成员的共同努力，我校生命科学课堂发生了不小的改变，课题研究也初见成效：

1. 提高教师有效提问能力，促进教师的专业化发展

通过本课题的研究，课题组成员利用备课组活动和课堂实践活动，不断实践反思、再实践再反思，逐步建构了核心知识解决的问题链系列结构图和教学课例，总结了问题链的设计原则和分类，提炼了问题链的实施要点和策略。在这个过程中，教师

按照三大原则设计问题,注重课堂提问的策略,及时反馈调整问题,问题的目标意图明确了,层次梯度合理了,有效达成了师生之间的互动,教师提问的有效性大大提高,教师的专业素养得到了提升。同时,教师的教科研能力也有了长足的进步,掌握了课题研究的一般规律和基本方法,也形成了团队分工合作的意识和行为。

2. 优化学生科学思维过程,提高学生问题解决的能力

经过教师精心设计和反馈调整的问题链能够针对教学重点难点,注重知识的逻辑性和体系性,符合学生的认知规律和现实情况,这样的问题链在课堂实施时能够有效启发学生思维,通过问题链中一个个问题的回答,学生的问题解决能力得以提升,学生的思维时空得到延展,学生的思维过程得以优化,在学生脑海中形成了一条条思维的定向轨迹。长此下去,就会逐步形成学生的思维品质和问题意识。当学生的问题意识和探究欲望变成一种习惯,学生的创新精神和实践能力就可能形成。

3. 变革传统教学理念,提高课堂教学效率

通过问题链的形式将学科核心知识化解为一连串的问题,在引疑,生疑,质疑,解疑的过程中,体现了教师主导和学生主体地位,加强了师生、生生互动,提高了课堂教学效率。问题链就像一座桥梁,是链接教与学之间的通道,所传授的知识在问题链提出的过程中传递,在问题链的解决的过程中接收,在问题链回答的过程中反馈,艺术地完成传递——接收——反馈这一动态的认识过程,巧妙地实现新旧知识的传递、知识与能力的升华。可以说,问题链不仅改革了教法、而且指导了学法,变革了传统的教学理念,优化了教学过程。

(二) 反思

　　一年的研究工作,时间短,任务紧,压力大,课题研究工作虽然取得了一定的成果和成效,但仍然有许多地方值得进一步的思考和商榷:比如本课题的研究偏重于教师设计和实施问题链,而对如何引导学生直接参与问题设计以及鼓励学生发现和提出问题这方面的研究工作做得还不到位。又比如问题链设计原则中提到多维性原则,一方面要求对同一知识,从不同角度、不同方式、不同层次设计成问题链,另一方面要求问题设计要广泛渗透多学科的知识,为学生综合学习打开思维的通道,这方面的研究做得还不深入。此外,在问题链实施效果的评价上,存在着一定的难度和困惑:学生的思维品质是否得到优化? 教师的提问技巧是否得到提升? 该如何进行评价? 至今没有行之有效的方法。

　　总之,问题链可以帮助学生理解和掌握学科核心知识,优化学生思维过程,提高教师提问技巧,提高课堂教学效率,是一种有效的教学策略,值得我们进一步的反思和探究,我们还在路上。

高考改革背景下远郊高中英语
听说教学策略研究

汪　霞

　　近年来,英语教学不乏对听说教学的探索研究,而且也在逐步深入。上海二期《课标》明确提出了高中英语教学的总目标,即为:高中英语毕业生英语基本过关,能满足其今后学习、工作和生活对英语的基本需要,具体表现为培养学生具有较为熟练的语言技能,比较丰富的语言知识,学习过程的体验和良好的英语交际能力。由此可见,时代对高中英语的听说教学提出了更高更新的要求。

　　高考改革背景下,英语教学不仅是为了让学生获得有关英语语言方面的知识,更重要的是让学生学会运用英语进行交流。为了进一步提高听说教学的质量,检查其效果,从 2000 年开始,听力开始全面走进全国各地的高考试卷,随后,口试成绩开始在全国大部分地区纳入高等院校录取的参考数据;2012 年,在上海普通高中英语学业水平测试中,全面普及了口语测试;2017年,在英语两考中,听说测试成绩正式计入高考英语总分。

　　笔者通过研究本校学生历次的作业、答卷、英语口语问卷调查,及近些年的英语口语测试,发现学生听、说情况不容乐观,听力失分严重,口试成绩亟待提高。其现状成因是多方面的,就学生层面来说,可归纳为"三缺":缺兴趣、缺信心、缺方法。

在远郊高中英语教学中如何有效地提高学生的听说能力就成了当下需要研究的内容。

一、目标定位,兴趣引航

高考和学业水平考试的改革明确了高中英语听说教学的具体要求:语音、语调自然,停顿换气得当,时间掌握准确;听懂对话和独白内容,具有获取话语中事实信息的能力;根据所听内容做出简单推断、整合和筛选的能力;理解说话者的意图、观点或态度的能力;询问和传递事实性信息,准确表达对话或独白材料的意思和想法;语言运用得体和使用有效的交际策略。

在更新更高的听说要求下,教师和学生都必须革新观念,明确现在的英语听说教学不能流于形式,必须落到实处,彻底改变重笔头,轻口头的传统方式。逐步消灭"聋哑"英语,要让每位学生主动自信地说英语。

语言学科的学习有别于其他学科,其强调语用功能,即为语言交际,所以在语言的输入与输出过程中,学生的主动性实为关键。如何有效地调动学生的主观能动性? 兴趣一定是"催化剂"。所以,平日教学之余,笔者用心收集和整理了一些现有的听说材料,比如:《新概念英语》第二册、《走遍美国》、《空中英语教室》、英文原声电影或歌曲等。通过有趣、有价值材料的信息输入,提高学生听英语的兴趣和语言知识积累,再经过组织相关话题的讨论,强化学生说英语的兴趣和说英语的能力。

二、教师把舵，技能支持

英语听说教学尽管十分强调学生的主动参与，但教师的引导作用依然不可或缺，并贯穿于整个教学过程。他是课堂展示阶段的示范者，操练阶段的指导者，创造阶段的引路者和复习阶段的组织者。英语语言面貌好，综合素养高的教师，可以在学生中树立榜样，建立威信，建立融洽师生关系，把握好学生学习的方向，帮助学生建立自信，克服难开口说英语的恐惧，引导学生进行得体的语言交流，并给予及时适当的纠正。

满满的自信必然要有强大的实力做后盾，所以教师在鼓励学生开口说英语的同时，必须强化英语基础知识，包括音标、语音、语调、语速、语法、词汇、句型等的教授及操练，帮助学生养成每日大声朗读英语的好习惯，切实提高我校学生的听说技能，为英语听说能力的提高奠定基础。

三、立足教材，涉水体验

我们现用的英语牛津教材，每个模块都以话题展开，语言真实、自然，情景生动、逼真。每一环节的设计都贴近现实生活，体现语言的真实意义和具体运用；控制语言难度，保证语言梯度，能让学生在接触地道英语的同时，寻找到语言及其情景的真实性和语言难度之间的最佳平衡点。因此，充分挖掘、利用现行教材的听说元素，是实施听说教学的一条非常重要的途径。"预习——听——问答——说"这一模式就可有效地运用于教材处理而提高学生英语听说的能力。

要切实提高学生听说能力，仅利用课堂时间是远远不够的，因此利用课外活动开展听说训练是对课堂教学的重要补充。有计划有组织地多多创设情境和机会，帮学生把学习延伸到生活中，让听说英语成为一种生活常态，比如介绍适用的英语听说软件，让学生课外随时随地在模拟真实语境中进行听说训练；开展英语角、英语朗诵比赛、听力竞赛、课前 Daily report，课外演讲比赛、课本剧表演等多种形式，开心快乐地体验英语。

四、评估检测，携手远航

评估检测是快速强化语言学习的有力工具。利用评估优化学习，从教师教学和学生学习两方面，制定英语听说课教学评价表及鼓励机制，结合学生自评和师生、生生互评，为英语听说教学搭建"脚手架"。

英语听说课教学评价表

教师教学	知识目标	依据课标要求，确定合理的课堂教学目标，凸显语言课的特色。
	能力目标	确定学生综合语言运用能力目标，兼顾情感和文化。
	自身素质	语音语调规范，口语流畅，表达清晰明确，用英语组织教学，具有较强的课堂应变能力和文化素养。
	教学组织	活动安排得当，目标明确，指令清晰。
	教学引领	引领学生了解中西方文化背景，及差异。
		将语言结构和功能有机结合。
		创设符合学生实际的语言交际情境。
	教学梯度	各教学环节的时间分配合理。
		层次分明，重难点清晰，层次递进，过渡自然。
		师生互动。

学生学习	自主学习	有良好的说的习惯,能大胆、大声地朗读、模仿和表述。
		有良好的听的习惯。包括独立听和相互听。
	合作学习	小组合作,分工合理,共同参与,资源共享。
	参与质量	学生参与课堂各项活动的面试情况达到80%—100%。
		半数以上学生能恰当拓展知识,应用所学知识,展现综合素质。参与情绪高,兴趣浓。

　　有效的评估检测是有效听说教学不可或缺的一部分,可以实现教学相长,达到教师和学生的共赢。

　　听说教学是一门艺术,在不断的实践探索中,能得到不断的优化和提高,所以,只要师生共同持之以恒,精心组织实践,定能实现从语言习得到综合运用的最终目标。

文法先行，悟情为本

刘明霞

　　在中国古代众多文学形式中，诗歌是一颗璀璨的明珠，熠熠生辉。它照亮了后代无数文人前行的道路，也让后世人叹为观止。它以形式独特的整饬之美，朗朗上口的音乐之美，简洁凝练的语言之美，包罗万象的情感之美，丰富多彩的技法之美，这些独特的审美价值跨越了时空，成为永恒的经典，为我们留下了一笔宝贵的精神财富。时至今日，它依然以强大的感染力陶冶着我们的情操，丰富着我们的内心世界，特别是物质生活极大丰富的当今，它就像来自世外桃源的一股涓涓细流，用她的纯净涤荡着被红尘喧嚣污染的灵魂。诗歌教学也是语文教学中必不可少的组成部分，但课堂教学实践中，诗歌教学究竟要教给学生什么，怎样让学生感受到文字背后的喜怒哀乐、爱恨情仇，一直以来都是众多一线教师感到困惑和迷茫的问题，也一直在努力探索的道路上跋涉。

　　任何一种文体都有属于自己的特点，因此也有了不同的教学内容的选择。所以只要从文体特征本身出发，就很容易找到突破口，诗歌教学同样如此。诗歌独特的魅力在于形式整齐、音韵和谐、语言凝练、技巧多样等，但作为高中的语文教学，形式和音韵的特点是外在的和浅层次的阅读层面；语言、技巧和情感是深层次的，感性的，带有审美性的学习、品味、体悟的教学过程。需要反复阅读作品，通过品味语言文字背后的隐藏信息，从而走进作者的内心世界，和作者进行情感上的交流。这符合《课程标准》中对诗歌教学的基本要求，不仅能提高学生文学鉴赏的能力，对于人文素养，乃至学生的审美观、人生观、世界观、价值观的形成和发展也起到非常重要的作用，充分体现了语文学科的工具性和人文性特点。

除了文体特点外，课堂教学内容的确定还要从学生的学习的实际需要出发。长期以来，诗歌鉴赏一直是块"硬骨头"，同时也是重点，课堂教学无法回避，因此，教师应该找到问题的症结所在，对症下药。经过多年的教学实践和调查研究，我发现学生中普遍存在的问题有因方法欠缺而导致的不知诗歌所云何事，有停留于表面而无法体会深层次含义，从而导致不能准确把握作者情感，也有对于诗歌的写作技巧缺乏明确的认识和意识等几个主要问题。

针对诗歌文体特点和学生的实际情况，我个人觉得教学生如何读懂诗歌内容，掌握写作技巧和准确把握情感应做为高中语文课堂诗歌教学的主要研究对象。

欲懂内容，读文为先。这里的读分为口读和心读，两者中，心读为最。口读就是朗读诵读，个别读、集体读，以文从字顺，读懂大意为目的；所谓心读就是利用文字传达的有限信息量，通过发挥学生的想象力，用心去揣摩体会文字背后隐藏的信息，这些信息是读懂诗歌内容的关键所在。在诗歌教学中，教师必须要让学生反复阅读诗句，口读是心读的基础。因为诗句是以最直观的形态呈现在学生面前，因此是学生和作者思想交流的载体和第一道大门。只有读懂了内容，其他教学环节才能顺利推进。古人曾说"书读百遍，其义自见"，但我认为这种"义"只是停留于文字表面的含义，属于浅层次的理解，距离读出深义乃至真义仍然有很大的距离。简洁凝练是诗歌的语言魅力所在，决定了文本有限的字数，如果单凭字面意思获得的信息不仅肤浅而且有限，因此，要让学生真正读懂诗歌，就必须做到心读。这是较高层次的思维训练，需循序渐进，切忌急于求成。如李商隐《夜雨寄北》中"君问归期未有期，巴山夜雨涨秋池"两句，字面意思是说作者收到了一封远方的来信，信中询问作者何时回家，作者此时正在写回信，心中说自己也不知道，今夜的巴山秋雨绵绵，明天的池水一定会涨上来。一件普通的事，一种常见的天气，作者到底想借此表达什么？显然单凭这些信息很难体会作者此时的心境，这也是学生们在阅读诗歌时的瓶颈，陷入了"山重水复疑无路"的无助和迷茫。但只要我们带领学生，把思维再稍微向前迈一小步，就会发现问题将"柳暗花明"，那就是发挥想象力，用心去揣摩体会感受，挖掘文字背后的隐含信息。有人写信问归期，说明作者漂泊在外，写信的人和作者的关系非同一般，两人很久没有见面难免产生思念之情，因为思念才会盼望相见，却等不到作者回家，而是写信问归期，可见盼归之心的迫切，思念的程度之深。而作者的回复"未有期"，我也不知道自己什么时候可以回家，身不由己的无奈和凄凉溢于言表。"巴山夜雨张秋池"一句，看似交代天气状况，实则是回信中必不可少的组成部分。长期漂泊在外，思乡之愁念与日俱增，好友家人的书信催促使他更加惆怅，其实我又何尝不是盼望和你早日相聚呢？窗外的秋雨似乎也懂作者的心理，迎合着他淅淅沥沥地下起了，陪伴彻夜未眠到天亮，以至于让作者产生这连续一夜的秋雨会让池塘的水面上涨,可见雨量之大,此情此景不正映衬作者内心无限的悲凉和惆怅吗?顺理成章引出下两句对团聚的期盼。由此可见,学习具备了心读的能力,把握诗歌的内容将不再是难题,教师应该把对诗歌内容的准确理解和把握作为诗歌的教学内容之一。

其次,丰富多样、多姿多彩的写作技巧也是古典诗歌散发迷人魅力的重要因素之一。它不仅是作者个人写作功底的展现,也在诗歌中写作对象的选择,情感的表达效果等方面发挥着无可替代的作用。因为有了这些丰富多彩的表达技巧,每一首作品都成为独一无二的存在。同样的景物,相同的情感,在不同作家的笔下因采用不同的写作技巧,从而形成不同的作品风格,使它们各自具有独特的魅力。例如,思乡之愁是古代诗歌中最常见的主题,但同样是表达思乡,李白用"举头望明月,低头思故乡",这一"举"一"低"两个对比性的动作描写,李白的思乡之情表现地直接坦率自然;"今夜月明人尽望,不知秋思落谁家",作者通过描写一个群体形象,着一"望"字,把无形的思念之情唤作秋思,用一"落"字,思念之情瞬间可见可触,具有了质感;"春风又绿江南岸,明月何时照我还",通过风吹草绿,这一自然现象年复一年的出现,表达了时间的流逝,思乡之情也日益剧增。在诗歌教学中,让学生学会赏析写作技巧,不仅能够培养学生鉴赏文学作品的能力,也能提升学生的的审美能力,对学生的写作也有一定的帮助。但是学生往往在阅读诗歌时,没有鉴赏技巧的意识和能力,所以在课堂教学中要不断强化写作技巧意识,也要给学生一些相关的理论性知识,做好理论和实践相结合。这是难点,所以应该作为课堂教学内容的一部分。

再次,准确把握作者的情感,也应作为诗歌的教学内容。

"诗言志"是我国古代文论家对诗的本质特征的认识。《毛诗序》说："诗者,志之所之也,在心为志,发言为诗,情动于中而形于言。"《尚书·尧典》中记舜的话说："诗言志,歌永言,声依永,律和声。"这里的"志"可以理解为情感,也可以理解为志向、感悟等。在古代浩如烟海的诗歌中,或抒情,或言志,包罗万象,写尽人间爱恨情仇,抒尽世间喜怒哀乐。作品中,无论是写人还是叙事,无论是写景还是状物,都是载体,都是为作者抒情服务的。情感是诗歌的灵魂,因此,准确把握诗歌中作者表达的情感应该作为语文课堂教学中重要教学内容之一,也应该是诗歌阅读的终极目标。对内容的深入解读是为了准确把握情感做铺垫的,所以此教学环节落实情况,关系到是否真正实现诗歌的教学价值。感悟作者情感的过程也是陶冶学生情操,提升学生审美趣味,丰富学生内心世界的过程,也是培养学生细腻情感的重要途径。诗歌作品中,大自然草木的枯荣,日月星辰的运转,天气的阴晴雨雪,四季的轮回这些生活中常见的现象,一旦被诗人写进了作品中,它们似乎都有了灵性。文学作品虽然高于现实,但毕竟来源于现实,读懂了它们,可以让我们成为一个内心情感世界丰富的人,对当前日渐浮躁空虚,冷漠无情的社会风气带来一缕光亮。

诗歌教学内容的确定将是一个漫长地求索的过程,但个人认为以从诗歌本身的特点出发,根据学生的实际情况,以文本为抓手,充分挖掘诗歌的价值和作用为原则,以学生在学习过程中既有知识能力的提高,也有人文素养的提高,充分发挥语文学科的工具和人文性为宗旨,才能真正发挥诗歌的育人功能,实现诗歌的教学价值。

文言文阅读讲评课的
"语文味"探究

张　青

近年来,语文教学展开了对如何让文言文上出"语文味"的研究,文言基本功是学生语文素养的重要组成部分。人文性和知识性的统一,是语文学科的本质属性。文言文教学要具有真正的语文味,实质上就是指要实现二者的和谐统一。

《上海市中小学语文课程标准》,同样在课程目标中指出"课程内容适度强化文言诗文的学习,目的是促使学生加深对中华民族优秀传统文化的了解,充实文化底蕴,提升文化品位,形成正确的价值观,并在学习文言诗文的过程中,吸收语言精华,提高书面语表达能力等"。

一、文言文教学现状分析

然而通过这几年文言文教学,看似完成了知识性教学的落实,其实不然。文言文教学一直将基础知识的落实作为重点,阅读材料的讲评也是一贯的句句翻译,字字落实,目的是为了让学生学得更加扎实;上海高考语文试题中两大语段的文言文阅读材料的出现,也迫切需要学生具备扎实的文言功底。

殊不知,学生已经在这样的讲评方式中对文言文产生厌恶心理,教条的讲评方式已经没有了趣味性。语文教学中一直流行这样一种说法:"一怕文言文,二怕周树人,三怕写作文",可见学生对文言文的接受程度有多么得低,所以如何让学生爱上文言文就成了当下迫切需要解决的一个问题。

高三冲刺阶段的文言文教学,阅读讲评是一个重要部分。让学生不再对文言文产生无聊、枯燥的感受,同时在此基础上让学生掌握文言基础知识也是"语文味"体现的一个重要目的。

普通高中的学生,对于人文性和知识性的落实更是力不从心。基础知识是他们的学习重点,一味的灌输又让文言文失去趣味,如何平衡这两者就成了当下需要研究的内容。

二、"语文味"的理论依据

"语文味"由语文味教学流派创立者和核心人物程少堂提出,即在语文教学过程中,主要通过情感激发、语言品味、意理阐发和幽默点染等手段,让人体验到的一种富有教学个性与文化气息的,同时又生发思想之快乐与精神之解放的,令人陶醉的诗意美感与自由境界。同时,他指出教出语文味既是手段,又是目的。

三、"语文味"的文言文阅读讲评的实践探索

将文言文上出趣味性一直是语文教学的一大难题。如何实践呈现文言文的"语文味",实际上就是不能单调地一说到底,字字句句地翻译,我说学生听记。但如何真正落实"语文味"还在实践探索阶段。

高三本就是枯燥无聊的复习冲刺阶段,集中性的文言文练习更是让学生心有余而力不足。针对近五年上海高考语文试卷

的第五大题,笔者进行了实践研究。从 2009 年—2013 年的上海高考语文试卷中我们可以清楚地看到,文言文试题均为人物传记类。

我将 2012 年的《卜式传》和 2013 年的《史弼传》做了一个讲评比较。《卜式传》仍然采用的是传统讲评方式,逐字逐句地一翻到底,题目按照题号一讲到底。《史弼传》我尝试从主人公史弼这个名字入手,对"弼"这个生僻字进行点拨,让学生拓宽思维,回想中国历史上有哪些著名人物名字中,或者是他们的同学中有这个"弼"字。目的是让学生先对这个人物产生兴趣,再结合做题时对这个人物的认识,让学生对这个人物有一个形象上的想象。同时再对选文出处(《后汉书》)对学生进行点拨,中国是一个史传文学极其发达的国家,结合高中课本中的经典篇目,让学生去回忆是否有和主人公相似的人物,也就有了更加直观的认识。当以上点拨和激发完成之后再让学生去朗读本选段的时候,就会清楚地发现无需逐字逐句翻译,学生也会很容易地找到细致刻画人物形象的句子,也就达到了出题者想要达到的出题意图。在细致刻画的语言中落实基础知识,更好地让学生吸收和掌握,也就完成了题目的讲评。

这期间我还让学生去回忆刚讲评过去没多久的《卜式传》出处,但学生几乎没有人能准确说出出处,可见传统的讲评方式只是在完成知识性的达成,却很大程度上忽视了人文性的落实。面对高考这一应试难题,我们是在放大知识的重要性,而忽略了人文素养对于我们学生的必要性。更何况自身的教学经历、实践探索呈现给我们的是大量知识性的灌输,这也未必能达到学生需要达到的程度,长期的教学带来的是知识的麻木和枯燥,不是学习的热情和憧憬。

四、反思"语文味"

"语文味"一直都是在慢慢探索中实践着,利用各种人文性的手段来激发学生对文言文的学习热情,无论是某个幽默点拨,还是对语言描写的细致品位,或者是学生自身的情感激发,通过笔者自身的实践探索,认为"语文味"的文言文阅读讲评课需要体现以下几种特性,也是为了能够有效地进行文言文的教学,有力地应对高考。

1. 趣味性

学生不喜欢文言文的一个重要原因就是文言文缺少趣味性,看惯了现代文,说惯了普通话,看着需要咬文嚼字才能看懂的文言文,就失去了兴趣。趣味性也就自然而然成了"语文味"的一个基本特性。文言文的趣味性在于一个点拨点的利用,激发学生的兴趣点。

当然这里必须要提到的一点是,无论是文言课文还是文言阅读语段,必须要让学生朗读。语言的运用是激发学生兴趣点的基础,在朗读中可以让学生产生对字词的质疑,这个质疑点可能就是一个点拨点。

比如《鸿门宴》中"沛公奉卮酒为寿,约为婚姻",将"婚姻"作为幽默点拨点。实际教学过程中呈现的是学生把沛公和项羽当成约为婚姻的对象,这就是一个启发的点,不寻常的理解经常是文言文教学的有趣点,将幽默化入基础知识点,便把"婚姻"的古今异义现象落实了。

如何将趣味性融入到文言文的讲解中就成了一个重要条件,善于发现幽默点拨点,更好地提升趣味性,需要我们去发现和落实。

2. 人文性

无论是课本,还是语段练习,或者是高考试卷,文言文语段的选择有它的价值导向,正如课程标准提出的那样,"文言文的学习是促使学生加深对中华民族优秀传统文化的了解,充实文化底蕴,提升文化品位,形成正确的价值观"。在完成基础知识的落实的同时,更深层目的是为了提高学生人文性的认识,将这两者很好地结合就成了文言文讲评呈现"语文味"的一个必要特性。

比如 2012 年的《卜式传》选自《汉书》,学生对于经典书籍的认识和兴趣常常高于对文言基础知识的兴趣,我们就可以将文化常识作为一个人文性伸发的点。《汉书》就是一部经典的中国文学作品,对于汉书中包含的中华民族传统文化有着很好的解说,从这一角度入手,对人物形象的描写做一个具体分析,就将基础知识和人文价值融合到了一起。

人文性的体现一直都是文言文教学的难点,如果将文化素养融入到文言文的讲评中,"语文味"就可以真正地呈现出来。

3. 有效性

无论是趣味性还是人文性,其目的就是为了提高文言文讲评的有效性。这也就成了体现"语文味"的关键特性。

通过某个幽默点拨抓住语段兴趣点,通过某段语言描写伸发人文性,通过某段描写激发学生自身情感,有效地将文言基础知识落实到理解中。经常在平时的教学中听到这样的话:"文言文要上好上得有效,就要用文来带动基础"。实际上就是将有效的知识落实融入到"语文味"的讲评中去。用各种呈现手段来达到最终目的,即有效性。学生在"语文味"的呈现中掌握文言基础知识,可以更好地达成学习目标。

面对学业压力甚大的高考,在保证文言基础知识有效地落实且能保证高高益善的分数的前提下,要想将文言文阅读讲评课上出"语文味"是一个漫长的探索过程。如何高效地完成高三阶段的文言文教学还需要更多的实践和反思。

对一道解析几何中定点问题的探究

蒋旭辉

一、探究背景

已知椭圆 $\dfrac{x^2}{10}+\dfrac{y^2}{9}=1$ 的右焦点是抛物线 Γ：$y^2=2px$ 的焦点，直线 l 与 Γ 相交于不同的两点 $A(x_1，y_1)$、$B(x_2，y_2)$。

（1）求 Γ 的方程；

（2）若直线 l 经过点 $P(2，0)$，求 $\triangle OAB$ 的面积的最小值（O 为坐标原点）；

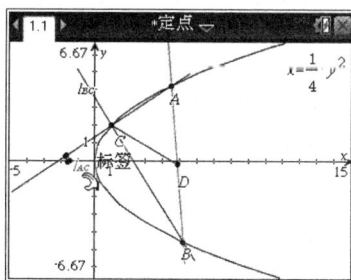

图1

（3）已知点 $C(1，2)$，直线 l 经过点 $G(5，-2)$，D 为线段 AB 的中点，求证：$|AB|=2|CD|$。

二、探究过程

探究1：这是18年高三一模闵行卷的第20题，该题的第三问可以通过证明 $\angle ACB=90°$，利用 $\overrightarrow{AC}\cdot\overrightarrow{BC}=0$ 得出。而第三问引发了笔者的思考，在保证 $AC\perp BC$ 成立的情况下，直线 l 是否一定过点 G 呢？点 G 能否替换成另外一点，也使得 $AC\perp BC$ 呢？

（1）作图猜想

在保证 $AC\perp BC$ 的情况下，对直线 AB 进行几何跟踪，如图2，

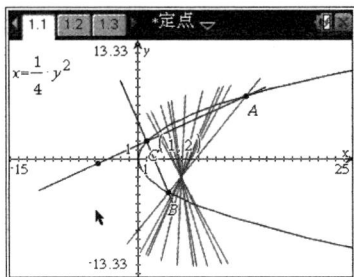

图2

观察直线 AB 的轨迹，发现其始终过一定点，并不存在其他点的可能。观察图像可以看出，该点正是点 $G(5,-2)$，猜想正确。

（2）用CAS运算求解

用CAS求解得 $A((2m-1)^2,\ 4m-2)$、$B\left(\left(\dfrac{2}{m}+1\right)^2,\right.$ $\left.-\dfrac{4}{m}-2\right)$，如图3、图4，$l_{AB}:y-(4m-2)=\dfrac{m}{m^2-m-1}\big[x-(2m-1)^2\big]$，斜率如图5，

变形为：l_{AB}：$(mx - m^2y + my - 2m^2 - 3m) + (y + 2) = 0$，$y = -2 \Rightarrow x = 5$，

$\therefore l_{AB}$ 恒过定点 $G(5, -2)$。

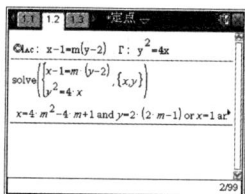 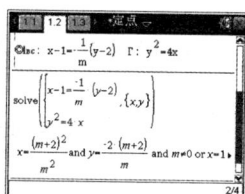 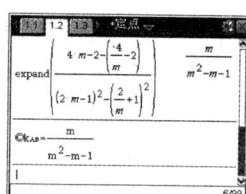

图 3　　　　　图 4　　　　　图 5

探究 2：若点 C 是抛物线 Γ：$y^2 = 4x$ 上任意一点,是否仍旧存在唯一确定的点 G 与之对应? 这两点的坐标之间是否存在着某种特定的数量关系?

（1）作图猜想

将点 C 的坐标更改为 $(4, 4)$、$(16, 8)$,对直线 AB 进行几何跟踪(图 6、图 7)。观察发现,仍旧存在唯一确定的点 G 与点 C 对应,两点的横坐标应该相差 4,纵坐标互为相反数。

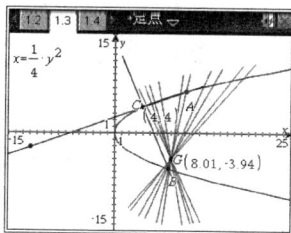 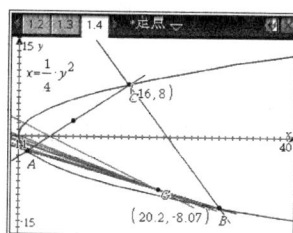

图 6　　　　　　　　图 7

（2）用 CAS 运算求解

设点 C 为 $\left(\dfrac{a^2}{4}, a\right)$，

当 $a=0$ 时,点 C 为 $(0,0)$,l_{CA} 斜率存在且 $k_{l_{AB}} \neq 0$,点 Q 坐标为 $(4,0)$,满足猜想。

当 $a \neq 0$ 时,用 CAS 运算得 $A\left(\left(2m-\dfrac{a}{2}\right)^2, 4m-a\right)$、 $B\left(\left(\dfrac{2}{m}+\dfrac{a}{2}\right)^2, -\dfrac{4}{m}-a\right)$ 如图 8 图 9,得 $l_{AB}: y-(4m-a)=\dfrac{2m}{2m^2-am-2}\left[x-\left(\dfrac{4m-a}{2}\right)^2\right]$,斜率如图 10。

变形为:$l_{AB}: \left[2mx-2m^2y+amy-2am^2-\left(8-\dfrac{a^2}{2}\right)m\right]+(2y+2a)=0$

$y=-a \Rightarrow x=\dfrac{a^2}{4}+4$,$\therefore$ l_{AB} 恒过定点 $Q\left(\dfrac{a^2}{4}+4, -a\right)$。

$\left(C: \left(\dfrac{a^2}{4}, a\right)\right)$

猜想结论正确,点 C 与点 G 之间一定存在着横坐标相差 4、纵坐标互为相反数的关系。

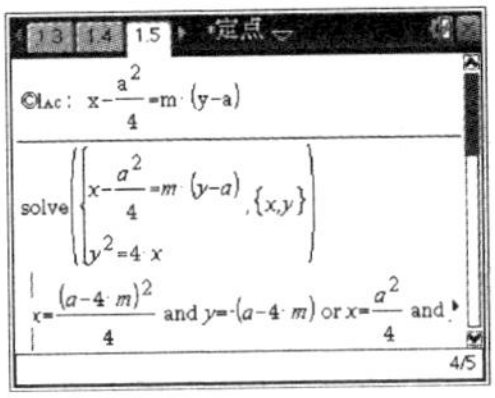

图 8 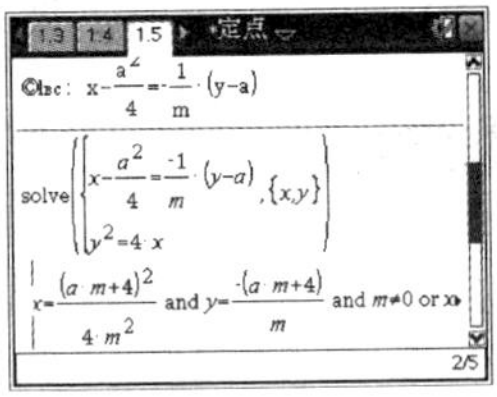   图 9 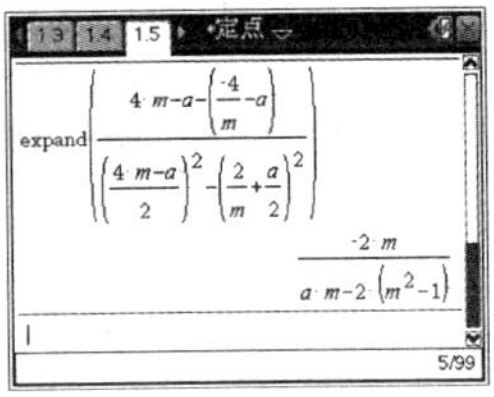   图 10

结论:通过以上探究发现,过抛物线 $\Gamma: y^2=4x$ 上任意一点 C 作两条互相垂直的直线分别交 Γ 于 A、B 两点,直线 AB 恒过一定点 G,并且该任意点 C 与 AB 所过定点 G 的坐标之间存在着横坐标相差 4、纵坐标互为相反数的关系。

引申探究:将上述探究中的定抛物线 $\Gamma: y^2=4x$ 改为任意

抛物线 $y^2 = 2px$ 也一定存在着相应的结论,点 C 与点 G 之间的坐标关系是什么？若将抛物线改为椭圆或者双曲线,直线 AB 是否也过定点？

(1) 已知 Γ：$y^2 = 8x$,选取点 $C(2,4)$,直线 AB 过点 $(10,-4)$,如图 11。

(2) 已知 Γ：$y^2 = 16x$,选取点 $C(3,6)$,直线 AB 过点 $(15,-6)$,如图 12。

猜测：过抛物线 Γ：$y^2 = 2px$ 上任意一点 $C(x_0,y_0)$ 作两条互相垂直的直线分别交 Γ 于 A、B 两点,直线 AB 恒过定点 $G(x_0 + 2p,-y_0)$。

证明如下：

设 $A(x_1,y_1)$,$B(x_2,y_2)$,直线 AB 的方程为 $x = ky + m$

$$\begin{cases} y^2 = 2px \\ x = ky + m \end{cases} \Rightarrow y^2 - 2pky - 2pm = 0,有 \ y_1 + y_2 = 2pk(1),$$

$y_1 y_2 = -2pm(2)$,$x_1 + x_2 = 2pk^2 + 2m(3)$,$x_1 x_2 = m^2(4)$（如图 13）

由 $CA \perp CB$ 得

$(y_0 - y_1)(y_0 - y_2) + (x_0 - x_1)(x_0 - x_2) = 0$

展开得 $y_0^2 - (y_1 + y_2)y_0 + y_1 y_2 + x_0^2 - (x_1 + x_2)x_0 + x_1 x_2 = 0(5)$

将(1)(2)(3)(4)式带入(5)式（如图 14）并按 m 整理得

$[m - (x_0 + ky_0 + 2p)]\{[m - (x_0 - ky_0)]\} = 0$

解得 $m = x_0 + ky_0 + 2p$,或 $m = x_0 - ky_0$（点 P 在直线 AB 上,舍）

故 l_{AB}：$x = ky + x_0 + ky_0 + 2p$,变形为 $x - (2p + x_0) = k(y + y_0)$

l_{AB} 必过定点 $G(2p+x_0,-y_0)$

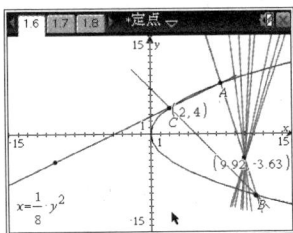
图 11

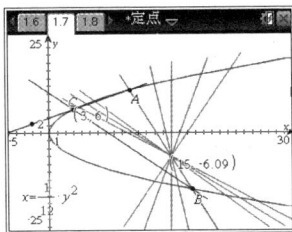
图 12

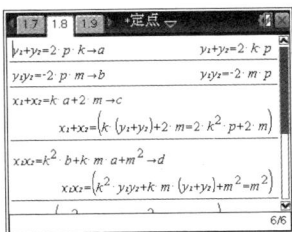
图 13

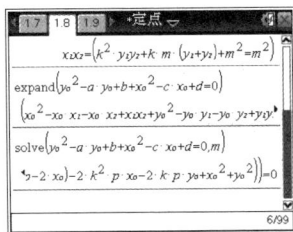
图 14

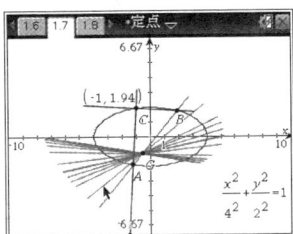
图 15

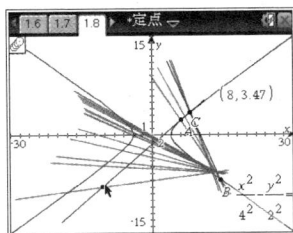
图 16

在满足 $AC \perp BC$ 时,通过拖动直线 AB 观察其移动轨迹,发现直线 AB 同样恒过定点。(如图 15、16)

三、探究结论

过抛物线 $\Gamma: y^2 = 2px$ 上任意一点 $C(x_0,y_0)$ 作两条互相

垂直的直线分别交 Γ 于 A、B 两点,直线 AB 恒过定点 $G\,(x_0+2p,-y_0)$。

在椭圆中,点 $C(x_0,y_0)$ 对应定点 $G\left(\dfrac{a^2-b^2}{a^2+b^2}x_0,-\dfrac{a^2-b^2}{a^2+b^2}y_0\right)$

在双曲线中,点 $C\,(x_0,y_0)$ 对应点 $G\left(\dfrac{a^2+b^2}{a^2-b^2}x_0,-\dfrac{a^2+b^2}{a^2-b^2}y_0\right)$

(椭圆、双曲线中的证明类似抛物线,证略)

而圆中的常用结论——90 度的圆周角所对的弦是直径也契合了本文的结论,定点即为圆心。

四、体会感受

数学之美,其一在于统一性。本文正是从一道一模卷的解析几何题出发,提出了合理猜想并验证了在不同的圆锥曲线中拥有的相似的结论。

数学之美始于问题的提出、终于问题的解决。在验证猜想正确与否的过程中,TI 图形计算器对于数学对象动态刻画的作用给笔者提供了很大的帮助,它能快速地验证猜想是否存在方向性的错误。而通过观察图像证明猜想正确后,TI 图形计算器的 CAS 运算功能在代数验算中也节省了不少的时间。可以说,在数学问题的研究过程中,图形计算器起到了一种灯塔作用,指引着数学爱好者们向着解决问题的正确道路行进。

基于实验教学平台的物理实验改进案例

——以《多用电表的使用》为例

邬　娟

一、案例背景

自 2014 年金山区实验教学平台的开发与创建以来，引发了教师的众多关注和热烈讨论。过去的实验教学申请主要采用纸质登记的方式，不仅程序繁琐、不易保留存档，对于其他教师的实验教学无法共享，不利于教师对实验进行反思、改进和创新。而建立在信息技术环境下的实验平台主要面向教师和实验员，它可以帮助实验员进行实验管理，帮助教师进行实验教学的管理，同时提供在线交流平台共教师们探讨、交流。让教师在完善实验教学的同时，可以发挥自己的智慧与创意，改进现有实验，设计创新实验，对教师提升自身的科学素养和业务水平有积极性的作用。

本案例根据实验教学平台中《多用电表的使用》中"欧姆表的原理"这一实验资源进行了改进，具体如下。

二、案例呈现

《课程标准》中要求通过实验探索，在了解多用电表测电阻的基本原理的基础上掌握多用电表测电阻的步骤和要领。因此了解多用电表测电阻的原理为接下来学习如何操作有着重要的理论价值。教材和《课程标准》对于多用表测电阻的原理的要求是：不需要用闭合电路欧姆定律来说明测量原理，应该配合"探索研究"来说明闭合电路电流和电阻的对应关系这一原理。

参考实验教学平台中多数老师对于这一节的实验设计，大多数教师注重实验操作，即多用电表测电压、电流，如何用多用电表测电阻，对于如何"探索研究"没有提及。教材中对于多用表的原理这一内容进行的探究设计如下：

按图连接电路，闭合开关 S 后，首先将电阻箱 R 的阻值调至零，调节 R_0 的滑动片，使电表指针偏转到最大位置。然后保持滑动变阻器 R_0 滑动片位置不变，改变电阻箱阻值，使电表指针停在满偏、3/4 偏、1/2 偏、1/4 偏和 0 位置，将实验数据填入下表中：

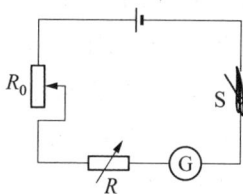

表 3

实验序号	1	2	3	4	5
电表指针位置	满偏	$\frac{3}{4}$偏	半偏	$\frac{1}{4}$偏	0
电阻箱阻值 R/Ω	0				
电路中的电流 I/mA					
电表指针指示的电阻值 $R_?/\Omega$					

通过实践,我发现该探究设计有一定的困难,主要原因有:一是学生对于满偏和半偏等概念不能理解;二是实验操作耗时,效果不明显;三是实验误差较大,与理论值相差甚远。针对这些困难,我将该实验探究改进如下:

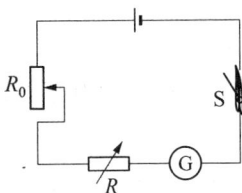

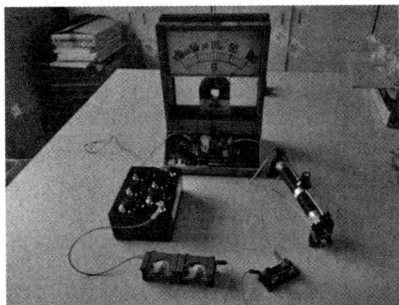

a. 按图连接电路,闭合开关 S 后,首先将电阻箱 R 的阻值调至零,调节滑动变阻器 R_0 的滑动片,使电流表指针偏转到最大位置,在刻度盘上标出此时电阻箱阻值。

b. 然后,保持滑动变阻器 R_0 滑动片位置不变,请两位同学上讲台,一位同学将电阻箱 R 阻值改为 5 Ω、10 Ω、20 Ω、50 Ω、100 Ω、500 Ω,另一位同学在刻度盘上标上对应的阻值。

c. 观察标出的欧姆表刻度盘,分析欧姆表刻度盘的特点。

结论:欧姆表刻度盘的特点:刻度不均匀,左端为∞右端为0、左密右疏。

案例分析:此实验注重学生探究,在以闭合电路电流与电阻的对应关系基础上,通过不断改变电阻箱阻值,得到不同的电流,在电流表上进行欧姆表刻度标记,让学生通过观察发现欧姆表原来是根据电流值来标电阻值的。强调学生的直观感受,更关注学生的学习过程和思维过程,培养学生的动手操作能力和探究能力。

三、案例反思

物理是一门以观察和实验为主的学科,实验教学在物理教学中占有非常重要的地位。实验教学平台作为一个工具,突出了物理实验教学与现代信息技术的紧密结合,丰富了电子资源的内容和方式,优化了实验室管理和实验教学管理,加强了教师之间的交流互助。尽管实验教学管理平台处于正在逐步完善、逐步优化的进程中,相信在这个平台的帮助下,我们的物理实验教学能紧紧跟随教育改革的步伐,金山区的实验教学管理平台的发展前景更广阔。

分享智慧，共同成长——实验教学在高中地理课堂中的应用

冯艳君

一、案例背景

每当第一学期在给新高一上课的时候，就会发现有不少学生认为地理很难，听不懂，作业不会做，久而久之，他们对地理课的兴趣和热情逐渐消退，甚至在课堂上出现打瞌睡的现象。这对任何一位老师来说，都是不希望看到的一幕。从客观角度分析，高一地理上册以自然地理为主，属于自然科学，有些知识内容还涉及到了物理、化学等学科，深入学习起来确实不简单，尤其对我们普通高中的孩子而言，更是有难度。但从主观上来思考，难道我们没有更好的方式来学习这样有难度的知识内容吗？如今，地理学科在高中阶段的地位也十分重要，高一有合格考，高二有等级考。面对如此重要的考试，不仅我们老师压力大了，学生对于想要学好地理的意愿也更强了。于是，我就在想有没有更有效的学习方式、更有智慧的教学方法，来帮助我们学生更好地理解并掌握偏难的自然地理知识呢？

二、案例呈现

有一天,我进美术班给学生讲授洋流新课。我依照以往的"套路",用电影《少年派的奇幻漂流》片段导入。"导入"部分学生们看得很认真,听得津津有味,显得十分地感兴趣,我内心也暗自窃喜,对自己设计的这个"套路"很是满意。然而随着新课内容的进一步深入,导入时的电影情节早已"落幕",当学生看到课件上展现出的"世界洋流分布图"时,仿佛在看一幅"天书"。此时,他们的面部表情从最初的好奇、惊讶慢慢转变成了茫然、呆滞……而我的内心开始变得焦虑起来。虽然,我深知洋流这部分知识比较难懂,但我自认为课件做得还不错,足以很清楚地用来讲解这一抽象的知识。因此,面对学生这样快速的"变脸"落差,心里多少有些不是滋味,但我还是硬着头皮,继续"艰难"地讲解。就在这时,前排座位有个微小的声音传入了我的耳朵,我隐约听到了"实验"二字。当时,为了顺利把新课讲完,我并没有请那位学生起来继续说,但是我特地留意了她。她是个在班里地理成绩中等偏上的学生,相对而言,平时课堂反应还可以。然而这节课我发现她听得也是有点云里雾里、似懂非懂。课后,我立马找了她询问她课上说的那句"悄悄话"的内容。她说:"既然地理知识这么抽象难懂,为什么不能像其他理科一样做实验呢?"原来,在我的这节地理课之前,他们刚上完一节化学课。化学老师带着他们在课上做了一个生动有趣的实验,他们学得很开心,并且认为通过亲自做实验,理解得更清楚。

三、案例反思

听了这位学生的建议之后,我认真地进行了反思。身为老师,我比学生更清楚,自然地理知识属于理科范畴。一部分知识内容也可以像物理、化学一样,进行实验教学。只是受限于紧张的课时,繁重的考试压力,还有更多的是通常情况下,一般学校都不具备做地理课堂实验的物质条件基础,因此,我几乎从来没在课堂上给学生做过实验,顶多偶尔看看相关的视频材料。但这显然是远远不够的,尤其对于我们普通高中的学生而言,他们的理解能力基础相对更薄弱。另外,本案例中我碰到的是美术班,班里女生偏多,大部分女生的地理思维及抽象理解能力更要弱很多,对于自然地理部分的学习显得尤为困难。因此,更需要老师用直观形象的方式来讲解知识。

课后,我也查阅了相关的文献、案例,找到了不少关于地理教学实验的文章,并挑取了一些相对简单、可操作性强的,留作日后进行课堂实验教学的参考资料。其中,第一个我最想尝试的便是关于"洋流"的实验。

四、策略实施

网上搜索出的关于洋流实验的文章很多,大致步骤是准备一个大的收纳箱,里面装水模拟海洋,表面撒些塑料纸片,用电吹风吹,观察塑料纸片的流动情况来模拟风海流的形成。在参考了几篇文章之后,我打算自己先试试。为了更适合课堂教学,我尽量让每位学生都能参与进来。我将实验道具做了调整,把大的收纳箱改为小的透明托盘,塑料纸片用红色枸杞代替,省去吹风机,直接用吸管吹。另外,添加泡沫塑料模拟陆地。由于导入引用了电影《少年派》的情节,主人公搭乘的轮船在马里亚纳海沟附近失事,最终顺着洋流抵达了墨西哥海岸。于是我用塑料泡沫裁出了亚欧大陆与北美洲的部分轮廓,用来模拟北太平洋海区的洋流分布情况。考虑到塑料泡沫会浮在水面上，我选用了粘性较强的双面胶将它们分别贴在透明托盘的左右两侧。这样，它们基本就不会受水的浮力影响。

　　准备好全部材料，自己成功尝试之后，我打算将这个实验带进课堂。我挑了进度最慢的一个班来进行，当学生看到我拿着一堆实验材料进教室的时候，他们就表现得兴奋与激动起来。根据所买的托盘数量，我将全班学生进行了分组，每组共同完成这个实验。事实证明，通过做实验，这个班的学生对于洋流的理解与掌握情况都要好于先前那个班，而且在整堂课的学习过程中，学生的表现没有那么得迷茫。虽然第一次尝试这样的课堂教学活动，时间把握上还有所不足，但学生按照我的实验步骤基本都能达成预期的效果。他们课后作业的完成质量也要更胜一筹。

　　而对于之前的那个美术班，我则另外挑了午自修的时间来补做这个实验。通过实验，他们明显对于抽象的洋流知识有了更加直观形象的理解，并纷纷表示比起单纯的教师讲解，自己动手做学的效果更好。

五、案例分析

　　本案例，是我对于实验教学的一次尝试。这是我在以往的教学过程中从来没有运用过的一种教学手段。回顾整个过程，我也感触颇多。

（一）要变抽象为直观形象

　　高一地理上册内容以自然地理为主，按照我校学生的基础特点，他们对于抽象的知识比较难以理解。我们平日的教学课时相对紧张，基本讲完一个专题知识，讲解完相应的课后练习，紧接着又进入下一个专题的学习。因此,在平时的教学过程中,我通常选择较为简单快速的方式,多采用 PPT、FLASH 动画、视频等素材来进行讲解。再根据学生的学习习惯与特点,一般放手让他们自主动手操作的机会很少。但通过本案例,我发现,其实教师一味的自我讲解,学生真正能听进去、吸收并消化的知识是有限的,学习效果也是"仁者见仁,智者见智"。对于地理基础较好的学生,理解起来快速容易,而对于基础薄弱的学生,则相对较难。

这就需要我们老师进行有智慧的教学,将抽象的知识变得直观形象。对于高中自然地理知识部分,我认为最直观形象的方法就是亲自动手做实验。

(二)实验要真正为教学所用

对个别学科而言,做实验也许是家常便饭,但在我们地理课堂上,实验教学应用的相对较少,顶多也是在公开课上有所运用。甚至有些课堂实验,只是做做样子,摆摆噱头,对课堂知识内容的传授和讲解并没有实质性的意义。但我认为,既然已经占去了如此有限的课时,那就一定要把实验设计好、做好,让学生在实验中有所收获,让这宝贵的课时利用得有价值。我们要做真正为课堂教学所用、对学生学习有用的实验,而不是"花拳绣腿"而已。本案例中我所采用的实验,虽然前期准备材料较多,但操作起来相对比较简单,且课堂呈现效果明显。大部分学生根据教师设计好的步骤来,基本都能达成预期的效果。因此,整体来说,这是一次比较有效的课堂教学的行为体验。

(三)"智慧"教育促成长

实验教学是我对于平时课堂教学方式的一种全新尝试及改变,对学生而言,也是地理课堂的一次全新体验。如今的高中生,尤其像我所在的普通高中,对学习的热情与积极性远不如初中生那般高涨,他们可能也早已习惯了被动地听老师讲解,但这样的学习效果往往一般。而学生每一次在课堂上所表现出来的"问题",都是促进教师进一步思考、激发教师教学"智慧"与进步成长的基石。因此,遇到这样的"问题",我们不能忽略,更不能置之不理。而当老师根据这些"问题",在今后的教学中做出一点设计与变化,都能很好地激发起他们的学习兴趣,调动起他们学习的积极性。教师在课堂教学中所运用的一点点小"智慧",对学生的影响也许是巨大的。这种"智慧"的产生是师生之间共同作用的结果,也是促进师生共同成长的丰富"养料"。

当我们每一次在教育教学过程中多加一点思考、多花一点心思,多添一点"智慧"进去,不仅对学生来说,增加了课堂的趣味性、生动性,提高了学习的积极性与主动性;同时,对我们教师而言,更是一种非常好的历练与成长!

【导语】

在以智能化为代表的信息技术滚滚潮涌地席卷现代社会与人类生活各个方面的大背景下,学校教育也不能"幸免",它关系到学生培养的内涵结构将随之发生变化,教学呈现的手段与教学内容表达的方式也将随之发生变革,这一切都以迅雷不及掩耳之势在发生着,而且迭代更新速度愈来愈快。欣慰的是,亭林中学的各学科老师已将信息技术工具及其方法大胆及时地在教学上介入应用,倍增了教学效果,深得学生欢迎。学科老师的这种自觉跟上信息时代步伐、不失时机地用之于课堂教学的进取精神,为学生提高学习积极性、提升学习效果提供了跃升的舞台,更为学生接触智能技术、转变学习方法、改变思维方式、完善培育模式营造了适合时代要求的心智健康成长的氛围。

基于人机交互的课堂检测
和跟进行为研究

徐　喆

一、问题的提出

(一) 现状及趋势

一直以来,交互性被视为信息通信技术(ICT)在教育领域应用过程中的一个关键性功能,英国教育与就业部(DFEE)在1998年制定的《ICT应用于学科教学的教师能力标准》中定义交互性为"ICT的一项功能：快速、动态的反馈和响应"。ICT技术已深入渗透教育行业,并对传统课堂带来了很大改变,以交互式白板(IWB)、课堂反馈系统(CRS)等为代表的ICT课堂教学工具已在世界各国各个阶段的教育中被广泛使用。

国内对于交互技术应用于课堂教学的研究已经起步,在CNKI文献库中以"交互技术"和"课堂教学"为关键字,共检索到38篇文献。很多的案例显示交互技术能够用于课堂教学中,以"交互练习"为关键字检索CNKI文献库,共检索到3篇文献,其中两篇都是基于FLASH的多媒体课件实践。以"交互技术"和"课堂检测和跟进"作为关键字检索CNKI文献库,没有检索到文献。

所以,对于人机交互技术的应用还在摸索阶段,对于如何使用交互技术进行课堂检测的策略,检测的元素和注意事项等,还有如何进行课堂跟进和课后跟进的策略有待进一步的研究。

核心概念解释:人机交互检测是指利用人机交互技术进行课堂练习,基于网络技术,从人-机交互,发展为学生-机-教师交互,在学生与机器交互练习过程中,教师能够得到大量练习数据。基于数据分析,教师能够进行合理科学的行为跟进。

(二)实际意义和理论意义

将信息环境带入课堂练习中,培养学生学习能力,激发学生课堂练习积极性,改变学生被动学习态度,引导教师充分利用人机交互技术辅助教学,设计适应交互技术的题库。教育信息化是大势所趋,根据查询相关文献,发现信息科技课堂人机交互练习的研究有所缺乏,本课题的研究是对教学微环节进入信息化的进一步探索,有望对如何在信息科技学科设计并实践课堂检测和跟进的研究有所补充和完善,将为他人的研究提供相关的素材和经验参考。

二、研究概况

(一)研究目标

1. 研究基于人机交互的课堂检测系统;

2. 探索基于人机交互课堂检测的课堂跟进和课后跟进策略;

3. 通过研究人机交互课堂检测和跟进,促进教师专业发展,同时提高学生学习能力。

(二) 研究内容

通过开展文献研究和案例调查,尝试人-机交互方式的反馈模式和软件选择,基于上述研究建构课堂反馈支持系统。根据课程标准、学生学情和学校计算机教室软硬件条件,选择合适的方案进行课堂检测题库设计,分别从学生和习题两方面设计检测要素,设计数据统计汇总表。统计分析课堂检测中形成的系列数据,形成基于数据分析的跟进方式。归纳总结基于人机交互检测的课堂跟进和课后跟进策略。在反思累积教学经验的基础上,形成高中信息科技课堂检测的课例。

(三) 研究方法

1. 文献研究法:关注国内外课堂练习研究动态,收集相关文献资料,提高理论水平。

2. 行动研究法:通过教学实践,摸索适合我校学生的人机交互课堂检测方案。

(四) 实施步骤和进度计划

2017 年 3 月申请课题,2017 年 4 月正式立项。

1. 准备阶段(2017 年 4 月—2017 年 11 月)

结合理论学习和案例研究,撰写开题报告,确定研究目标和内容。通过开展文献调查、教师访谈、学生座谈、课堂观察等途径,了解课堂检测的现状和存在的问题。根据教学要求创建相关的教学资料,尝试不同的反馈模式和软件选择。

2. 实施阶段(2017 年 12 月—2018 年 5 月)

尝试采用不同方案进行课堂实施,利用人机交互技术做好数据检测和统计工作,以一单元为单位定期分析学生和习题数据,分析问题出现原因。根据数据基础,进行全方面分析,采取适当跟进方式。

3. 总结阶段(2018 年 7 月—2018 年 11 月)

归纳总结基于人机交互检测的课堂跟进和课后跟进策略。在反思累积教学经验的基础上,形成高中信息科技课堂检测的课例系列。对成功教学设计方案进行总结,撰写教学课例和研究报告,专家论证指导。

三、研究的主要成果

(一)明确了几种人机交互检测软件平台的特点和使用方法

几种软件平台的共同点是都具有反馈的及时性,极域电子教室和 Moodle 平台支持局域网的数据收集。问卷星平台支持互联网的数据收集。所以我们需要根据教学内容和教学目标的不同进行有选择的使用。详细特点见表 1,详细安装和使用方法见附件使用手册。

表 1   多种人机交互检测策略分析表

方案	局域网	互联网	及时反馈	批量导入	数据收集	账号登录	数据保存	成绩排名	题型多样	自我管理
希沃白板			√						√	
Articulate Storyline2			√							√
极域电子教室	√		√		√					√
问卷星平台		√	√	√	√		√	√		
Moodle 平台	√		√	√	√	√	√		√	√

(二) 探索了人机交互检测的检测要素

1. 学生检测要素(见表2)

表2　人机交互检测的检测要素

用户名	学号	总分	错题数	错误题	错题选项	正确率	答题时间
学生一							
学生二							
……							

针对传统课堂检测学生数据的缺失,人机交互课堂检测软件平台自动收集学生数据进行汇总。主要检测要素包括学生用户名、学号、总分、错题情况、答题时间等。问卷星平台检测要素是固定的。(举例见图1)Moodle平台的检测要素可以自己添加(举例见图2),但是需要较强的信息技术能力。

星标	操作	序号 ▲	用户名	提交答卷时间	所用时间	来源	来源详情	来自IP(?)	总分
★	👁 🗑	1	裴晓霆	2018/3/15 8:24:57	802秒	链接	直接访问	上海上海	95
★	👁 🗑	2	张睿清	2018/3/15 8:25:21	840秒	链接	直接访问	上海上海	80
★	👁 🗑	3	高伟杰	2018/3/15 8:26:12	865秒	链接	直接访问	上海上海	105
★	👁 🗑	4	俞文浩	2018/3/15 8:26:28	869秒	链接	直接访问	上海上海	110
★	👁 🗑	5	侯毅敏	2018/3/15 8:26:43	912秒	链接	直接访问	上海上海	120
★	👁 🗑	6	夏徐钦	2018/3/15 8:26:44	917秒	链接	直接访问	上海上海	135

图1　问卷星平台数据检测

2. 习题检测

针对传统检测中习题评价反馈的缺失,人机交互检测收集了所有习题的练习情况。以单个习题为例(见图3),当某个习题正确率不高时,它就会成为教师课堂跟进和课后跟进的数据依据。

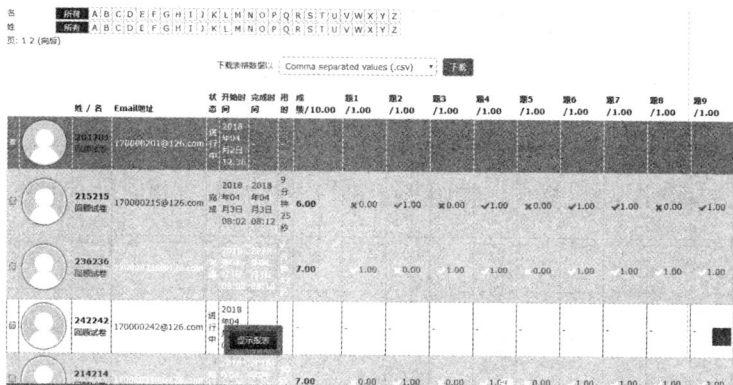

图 2　moodle 平台数据检测

课堂跟进时对正确率低的习题重点讲评。在课后跟进时，将所有习题使用 EXCEL 表进行汇总，直观呈现习题正确率（见表 3），对于正确率异常习题做出处理（修改或删除）。

1. 关于信息数字化，以下说法正确的是（　　　）。［单选题］

选项	小计	比例	
A. 在计算机中，数值是以二进制形式存储的，字符也是以二进制形式存储的（答案）	23		57.5%
B. 在计算机中，声音是以二进制形式存储的，图像是以 ASCII 码形式存储的	1		2.5%
C. 在计算机中，字符是以二进制形式存储的，数值是以 ASCII 码形式存储的	8		20%
D. 在计算机中，数值和字符都是以 ASCII 码形式存储的	8		20%

图 3　问卷星平台习题检测

正确率：57.5%

习题检测的选项以数字形式呈现（见表3）

表3　Excel 表格汇总习题数据

序号	1	2	3	4	5	6	7	8
裴晓雯	1	2	1	3	3	4	2	3
张睿清	1	2	1	3	3	4	2	4
高伟杰	4	3	2	3	3	4	4	4
俞文浩	3	2	2	3	1	4	3	3
侯毅敏	1	2	2	3	1	4	3	3
正确率	60%	80%	40%	100%	60%	100%	20%	60%

（三）探索人机交互课堂检测的原则

1. 交互性原则

传统检测方式中，教师很难全面关注到每位学生，掌握每位学生的学习情况，并给予及时的反馈。而人机交互改变了这一情况，计算机的强大运算能力将检测结果实时反馈给学生，同时网络功能帮助教师获取每位学生的检测数据，教师可以利用这些数据，分析这些数据。所以在课堂检测的设计和实施过程中，都要以交互性为第一原则。在设计时，考虑学生实时反馈评价（见图4），在实施时考虑数据的汇总（见图5），充分发挥人机交互的作用。

2. 实用性原则

课堂检测要根据检测方案，检测内容和检测对象的不同，合理安排检测内容和检测时间。人机交互课堂检测与传统检测方式不同，有着机器的限制。比如 Moodle 系统需要先输入账号密码进行登陆，占用部分时间。当然计算机不需要学生手写，鼠

图 4　问卷星平台排行榜

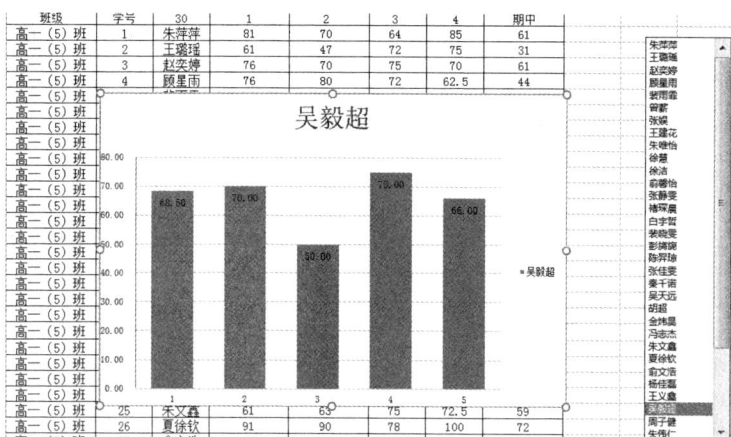

图 5　学生多次成绩汇总表

标和键盘的操作可以帮助学生进行快速练习。这些问题都需要教师根据课堂预设和生成的实际状况进行时间的合理安排和调整。

3. 层阶性原则

课堂检测需要课堂上限时完成，一节合格的教学课检测的内容要适中，把握一定的度，否则学生对所学知识很难加以理解，巩固和应用，甚至会让学生产生排斥和厌烦心理，所以，练习题的设计要少而精，题型灵活多样，紧扣当堂检测的知识点，这样既可以使学生明确本节课的重难点，又能训练学生的思维。

检测题的难度要适当，练习适量，分不同层次来设计。如，在《信息编码》这节课中，课堂练习只有十题，也分为三个部分来设计，第一部分体现基础知识的训练，面向全体学生。第二部分要进行提升题的训练，在图像编码的基础上加入位深度的概念，让大部分学生在经过自己的努力后，体验成功的快乐，第三部分为拓展题，加入视频数据量的题目，让学生感受信息技术的强大能力。

4. 灵活性原则

由于教学内容的不同，教师的教学方法和内容也会不同，所以，教师要灵活运用检测方法，利用不同形式和方法达到检测目的，让课堂检测在教学过程中发挥真正作用。

（四）形成人机交互课堂检测和行为跟进的策略

课堂检测的目的是反映学生对于课堂教学目标的达成情况，所以根据不同的教学目标需要使用不同的课堂检测和行为跟进策略。其中课堂检测的题型不同，所使用的人机交互技术软件和平台也不同。结合高中信息科技学科的学科标准和我校学生学情，本课题在实际教学过程中探索了人机交互课堂检测和行为跟进的模式(见表4)。同时也形成了几种人机交互课堂检测和行为跟进的策略。

表4　课堂检测模式

课前		课中				课后
准备课件 建立题库	→	新知学习	课堂检测	课堂跟进	→	课后跟进数据分析

1. 人机交互课堂检测和课堂行为跟进策略

(1) 自检自学策略

这是一种比较机械的课堂检测策略。由于检测的是陈述性知识的记忆,所以检测题型为选择、填空等客观题,软件平台为问卷星。学生在检测过程中无需进行复杂的思维活动,只需要凭借对学习内容的记忆独立完成检测,获得及时性的反馈,了解自己的学习情况。教师只需要预先设计检测的流程,然后放手让学生自己检测、主动纠错、再次检测、及时巩固。自检自学策略的教学模式如下。(见图6)(课例见附件教学课堂实例《因特网应用》)

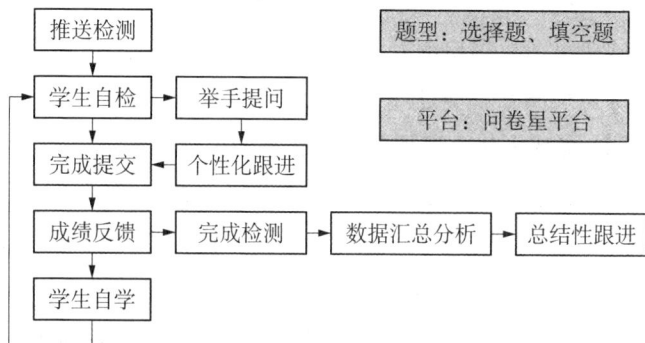

图6　自检自学策略教学模式

（2）合作学习策略

在培训学生信息能力，发展学生思维的独立性和创作性时，合作学习策略为学生提供了一个交流、合作、探索、发展的平台。由于检测的是学生使用所学知识解决实际问题的能力，题型一般为应用题和综合题，软件平台为 Moodle 平台。教师需要创设问题情境，组织学生探索问题，并且合作解决问题。合作学习策略的教学模式如下。（见图 7）（课例见附件教学课堂实例《分支结构》）

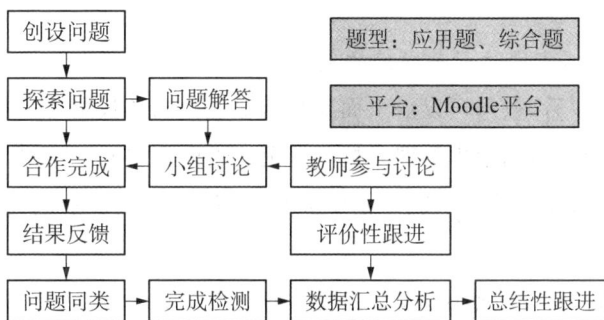

图 7　合作学习策略教学模式

（3）互动游戏策略

互动游戏策略是由利用人机交互的优势，设计游戏性的课堂检测。这一策略检测的是学生对于概念的习得，所以检测题型为归纳题和配对题，所用软件平台包括希沃白板、极域电子教师和 storyline。互动游戏是激发学生学习动机的一种有效方式；其次也是概念教学的有效手段，学生对概念有了较为深入的理解，参与到游戏中进行归纳配对，了解它的来龙去脉，必然会从本质上理解和把握概念。互动游戏策略的教学模式如下。（见图 8）（课例见附件教学课堂实例《循环结构》）

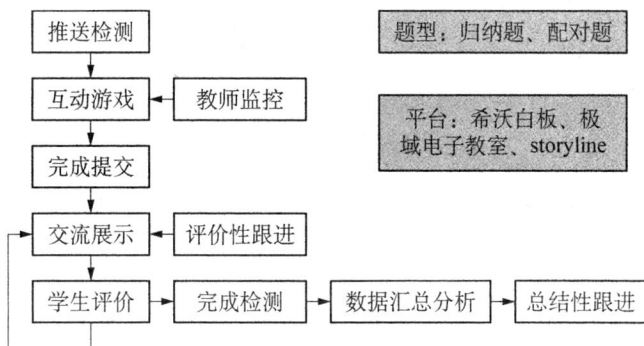

图 8　互动游戏策略教学模式

2. 探索课后行为跟进的策略

在课后,教师可以更全面地分析课堂检测的数据,横向比较不同班级,不同学生的课堂检测情况。纵向比较同一班级,同一学生几次课堂检测情况。基于大数据,教师有太多的问题可以进行行为跟进。

(1)班级数据比较,改变教学难度和进度

每个学科课程标准和教学基本要求都对教学内容和难度有一定的规定。但是在实际教学中还是有一定灵活性。比如,在横向比较不同班级课堂检测数据后,发现两个班级检测成绩差异巨大,那么必须正视这种差异,如果不改变原教学内容,只会增大这样的差异。我的两个班级,一个是文化班,一个是美术班,入学成绩一样,但是由于班级不同,在课堂检测中发现班级差距明显,那么必须因班施教,对于不同班级调整不同教学难度和进度,缩小两者差距。

(2)学生数据比较,培养学生学习习惯

在横向比较不同学生课堂检测要素时,会发现学生很多不好的行为习惯。

① 答题时间要素

在课堂检测时需要在一定时间内完成课堂练习,但是学生之间的差异导致时间不可控,以一次复习课内课堂检测为例,完成 30 个选择题的课堂检测,统计的所用时间数据,快的学生为 434 秒,慢的学生为 1353 秒,平均 1026 秒。结合检测难度和学生成绩,发现部分学生做题只追求速度,选择题没有将选项全面看完就完成选择,同时做题不打草稿,不加标注,喜欢心算,暴露的不良学习习惯影响了课堂检测的成绩。对于这部分同学,需要在课堂上注意他们的课堂表现,提醒他们放慢速度,多做笔头的练习。

② 答题次数要素

有学生在课堂检测中会进行刷分的行为,在完成一次课堂检测后,对于反馈不满意,然后进行第二次检测,第二次的反馈分数显著提高。这时候需要的是跟进表扬其行为,同时需了解其提高的原因和方法,是理解了原有错误以后的改正,还是只是为了分数。

③ 各个习题情况

分析各个小题作答情况,可以帮助教师全面了解每个题目的作答,分析学生的作题偏好。如学生喜欢概念题还是计算题,它们的得分情况如何。比如某次练习,第一题概念题得分率显著低于第四题计算题的得分率,找了部分学生回答,反馈说第四题是难题,所以上课记住了,第一题概念题简单但是没有记忆。这反映了普通高中学生的不良学习习惯,不肯记忆,即使上课做了笔记,也只喜欢做一些容易理解的题目。那么在课后必须要让学生更多地进行记忆,或者在后面教学中增加更多概念教学,将理论与实际相联系,做到真正理解概念。

（3）纵向多次数据比较，教师情感参与学生学习

在纵向比较单个学生的课堂检测数据后，会发现极个别学生检测成绩一直不理想，或短时间异常。这个时候需要教师多做一些工作，比如找班主任，其他科目老师了解学生情况，像家庭情况，学习情况，心理情况等。然后再分析其课堂检测问题，或纪律问题，或态度问题，或心理问题。盲目地找学生批评和辅导并不可取，有的放矢的对症下药，对于不重视的学生约谈点明信息科技学习的重要性，对于某方面学习能力差的学生进行单独辅导，对于上课走神的学生进行严厉批评。课后的行为跟进需要学校，家长，班主任各方面的帮助和参与，更是需要教师用情用爱，才能真正有效地帮助学生解决问题。

（五）探索人机交互课堂检测行为跟进的关键要点

"跟进"我们可以分为"跟"和"进"两部分，"跟"是教育理念，"进"是教育技巧，教育理念需要我们贯彻在教学的方方面面。而在课堂检测方面我们需要更多的是教育技巧，包括了表扬，纠错，预防。教师需要合理使用这样的技巧来进行行为跟进。

1. 及时性要点

人机交互技术的优势就是计算机及时的反馈，但是这是基于课前的预设，不是课堂现场。由计算机反馈给学生的信息，学生能够及时得到自己的练习情况和练习成绩。同时教师也能够第一时间得到学生的练习数据，在这个过程中教师要评估学生的学习和练习，及时做出课堂的反馈，不能完全依靠计算机。课堂的反馈一定要依据所学的内容来确定，同时根据学生练习的实际情况提出建议，让学生对之前的练习情况进行回忆的时候能自主地去发现问题，这更有利于培养学生自主学习的能力，也能更好地起到巩固新知的作用。

2. 针对性要点

教师在课堂练习后一定要根据学生的特点与个性做出反馈。在对班级全部学生练习肯定以后，对于练习成绩突出的学生要给予一些口头表扬，特别是对学习能力不强的学生的进步及时关注、及时表扬。例如，某些同学考试成绩不好，但是在这节课上练习成绩有一定提高，可能只是提高了一点，结合他们的课堂的听课表现，教师应在反馈时做出表扬；如果课堂练习良好，学生知识掌握良好，对于学习能力强的学生，在课堂时间允许情况下，教师可以追问他们一些较难的问题，帮助他们提升信息素养和信息思维。

3. 动态性要点

课堂具有很强的动态性，不可预设性，对不同情况可以分成三个方面进行针对性的行为跟进。

（1）在"意外"处跟进

在课堂检测过程中，经常会出现一些意外，一些预设的基础知识的训练，学生会出现大面积的错误。例如，在这个题目中：至今为止的计算机的设计都采用纳了冯·诺依曼的建议，他的建议主要有两条，一为运算采用二进制；二为（　　）：C.数据存放在存储器中，D.程序存放在存储器中（答案）。原概念是程序像数据一样存放在存储器中。有一半以上同学选了C。分析原因是学生先看到了C选项，C选项本身没有错误，但是不符合冯·诺依曼的建议，如果看了D选项，那应该知道了D选项才是正确的。但是很多的同学做题不仔细，没有将所有选项看完。

（2）在"分歧"处跟进

在信息科技教学过程中，计算机思维一直是学生重点培训的思维，要做到这一点，必须让学生自己思考，自己学习。在教学过程中,教师要将课堂主动权交给学生,让学生思考解决问题的方法,允许学生自主探索,发现不同的方法。比如在《分支结构》这节课中,输出一个数的绝对值,有同学使用了 A>0,有同学使用了 A<0,甚至有同学使用了 A>=0,教师要乐于见到这样的分歧,让学生给出自己的解释,不急于进行总结。教师面对学生的分歧应该随机应变,择机跟进,使学生思维更活跃。

(3)在"错误"处跟进

在教学过程中我们经常会遇到这样的尴尬:教师在按部就班地进行课堂活动,学生冷不丁地冒出一个问题,或补充一种解题方法,或指出一个概念的疑惑,或者质疑老师的讲解。面对这样的突发情况,回答就有可能影响教学进度。装作未见,又有违教学理念。每当这个时候,教师进退两难,课改的今天,我们不妨以平常心对待,利用这样的"错误"来实现师生的共同成长。例如,在课堂检测第一台计算机名称时,有学生提出 ENIAC 不是第一台,ABC(阿塔纳索夫-贝瑞计算机)才是第一台计算机。这个问题在国际上都是争论,其实不好回答,这个时候教师可以以这个错误为契机,引导学生自己去网络上搜索相关知识,引出下节课的内容,冯·诺依曼和他的 EDVAC。

4. 反思性要点

课堂检测过程中,学生的思维和回答可能偏离了教师本身的预设,此时教师的第一反应以及对此反应做出的处理方法,不管好不好都是反思的一部分。优秀教师不会受教学设计的束缚,往往在教学过程中能突发奇想,在得到课堂检测反馈后,不论成绩好坏都有可能改变教学的过程。那么,上完这节课后,教师一定要静心沉思,把整节课的过程在脑海中再现。想一想自己在教学时对重难点的处理是否到位,教学预设与课堂检测是否有冲突的地方。此时教师应当及时记下这些得失,并进行必要的归纳和整理,从而形成教学反思的一个良性循环过程。

四、研究效果与反思

(一)课题研究效果

开展课题研究一年多来,在教研组其他教师的帮助以及全身心的学习、合作、探究、研究、实践,并不断总结中,课题实验得到顺利的推进,同时也取得了大量的成绩。主要体现在课堂结构的优化,学生学习效率的提高和教师信息素养的提升。

1. 改变了学习方式,促进了学生的主动发展,提高了学生的学业成绩。

(1)自主、合作、探究成为学生学习的主要方式。一年来,教研组成员努力通过课堂检测的改变促进学生自主、合作、探究学习方式的形成,促使学生的学习方式多样化。在课堂上出现了"人机交互学习","师生交互学习","生生互助学习","小组合作学习"等多种学习方式。学生有了充分的时空进行交流和探究,人机交互的加入使得本来枯燥、困难的课堂检测成为了快乐的事情。

(2)学生学习成绩大幅度地提高。人机交互课堂检测的大规模加入,促进了学习成绩大幅度地提高。2018 年 6 月,上海市信息科技学业水平考试中,实验班学生全部合格。(见表 5)

表 5　2018 年上海市信息科技学业考试情况表

	总人数	合格人数	不合格人数	合格率
全校	244	240	4	98%
实验 2 班	41	41	0	100%
实验 5 班	39	39	0	100%

（3）学生得到主动发展。通过课堂观察和课后交流,实验班学生对信息科技学习充满浓厚的兴趣,一改以往的无所谓态度。课堂检测既是压力也是动力,学生在压力下,主动与学生互助、与教师交流,提高自己的检测成绩。同时在动力下,主动进行探究学习,增加自己的信息素养和意识。学生动手解决问题的能力不断增强,信息素质明显提高。

2. 改变了教学方式,提高了课堂教学质量,促进了教师信息专业素养的提升。

（1）教师的教学方式得到明显改变。通过课题研究,教师学会了课前、课中、课后都以学生作为主体,如课前备学生:为学生准备检测题库。课中时刻关注学生表现与学生检测成绩。课后保持线上线下的练习,进行行为的跟进。教师从以前的满堂灌、注重知识的习得和应用,转变为真正将自己放在了主导作用上,为学生提供有效的学习帮助。

（2）教师的信息专业素养得到明显提升。教研组成员不断学习,教育教学理论水平有了显著提高。他们端正了科研态度,掌握了新的教学手段和教学技能,提高了教学设计水平。教研组成员参加区中青年教学评优获学科组二等奖。

（二）课题研究反思

1. 检测要素简单

研究初始阶段就制定了课堂检测的要素,包括了时间,总分,正确率等要素,并设计了相应的研究表格。但随着研究的深入,我们发现这些检测要素过于简单了,要分析一个题目,正确率是一方面,同时也要考虑这个问题的考查知识点,考查要求和难度。那么有需要对于课堂检测的每个问题做一个双向细目表,加上检测知识点,检测要求(分 A,B,C,依次要求为知道,了解，掌握），根据这个要求赋予题目难度等级，可以分为三级，一级1分，二级2份，三级3分，这样课堂检测的要素可以增加方差，标准偏差等新要素。但是这样做会大大增加教师的工作量，对于数据的统计和分析也是极大的挑战。

2. 行为跟进的科学性

行为跟进两方面，不管是教育理念和教育技巧，我们一线教师都对之缺乏系统的理论知识。通常都是凭借他人传授的知识和自己的经验进行教育教学的跟进，缺乏系统性和科学性。特别是人机交互进入教育教学领域时间并不长，我们对于它的研究并不多，在人机交互提供的大数据条件下，如何科学地分析数据，如何科学地进行行为跟进都会是以后研究的巨大挑战。

3. 实施效果的评价问题

信息技术进入课堂是大势所趋，并且已经发挥了巨大的作用。但是用人机交互技术进行课堂检测，对于提高课堂教学效率和培养学生信息素养，到底有没有效果，还不好评价。一方面，人机交互在一开始的确增加了学生学习兴趣，同时高效率的课堂反馈，增加了学生的参与度。但是人机的交互，一定程度上肯定要占用部分课堂时间。人机交互课堂检测的实施，目前只能使用考试成绩进行评价。但是对于学生信息素养的提高有没有作用，或者有没有影响无法评价。

以上的问题，期待在后续的教学过程中继续探讨。

基于 APP 技术的法治教育游戏
开发与应用研究

祁成军

自 1986 年"一五普法"以来,我国普法宣传教育已走过了三十余个年头。与西方宪政国家普法宣传的历史发展轨迹相似,我国普法宣传教育也经历了由法条宣教向法治精神与法律技能培育的转变。在美国等国,这个教育重心转变的时间点在 20 世纪 80 年代,而我国在六五普法(2011 年)之后。从国内外法治精神与法律技能培育的实践看,如何开发出更多适合于学生身心特点、为学生所喜闻乐见的法治教育载体是提高学校法治教育实效性的关键。近年来,上海市中小学法治教育不断推陈出新,创新了诸多有启发意义的法治教育实施载体,特别是互联网＋法治教育,更呈现出迅猛发展的势头。在此背景下,我们开发了基于 APP 技术的法治教育游戏,并借此平台,开发、实施相应的法治教育课,以期为师生创设法治教育活动的实践、创新平台,改变传统的法治教育课堂教学方式与学习方式。

一、法治教育游戏开发的现状与价值

2014 年 10 月中共中央十八届四中全会通过了《《中共中央关于全面推进依法治国若干重大问题的决定》,提出了"把法治

教育纳入国民教育体系"的要求。2016 年 6 月教育部通过了
《青少年法治教育大纲》,开始贯彻落实在"国民教育体系中系统
规划和科学安排法治教育的目标定位、原则要求和实施路径"。
在实施路径方面,《大纲》提出了三大途径、九大方法,"开发利用
网络资源"是其中的方法之一。

　　就我国法治教育网络资源看,随着普法宣传的不断推进,法
治教育资源也日益丰富,特别是司法系统的众多网站,收录了海
量的数字资源,包括法治视频、动漫、图片、法律法规、案例等等。
但是,纵观国内法治教育资源,法治教育游戏软件极为匮乏,已
经公开的资料显示,目前只有两款法治教育游戏软件,分别是成
都市武侯区检察院 2015 年 6 月开发的棋盘式法制教育游戏和
南京市法宣办、司法局、教育局共同开发的青少年网上学法闯关
游戏。两款游戏的共同特点,一是基于 PC 端,限于内部局域
网。二是通过网上回答法律知识问题闯关。相对于传统的法宣
方式,闯关游戏趣味性较高,有利于提高学生学法的积极性。但
是,目前青少年喜闻乐见的游戏形式是具有场景模拟、角色参与
特点的情景游戏,这类情景类法治教育游戏在国内尚是一片
空白。

　　就技术形态看,基于移动终端的手机、平板电脑已深刻渗入
学生日常生活,特别是智能手机的使用,已经对学生产生了巨大
影响。如何正确使用移动终端设备与互联网技术,使其产生积
极的教育意义,是当代教育面临且需要迫切解决的重大问题。
而解决问题的关键,则是不断开发基于当代技术的、适合于学生
并得到学生真正喜爱的教育产品。从积极方面看,移动教育相
对于传统教育不受时空限制,学习者能够利用时间碎片、空间碎
片随时随地学习,因此移动设备教育应用前景广阔。教育游戏

作为一种新型学习方式,具有寓教于乐的特点,深受青少年喜爱。因此,师生共同开发基于 APP 技术的法治教育游戏,并以其为支持进行法治教育课,可以提高法治教育的实效性。

二、法治教育游戏开发的原则

1. 专业引领与师生主体

法治教育游戏开发既需要游戏知识与技术,又需要法律知识,两方面的知识与技能都非常专业,在校师生很难承担相关的开发任务,因此邀请游戏公司与法律专业机构参与是保证法治教育游戏开发质量的必然选择。在此过程中,避免专业机构主导开发进程是实现游戏开发过程中教育性的关键,因此必须确保师生在游戏开发过程中的主体地位。

法治教育游戏开发过程中师生主体地位主要体现为:游戏框架与内容主要由教师与学生设计,游戏公司根据内容要求进行制作,其权限仅局限于技术支持。法律专家则根据师生提供的法治教育内容进行知识准确性鉴定。当然,在此过程中,游戏公司与法律专家可以通过适当的方式对设计框架与内容选择进行建议。

2. 趣味性与知识性

对学生而言,法律知识的突出特点一是多,二是枯燥,这也是多年来普法宣传试图突破的难点。我们认为,突破难点的思路有三个,一是使用学生喜闻乐见的学法途径,二是在生活情景中运用法律知识与技能,三是改变学习方式,即综合使用多种学习方式学法。基于 APP 技术的法治教育游戏开发与应用满足了这三点要求,有利于学生学法积极性的提高。但是,游戏的突出问题是学生容易上瘾,兴趣一上来就难以自拔,因而,游戏知识性的提升与时长的控制是防止上瘾的关键。

　　要确保法治教育游戏的知识性,意味着游戏开发与应用的过程应该就是一个学习的过程,就知识内容而言一是学习法律知识,二是学习游戏知识;就学习方式而言是自主学习、合作学习与研究性学习的综合运用。在游戏设计与制作中,要充分考虑游戏的框架与内容是否有利于三种学习方式的开展,成为推动自主学习、合作学习与研究性学习的平台。

　　3. 开放性与持续性

　　开放性是衡量法治教育游戏品质的重要指标,只有具备充分的开放性,游戏的开发与应用才会是一个持续发展的过程,游戏的教育性才能得到持续发挥。开放性首先指平台不是一个封闭而是开放的系统,游戏框架的构成是多元的,能集成多种形态的法律知识。其次,系统对于师生是开放的,师生能根据学习与教学需要,不断更新系统内容,使系统成为一个持续发展的过程,从而保证系统的生命力。第三,从系统使用讲,系统是一个不断扩大用户的过程,由师生开发团队到全校师生,由师生到家长,由本校到兄弟学校,由本区域到其他地区,最后是全网自由使用。

三、法治教育游戏开发的框架与内容设计

　　1. 框架设计

　　通过与区域内教师、本校学生、游戏制作专业人士研讨,在了解法治教育游戏现状、特点的基础上,通过在校内公开征集法治教育游戏设计方案,建立师生课题研究团队等方式,我们设计了法治教育游戏系统框架,并将其称为"青少年法治教育多媒体操作系统",主要内容如下表:

图表 1　青少年法治教育多媒体操作系统设计框架

内容	名称	主要内容	形式	完成方式	完成主体
资源库	图书馆	法律法规、教案、PPT、动漫、影视作品等	数字资源	网上收集	学生
法学闯关	教学楼	通过闯关游戏,完成对学生法律法规知识的检测	闯关游戏	开发	政治教师
情景游戏	体育场	《荣耀抉择》手游	情景游戏	开发	师生
操作系统		将上述内容整合为一个操作平台	操作系统	开发	游戏公司

2. 内容设计

根据设计方案,师生开发团队按照三个模块,进行了相关内容的收集与创作,并由法律专业人士对内容进行了审核,具体如下表:

图表 2　青少年法治教育多媒体操作系统主要内容

模　块	主要内容
图书馆	宪法、青保法、网络法规、民法等与青少年有关的法律法规、动漫、教案、PPT
教学楼	宪法、青保法、网络法规、民法等与青少年有关的法律法规闯关试题
体育场	手游立意:通过游戏方式,展现人性、道德与法律的冲突,实现玩家的道德自醒与法律知识普及。 故事梗概:全国高中生足球赛,S校彭阳渴望成为本年度的"足球之星",他最大的竞争对手是T校的秦小明。彭阳父亲彭超逸爱子心切,花10万元买通S校队队员于海,让他在比赛中假摔伤害秦小明,令他不能参加接下来的比赛。同时,彭超逸绑

模 块	主要内容
体育场	架裁判的女儿威胁他,让他在比赛中对于海的假摔不判犯规。结果,在球场上,于海让秦小明小腿骨折,裁判未作为,T校队员不服,双方大打出手,导致多名队员受伤。有关人员最后进入法庭,法官给予判决。故事有四条线,每打开一条线,其结局都有不同。

3. 界面特点

在操作系统内容设计的过程中,师生开发团队与软件公司密切合作,多次召开联席会议,就内容与技术的整合、呈现形式进行讨论研究,软件公司通过源代码开发方式,完成了软件制作,其界面呈现主要特点如下表:

图表3 青少年法治教育多媒体操作系统界面呈现主要特点

模 块	界面呈现特点
图书馆	条目结构,单独文档,全域开放,随意查看
教学楼	①题库分课堂闯关与自主闯关两套系统,自主闯关供学生自由练习用,题目从题库中随机产生,也可输入关键词,将题目进行主题限制。②教师通过后台操作,可从题库中灵活选择题目,题目的多少、难易度由教师把控,教师也可一对一向学生定制、发送题目。③题目与资源库相链接,学生可自主查看问题解析与相关资源。④融入竞争性:闯关中计时,从而产生闯关的时间紧迫感。教师控制的主机大屏幕会显示当前闯关排名,并给予相应的荣誉称号(从法盲到法学博士共七级)。通过人物哭、笑方式提醒正误。
体育场	二维动画、角色默认、情景模拟、不断选择,画风统一,偏Q版日系
后台管理	学生的信息列表:包含了学生姓名,班级,学籍号,学号,性别和称号,可根据对应的内容查找到学生的基本信息及课程学习情况。

续　表

模　块	界面呈现特点
后台 管理	题目管理：教师可通过题目的管理，来掌控教学内容。 发布题目：教师可根据自己的要求确定题型、数量、答题时间。 发布日志：教师与学生都可以通过日志来查看发布的详情。 数据分析：可通过数据分析，查看每题的答题情况、学生知识模块掌握情况等。

图表 4　界面举例

登录界面　　　　　　　　　　　　　情景游戏

四、法治教育游戏的应用与完善

法治教育游戏开发的过程是一个师生学习的过程，这个过程不会止于系统的成型，恰恰相反，系统成型后的应用更是一个师生学习的过程和系统完善的过程。

1. 资源库的应用与完善

法治教育游戏的教学应用将对资源库提出特殊要求，资源库的定向支持是课堂教学正常开展的前提，基于游戏应用的课堂教学开展的过程就是资源库不断充实的过程。这种充实主要体现为：

（1）情景游戏教学应用与资源库充实。基于体育比赛的《荣耀抉择》手游，呈现了法律与道德的冲突，并在游戏玩家不断的抉择中实现体育法规的普及。因此,在正式授课前,教师须与学生一道,全面收集我国的体育法律法规,并以单独文件夹的形式置于资源库,以便于课堂教学中链接之用。从长远看,随着情景游戏的进一步开发,基于不同情景的法治教育游戏都需要相应的法律法规支持,如交通情景游戏将以交通法为支撑,禁毒教育游戏将以禁毒法为支撑等。

(2)闯关游戏教学应用与资源库充实。闯关游戏通过游戏化方式对知识进行判断与选择,其本质就是做选择题,因此闯关游戏与课堂教学关系密切,应用前景极为广阔。从目前游戏的架构讲,虽然闯关游戏的题库独立于资源库,但题库本身是游戏持续开发与应用最重要的组成部分,我们仍然可以将其视为资源库。另一方面,闯关游戏在教学应用过程中,必须对选项进行诠释,以支持学生的自主学习。选项诠释是一项极为浩大的工程,需在长期的教学过程中由教师不断完善。诠释的内容将置于资源库,并通过链接方式供学生在自主学习时查阅。

(3)专项法治教育活动与资源库充实。资源库中的资源应该不仅仅限于国家课程的教学资源,还应该包括校本化课程资源。例如,当学校开展法治绘画征集活动时,可以将学生作品扫描进闯关游戏,发动师生、家长参与投票评选。优秀作品收入资源库,长期保存。此外,学校的一些有代表性的法治教育作品,如模拟法庭脚本、法治故事、法治小品脚本、法治调查报告等资料都可以置于资源库,分门别类储存,便于查阅与宣传。

2. 法治课教学方式的革新

从我国法治课的现实看,流于形式、课型老化是突出问题,这也是法治宣传教育由法条宣教转向法治精神与技能培育要突破的关键点。法治教育游戏应用于课堂教学,会对教学方式产生很大影响,有利于革新法治课教学方式,改变学生学习方式。

(1)基于情景游戏的课堂教学。以《荣耀抉择》为学习载体的法治课,呈现出了不同于传统的课堂教学方式。

《荣耀抉择》教学环节

- 导入

- 登录系统,进入《荣耀抉择》界面

- 玩第一关,抉择1

  讨论:抉择理由

- 玩第二关:抉择2

  讨论:抉择理由

  资源库链接:体育法规

  辨析1:法律法规理解与应用

- 玩第三关:抉择3

  讨论:抉择理由

  辨析2:法律与道德的冲突、选择

- 玩第四关:抉择4

  讨论:抉择理由

  活动:模拟判决

- 课堂总结

从目前课堂教学实践看,情景类游戏课堂教学至少呈现出了下述特点:玩中学;学生主体;讨论成为课堂的主要环节;海量资源背景下的材料辨析与选择;轻松、活跃的课堂氛围等。

(2)基于闯关游戏的课堂教学。闯关游戏从设计开始,就试图借助资源平台,提高课堂教学效率。效率的提升一方面来自强大的资源,便于学生对关联知识瞬时检索。而更主要的方面,则是借助互联网与大数据,改变课堂练习与课后作业的存在形态。就课堂练习来说,学生通过闯关游戏进行课堂练习,只需点击即完成选择,系统进行即时判断,并通过大屏即时呈现进度与正误。教师通过即时呈现,对课堂教学中学生知识掌握的薄弱环节作出判断,进行有针对性的讲评,避免了传统课堂练习因为缺乏作业批改环节而导致的靠经验讲评。

我们对比研究了试用班与普通班在同一位教师授课下,同一课题学习过程中,10 分钟时间段内的课堂选择题练习(多媒体操作系统练习与纸质练习)与讲评,具体数据见下表:

图表 5　课堂练习量、讲评量对比统计表

课题	研究组		对比组	
	练习量	讲评量	练习量	讲评量
人民民主专政是人民当家做主的国家政权	8	8	8	6
人民民主专政是人民民主与对敌专政的结合	6	6	6	5
我国政权对内对外的国家职能	7	7	7	5
坚持人民民主专政是实现社会现代化的政治保证	8	8	8	7
人民军队是人民民主专政的坚强柱石	8	8	8	6

在对比统计中,我们要求教师首先要保证研究组与对比组每个学生都完成练习后再讲评,因此两者的练习量是一样的。待学生全部完成练习后教师再讲评,结果,研究组教师能全部完成讲评,而对比组则不能完成。授课教师的访谈反映出差异原因:多媒体系统能即时显示学生进度,刺激学生集中注意力,从而缩短练习时间。通过使用多媒体系统教师能即时掌握学生完成情况,而纸质练习则需要教师通过巡视、观察、询问掌握学生完成情况。多媒体系统能即时显示每个学

生题目的对错,并完成班级错误率统计,因而教师讲评时有准确的针对性,对于错误率低的题目学生可以通过链接自己查看解析;而在纸质练习中教师则只能掌握个别学生练习的对错,因而在讲评时平均力。总之,由于在练习环节使用操作系统缩短了时间,而在讲评环节更有针对性,因而操作系统明显提高了课堂的效率。

系统对于回家作业的价值主要体现为教师对学生回家作业的即时把握。当学生在网上完成作业点击上传后,学生完成的正确率会即时传送给教师,教师能够根据学生的完成情况进行及时反馈。换句话说,作业由系统批改,教师将批改作业的时间用于对学生进行有针对性的辅导。同时,教师还可以通过系统,对学生进行个别化布置作业,从而大幅度提高课后作业的针对性。

我们对回家作业也进行了对比研究,在同样的题目数量下,试用班级的正确率明显高于普通班,具体数据见下表:

图表 6 回家作业正确量对比统计表

课题	研究组		对比组	
	练习量	正确量	练习量	正确量
人民民主专政是人民当家做主的国家政权	30	30	30	24
人民民主专政是人民民主与对敌专政的结合	30	30	30	22
我国政权对内对外的国家职能	30	30	30	20
坚持人民民主专政是实现社会现代化的政治保证	30	30	30	23
人民军队是人民民主专政的坚强柱石	30	30	30	21

通过学生访谈,发现使用操作系统 100% 正确率的原因是系统会显示每个题目的正误,从而促使学生通过试误得出正确答案,并通过链接查看解析。

3. 课程开发

法治教育游戏的原创性决定了开发与应用过程的研究性。在游戏开发阶段,我们主要通过开发研究型学习课程的方式来推进研究。在游戏的应用阶段,我们希望能够整合三类课程,其目的是借助课程开发,使游戏软件不断完善,使用户量不断扩大。具体课程见图表 7、图表 8:

图表 7　青少年法治教育多媒体操作系统开发阶段研究型课程设置

模块	研究课题	研究主要内容	研究主体	指导组室
图书馆	青少年法治教育多媒体操作系统资源库内容的收集与整理	收集、整理与青少年密切有关的法律法规、教案、PPT、动漫、影视作品等	法制社学生	历史组
教学楼	青少年法治教育多媒体操作系统闯关游戏试题的编制	编制宪法、青保法、网络法规、民法等与青少年有关的法律法规闯关试题	政治组全体教师、外聘政治教师	德育处
体育场	青少年法治教育多媒体操作系统情景游戏脚本创作与配音	创作基于足球比赛的情景游戏脚本,组织学生为情景游戏配音	通过招募方式组建学生研究团队	语文组

图表8　青少年法治教育多媒体操作系统应用阶段课程设置

课程名称	课程形式	课程目标	课程对象	教师
基于情景游戏的法治课	基础型课程	以情景游戏为依托,探索基于APP技术的法治课教学方式	高一学生	政治教师
基于闯关游戏的政治课	基础型课程	以闯关游戏为依托,探索基于APP技术的政治课教学方式	全校学生	政治教师
游戏制作初步	拓展课程	依托现有游戏平台,结合情景游戏设计,掌握游戏制作的主要软件,完成情景游戏的美术设计。	美术学生	游戏公司美术设计师
情景游戏设计	研究型课程	在总结《荣耀抉择》的基础上,设计基于交通法、诉讼法的情景游戏脚本	招募学生	语文教师、游戏公司设计师
闯关游戏试题的编制	课程资源	根据法治课教学需要编制法律法规闯关试题并对选项进行解析	区域内政治教师	区教育院教学政治教研员

从法治教育游戏初步开发完成至今,已过了整整一年。这一年既是反思验证的过程,也是教学应用的过程,更是不断完善

的过程。基于移动终端青少年法治教育多媒体系统的开发与应用，推开了移动教育广阔天地的一道小小的门缝，实证了移动教育巨大的教育价值，相信随着本系统的不断完善，许多我们还没有来得及发现与验证的价值将进一步显现。

为更好地使用与发展系统，我们计划健全三个支持平台的长效机制：一是建立基于本系统的法治教育奖学金，对在开发、使用系统过程中表现突出的师生进行物质奖励；二是建立青少年法治教育试题征集机制，由区教育学院协调，每年举行 1—2 次征集活动，试题由高中逐渐延伸到初中、小学；三是建立系统维护与推广团队，逐步将系统推广到全区。

吹尽黄沙始见金

——运用 *TI* 图形计算器对《数学通报》2305 号问题的探究

吴建朵

一、问题描述

《数学通报》2016 年第 5 期刊登的第 2305 号问题是：AB 是圆锥曲线 $mx^2 + ny^2 = 1$ 的斜率等于 1 的弦，AB 的垂直平分线与该圆锥曲线交于点 C、D，则 A、B、C、D 四点共圆。该问题引起了笔者的兴趣：这是有心圆锥曲线上四点共圆的一般条件吗？如果不是，那么有心圆锥曲线上四点共圆的一般条件是什么呢？抛物线上四点共圆的一般条件又是什么呢？

二、问题解决

（一）思路分析

为了解决上述问题，笔者首先想到可以借助于 *TI* 图形计算器探究一下。具体思路是：不断改变 2305 号问题的条件，作出猜想；借助 *TI* 图形计算器的作图功能对猜想进行验证；根据验证结果改进猜想，再验证；最后归纳猜想并给出证明。

(二) 问题探究

猜想 1：弦 AB 的斜率不为 1，保持其余条件不变，A、B、C、D 是否四点共圆？

我们知道，判断四点是否共圆只需验证四边形对角内角和是否为 $180°$。

【作图探究】按如下步骤操作：

1. 新建文档→添加图形，添加一个图形页面；

2. 菜单→几何→形状→椭圆，做出一个焦点在 x 轴上且关于原点对称的任意椭圆；

3. 菜单→几何→点/线→线段，在椭圆上做出线段 AB；

4. 菜单→几何→作图→垂直平分线，做出线段 AB 的垂直平分线 CD；

5. 菜单→几何→测量→角度，测出一组对角的大小；

作出图 1，图 2，验证发现，此时 A、B、C、D 四点不共圆，猜想不成立，说明 AB 斜率改变时，中点、垂直关系等应该也要有相应的改变。进一步分析条件，直线 AB 的倾斜角为 $45°$，中垂线的倾斜角为 $135°$，隐含着倾斜角互补！

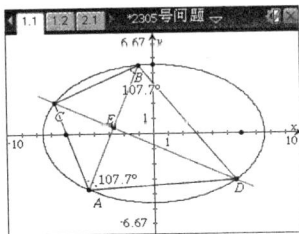
图 1

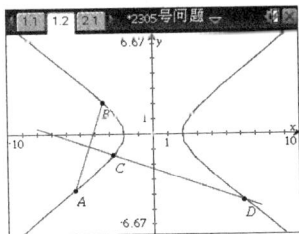
图 2

猜想 2：弦 AB 的斜率不为 1，过 AB 中点做斜率与其相反的弦 CD，猜想 A、B、C、D 四点共圆。

【作图探究】按如下步骤操作：

1. 利用作图功能,过 AB 中点 E,做出倾斜角互补的两条直线 AB、CD;

2. 测出一组对角的大小;

3. 移动点 B 在曲线上的位置,观察一组对角内角和变化;

发现对角内角和恒为 $180°$,猜想成立(图 3,图 4)。

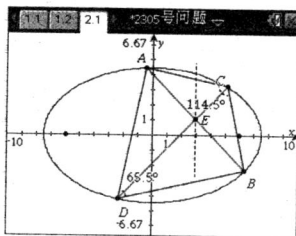

图 3

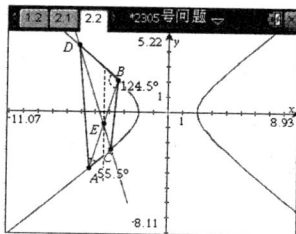

图 4

那么 CD 是否一定要经过 AB 的中点呢?

猜想 3：过弦 AB 上任意一点做斜率与其相反的弦 CD,猜想 A、B、C、D 四点共圆。

【作图探究】按如下步骤操作：

1. 利用作图功能,在线段 AB 上任取一点 E,过点 E 作出倾斜角互补的两条直线 AB、CD;

2. 测出一组对角的大小;

3. 移动点 E 在线段上的位置,观察一组对角内角和变化;

如图 5,图 6,发现对角内角和依然恒为 $180°$,猜想成立。

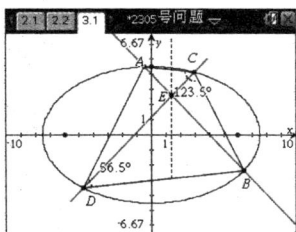 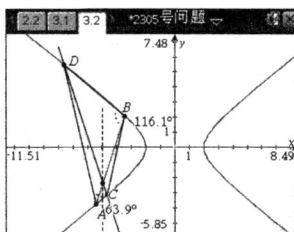

图 5 　　　　　　　　　　图 6

那么弦 AB、CD 一定要相交吗?

猜想 4:弦 AB、CD 不相交,且斜率互为相反数,猜想 A、B、C、D 四点依然共圆。

【作图探究】如图 7,图 8,猜想成立。

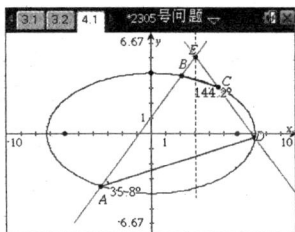 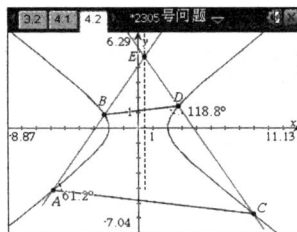

图 7 　　　　　　　　　　图 8

由前面的作图探究我们发现,四点位置关系之间存在着一种对称性,据此作出下列猜想:

猜想 5:弦 AB、CD 的斜率互为相反数,则弦 AC、BD 或弦 AD、BC 的斜率也互为相反数(斜率存在时)?

【作图探究】如图 9,图 10,分别测量出各组直线的斜率,发现斜率之和为 0,猜想成立。

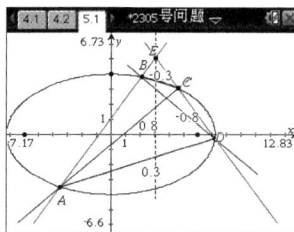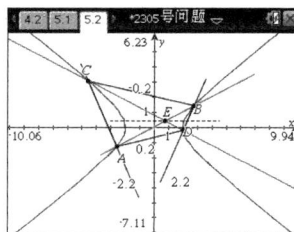

图 9   图 10

据此,我们获得有心圆锥曲线上 A、B、C、D 四点共圆的一般条件是:存在弦 AB、CD 的斜率互为相反数,而与弦是否互相垂直、是否相交等无关。

结论 1:AB、CD 是圆锥曲线 $mx^2 + ny^2 = 1$ 的斜率互为相反数的两条弦,则 A、B、C、D 四点共圆,且弦 AC、BD 或弦 AD、BC 的斜率也互为相反数(斜率存在时)。

类似于上面的结果,我们猜想抛物线中也有类似的性质。

猜想 6:AB、CD 是抛物线的斜率互为相反数的两条弦,猜想 A、B、C、D 四点共圆,且弦 AC、BD 或弦 AD、BC 的斜率也互为相反数(斜率存在时)。

【作图探究】如图 11,图 12,图 13,猜想成立。

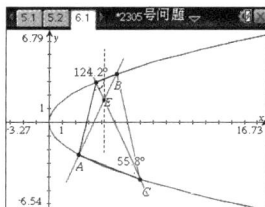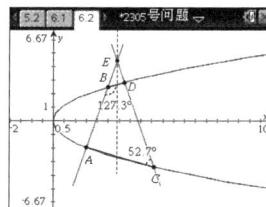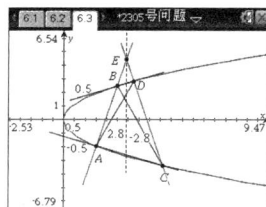

图 11   图 12   图 13

结论 2:AB、CD 是抛物线的斜率互为相反数的两条弦,

则 A、B、C、D 四点共圆,且弦 AC、BD 或弦 AD、BC 的斜率也互为相反数(斜率存在时)。

猜想 7:猜想 1~6 都是建立在圆锥曲线为标准形式的前提下,若不是标准形式,上述结论 1,2 成立吗?

【作图探究】如图 14、图 15、图 16,不满足上述两个结论。

 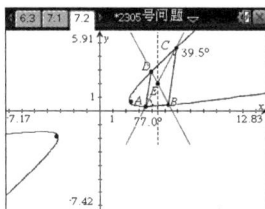 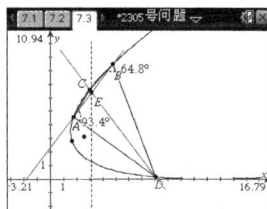

图 14   图 15   图 16

由此可知,斜率互为相反数并不是圆锥曲线上四点共圆的本质。联想到标准形式下,当两直线的斜率互补时,两直线夹角的平分线与曲线的对称轴平行(或垂直),类比到非标准形式下,让直线 AB、CD 的夹角平分线与圆锥曲线的一条对称轴平行(垂直),会是什么样的结果呢?

【作图探究】如图 17、图 18、图 19,发现此时 A、B、C、D 四点共圆!

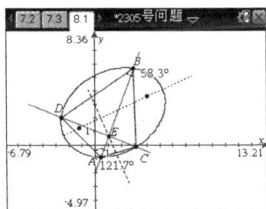 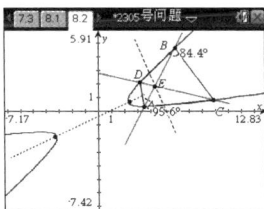 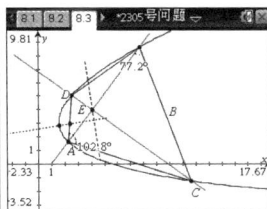

图 17   图 18   图 19

（三）提炼概括

综合上面的猜想以及两个结论，我们不难得到非圆圆锥曲线上四点共圆的一个充要条件：

性质：非圆圆锥曲线 Γ 上四点 A、B、C、D 共圆的充要条件是存在直线 AB、CD（或 AC、BD，或 AD、BC）的夹角（或其补角）的平分线与 Γ 的一条对称轴平行（或重合）。

证明：假设直线 AB、CD 相交于点 E。以点 E 为坐标原点，以与曲线 Γ 的对称轴平行的直线为 x 轴建立直角坐标系，则此时曲线 Γ 的一般方程为 $mx^2 + ny^2 + px + qy + r = 0$。

充分性：我们先证明猜想 5。

设 l_{AB}：$y = kx$，l_{CD}：$y = -kx$，$A(x_1, y_1)$、$B(x_2, y_2)$、$C(x_3, y_3)$、$D(x_4, y_4)$.

将直线 AB 方程与曲线 Γ 的方程联立化简得：$(m + nk^2)x^2 + (p + nk^2)x + r = 0$，

有 $x_1 x_2 = \dfrac{r}{m + nk^2}$；同理可得 $x_3 x_4 = \dfrac{r}{m + nk^2}$.

所以 $k_{AC} + k_{BD} = \dfrac{y_1 - y_3}{x_1 - x_3} + \dfrac{y_2 - y_4}{x_2 - x_4} = \dfrac{2k(x_1 x_2 - x_3 x_4)}{(x_1 - x_3)(x_2 - x_4)} = 0 (x_1 \neq x_3, x_2 \neq x_4)$，

同理可得：$k_{AD} + k_{BC} = 0 (x_1 \neq x_4, x_2 \neq x_3)$，猜想 5 得证。

不失一般性，如图 20，设直线 AB、BD 的倾斜角分别为 α、β，则直线 CD、AC 的倾斜角分别为 $\pi - \alpha$、$\pi - \beta$. 所以 $\angle ABD = \alpha - \beta$，$\angle ACD = \pi - \alpha + (\pi - (\pi - \beta)) = \pi - \alpha + \beta$，有 $\angle ABD + \angle ACD = \pi$，所以 A、B、C、D 四点共圆；若有斜率为零或不存在的情况，由圆锥曲线的轴对称性，如图 21，易得 A、B、C、D 四点共圆。

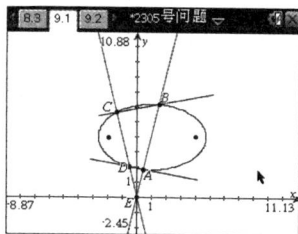

图 20

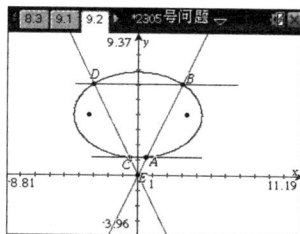

图 21

必要性：假设直线 AB、CD 的夹角（或其补角）的平分线与 Γ 的对称轴不平行（或重合），则过点 A 可以做出一条直线 AB' 满足要求，由充分性，则有 A、B'、C、D 四点共圆，又 A、B、C、D 四点共圆，即此时曲线 Γ 与圆有 5 个交点；又由曲线 Γ 的一般方程为 $mx^2 + ny^2 + px + qy + r = 0$ 可知，交点个数最多只能为 4 个，所以点 B' 与点 B 重合，假设不成立。得证。

三、探究体会

探究是创新的源泉和动力。在教学中，我们应该利用好具有探究性或挑战性的问题引导教学，通过"问题"激活学生的思维，通过活动培养学生提出问题、分析问题、解决问题的能力，达到激发学生的创新意识和创造潜能的目的。然而实际教学中，学生提出的某些"怪异"的思路，"幼稚"的想法，很多时候由于条件、时间的限制，往往无法进行及时验证，最终大都不了了之。这对学生来说，只是"经历"了提出问题，却没有获得应有的经验（包括从失败中积累经验），当然也就谈不上能力的提升，而 TI 图形计算器的运用为探究和思考问题铺平了道路。本案例中，正是借助了 TI 图形计算器强大的作图功能，有了想法就能快速验证，保证了探究能够快速深入地进行下去。借助于技术，让我们能够更好地认识问题,激发出强烈的探究欲和创造欲,最终探索出一般规律,认清了问题的本质。工欲善其事,必先利其"器",作为老师的我们,不仅自身要有探究意识和能力,还要掌握好先进的教学技术,如此才能更好地引导学生进行探究活动。

基于智能手机的移动学习在高三英语词汇复习中的应用

汪　霞

一、案例背景

《普通高中英语课程标准(实验)》对高中毕业学生英语词汇的掌握有一定的要求：运用词汇理解和表达不同的功能、意图和态度等；运用词汇描述比较复杂的事物、行为和特征，说明概念等；学会使用 3000 个单词和 400—500 个习惯用语或固定搭配。因而，在高三英语总复习中，词汇复习是一个重要环节，而且贯穿始终。有关实践表明，词汇习得的效果如何直接关乎学生英语听、说、读、写各方面能力的相应提高。

近年来，网络与信息技术的飞速发展在智能通信技术上得到了充分的体现，为人们进行互动和交流提供了便捷，创造了新的平台。2000 年初，国际远程教育学家德斯蒙德·基更(Desmond Keegan)第一次将"移动学习"(M-Learning)的概念引入中国，立刻引起了国内学者的广泛关注和研究。十多年来，"移动学习"在相关理论研究、技术研究、应用模式研究、学习系统开发技术研究等领域都取得很大的成就。只要你有移动设备，下载相应软件,就可以随时随地、自由自在地进行不同目的、不同方式的学习。

智能手机作为移动设备家族的重要一员,很受高中生欢迎。那么,如何巧用智能手机培养高三学生自主复习英语词汇的能力,提高词汇习得的效率,正是本文的出发点和着眼点。

二、案例描述

今年 9 月,我接任了高三(5)班的英语教学工作。新学期伊始,校长座谈就说:"接任这个班级的英语,对你是个机遇也是个极大的挑战啊!"我深知其中的责任与压力之大。高三(5)班是一个综合理科文化班,由 11 名女生和 25 名男生组成,是学校本科率的重要砝码,但其英语基础着实让人堪忧,100 分值的试卷均分与综合文科班相差 11 分之多,最低分 39 分。

开学第一节课上,我开门见山,分析了班级英语情况,希望同学们意识到形势的严峻,将压力转化为动力,而我们动力加油站的第一站就是词汇复习。

对于词汇复习,我们沿用了一贯的做法,以 2013 年全国普通高等学校招生统一考试(上海卷)专用的高考英语词汇手册为模本,以 5 页为单位(大约 68—75 个单词)进行中默英。此乃课后常规作业,第二天课前进行默写,批改后,错 8 个以上定为不合格,需及时重默。前一周半,进展不错,每天通过率在 85% 以上,不合格的同学也能及时重默。可第三周上来,情况有些不容乐观,默写通过率明显下降,重默拖拖拉拉。为此,我忧心忡忡,而第四周的阶段性(1)测试无疑是给了我一个晴天霹雳,150 分值的试卷,我班均分与文科班竟相差整整 15 分。更让我困惑的是听力填词部分,前两天刚背默过的单词 diploma,全班拼写正

确率不到 15%；句子翻译部分，no doubt 一词用法正确的只有
30%左右。这不得不让我反思近阶段的词汇复习情况，我找了
一些同学座谈，寻找原因所在，总结下来，突出表现为：词汇复
习兴趣不高；孤立、机械地记忆单词；记过就忘，缺乏词汇反复的
过程；记住了不会读，自然听不懂，而且也不会用。那么，如何才
能调动学生的词汇复习积极性，提高他们词汇运用能力呢？

　　正当我为此苦恼不堪时，29 日那堂课上有位同学的"违纪"
行为给了我一个妙点。那堂课我们讲词汇中的构词法，讲到前
缀时，我问："谁知道 regular 的反义词是什么？"同学们陷入了深
思，只见两个平时英语极差的学生在桌子下捣鼓了一下，其中一
个突然打破沉寂说："irregular"。随即，我又问："legal 呢？"这位
同学顿了一会儿，脸上微露红色，旁边的那位同学立刻往下看了
一眼，推推他，小声说："illegal"。此刻，我全然明白其间奥秘。
课后，我将两位同学请到办公室，问："难道不知道带手机进入教
学区域是违纪吗？""知道。"他们低声答道。不一会儿，其中一个
说道："我并没有玩手机，因为我英语不好，我想进步，我在手机
里下载了词汇之沙（英语单词学习软件），只要你输入一个单词，
就会自动给出这个单词对应的反义词、同义词……"随即，另一
位同学也补允道："老师，用这个软件背单词很方便，也很有趣
的，我们那样老套的方法太枯燥了，不喜欢。您不觉得最近我俩
英语有进步吗？"

　　对比他们的成绩确有进步，这让我想起了去年去杨浦区听
课，控江中学唐晓湮老师就在以读促写的展示课上让学生们把
手机摆在桌上，作为辅助工具。为什么不可以把手机为我们词
汇复习所用呢？为此，我开始了大胆的尝试。首先，我调查了班
级学生拥有手机的情况（98%持有一部能上网的智能手机），并

向学生传达了这个想法,受到了部分学生(尤其是手机发烧友)的极大赞同,仍有部分同学还是倾向于沿用以往模式。于是,我让学生自由选择词汇复习模式,传统或手机移动学习,统计下来,十几名同学选择后者(英语成绩靠后的学生居多)。接着,我开始在网上搜寻最适合我们的可供手机下载的词汇学习软件。最终,在学生们条件允许的情况下,我们锁定"不背单词"App,这是一款真实语境浸入式单词记忆软件,整体 UI 设计漂亮,配有例句非常丰富,美式、英式发音纯真,可以帮助学生全方位掌握单词的词义和用法。背完当天的量后可以转发在微信朋友圈中晒出自己的成绩,而这个链接也正是我检测学生当天词汇复习量的一个依据,每天词汇量在 70 个左右,学有余力者可以多学。带着极大的好奇心和兴奋感,学生学习热情很高,词汇量上能得到充分的保证,甚至在圈内都形成了一股词汇竞赛热,都希望成为今日之最。但学生是否真的掌握了这些词汇,如何检测而又不影响日常教学呢? 我想还是借助微信,每天依据学生不同的量给每位同学设置不同任务,有句子翻译、词性转换、动词填空等不同形式,检查词汇书写方面的习得效果。读和说是词汇复习容易被忽视也不易检查的部分,针对这一块,我们手机下载了流利说英语软件,对着启动的软件照着读和说,软件会立即自动给出评分,同时告知用户击败了全国多少位学者,再转发到朋友圈,可以方便地检测学生的说读能力。

另外,使用手机学习的时间限制为不影响正常学校学习,每日累积不超过半小时。经过三个月来的实践,还真是颇有成效,这十几名学生对词汇复习的兴趣没有减少,词汇量均有增加,对词汇的使用也更为准确,并且乐意在圈中用所学词汇进行交流,成绩也有明显提升。我班阶段(2)测试均分与文科班差距缩小为 6 分之差就是最好的例证。

三、案例反思

1. 英国著名语言学家 D. A. Wilkins 说过："没有语法，能表达的内容很少；没有词汇则什么也表达不了"。可见，词汇在英语学习中的重要性。然而，在目前我校的英语总复习中，教师往往忽视词汇复习，错误地以为词汇复习等于督促学生背单词，每天抽出固定时间进行词汇默写。这种简单、机械的单词记忆让学生既感到枯燥乏味，又往往是今天记明天丢，因为他们的词汇复习脱离语境，缺少探究词意和用法的过程。所以，新时代的老师，更应与时俱进，不断探索以学生为中心的，适合学生发展需要的词汇复习方法。

2. 基于智能手机的移动词汇复习方法遵循学生的认知发展规律。1969 年，加拿大心理学家阿伦·佩维奥提出"双重编码理论"。该理论认为，人的大脑存在两个认知系统：来自语言经验的语言系统和非语言系统。语言系统处理语言所传达的信息，非语言系统处理图形、知觉上的信息。这两种系统功能相对独立但又相互联系。其中一个重要原则是：同时以视觉形式和语言形式呈现信息，能够增强记忆和识别。基于智能手机，英语单词的音、形、意等信息可通过声音、图像、动画等多种模式给以呈现，通过语言码和意象码的结合，充分调动学生的各项感官体验，这样学生对词汇的理解会更加容易，记忆也会更加持久。

3. 基于智能手机的移动词汇复习方法以学生为中心，可以为学生复习词汇创设情境激发兴趣，又能通过变式训练维持兴趣。词汇复习本来就是一个二次学习，学生没了首次学习的新鲜感，很容易对词汇复习感到厌倦，进而对很多词汇仍处于一知半解的状态,没能充分达到词汇复习的效果。基于智能手机的词汇学习软件,例如:"不背单词",20 个单词为一组,组内每个单词配有音标、美式读音、词意及有声例句和中文译文,这些例句均是来自英文原版名著、电影电视剧、欧美流行金曲、名人演讲等真实语境中的话语。学生既可增长知识,又可跟读。这会让学生在复习时,很期待下一个单词是什么,会带来什么惊喜,同时"不背单词"还有自动切换背景的功能,缓解背单词的乏味。掌握好的单词,可以把它放入垃圾桶,没掌握好的可以循环出现,直至将 20 个单词全部放入垃圾桶,此时还可以在微信朋友圈内晒下成绩并赚取酷币,然后开启新一组的挑战。这种寓教于乐的方式大概是最受现代学生欢迎的,可以极大地激发他们的词汇复习兴趣,而且还有多种其他形式,例如:"流利说英语"可以巩固读和说方面的练习,加上配套的教师布置的微信任务,能在维持学生极大兴趣的前提下,帮助学生全面掌握好词汇用法。

4. 根据艾宾浩斯遗忘曲线,我们知道,遗忘在学习之后立即开始,而且遗忘的进程并不是均匀的,最初遗忘速度很快,以后逐渐缓慢。这就需要我们在词汇复习时,要及时地反复,而传统词汇复习法,5 页一单位往前背,以一本词汇手册的量为周期,没有做到及时的反复,有悖遗忘曲线,容易记过就忘。而基于智能手机的移动词汇学习软件可以把学完的单词放入智能复习队列,将在遗忘临界点提醒学生复习,从而真正达到词汇的习得。

今天，你"找茬"了吗？

——手机搜题 APP 在高中数学教学中的实践探索

王金秀

一、案例背景

随着智能手机、平板电脑以及 PC 越来越普及，网络正在以无坚不摧的速度侵蚀到我们的生活中来，让我们无从抗拒。各种 APP 的横空出世不仅方便了我们的生活，也改变着中学生的学习方法和思维。《高中数学课程标准》中也提到，"要注重信息技术与数学课程的整合，现代信息技术的广泛应用正在对数学课程内容、数学教学、数学学习等方面产生深刻的影响。高中数学课程应提倡实现信息技术与课程内容的有机整合，整合的基本原则是有利于学生认识数学的本质。高中数学课程应提倡利用信息技术来呈现以往教学中难以呈现的课程内容，在保证笔算训练的前提下，尽可能使用各种数学教育技术平台，加强数学教学与信息技术的结合，鼓励学生运用计算机、计算器、教育技术平台等进行探索和发现。"对于数学学习而言，一边是不愿意看到学生碰到问题就求助"小猿搜题"或是"学霸君"等 APP；一边是希望网上海量的资源可以为每一位学生所用，切实有效地提高学习效率，究竟该如何解决这两者之间的矛盾呢？

二、案例呈现

有一天,我在批改作业的过程中发现,很多学生对于某道题目的解答出现了雷同的错误,解答过程中用到的条件并不是题目中给出的,但是基本思路还是正确的。我灵机一动,拿出手机打开"小猿搜题",果不其然,搜题结果和同学们的解题步骤完全一致。另一件事也使我印象深刻,那道题目是"若双曲线与椭圆 $\dfrac{x^2}{m}+\dfrac{y^2}{20}=1$ 有一个交点 $(1,\sqrt{15})$,并且有公共的焦点,求双曲线方程"。有一些学生卷面上出现"m=12n=4"的解答过程,这显然和他们后面的答案是矛盾的。我再次动用了秘密武器,意料之中的事情还是发生了,这是编辑上的失误,应是"m=12,n=4"。只是一个空格或是逗号之差,正所谓失之毫厘,谬之千里。为此,我找到其中一位同学燕燕(她最近作业做得很好,但是考试总是分数偏低),想要了解一下具体情况。

"最近上课感觉都听得懂吗? 数学作业你一般用多少时间完成呢?"我一边找出燕燕的作业一边问她。

"还……可以吧,有一些上课没听懂,下课问同桌就会了。作业一般……嗯,半个多小时就做好了(眼神有点闪躲)。"

燕燕的同桌也是个女孩子,平时不声不响,闷吞吞,但我知道她成绩一向也不好,上课提问的问题也一般回答不上来,所以我对燕燕的话产生了一些疑问。

"你这道题目的解法很新颖,能和我分享一下你看到这道题目是怎么分析的吗? 你的做法比我开始想到的方法要简洁一些呢。"我指着昨天燕燕作业上的一道题目问她,那是一道比较综合的,思考量和计算量还挺大的题目,燕燕的过程和结果写得非常完美。

"这个，嗯……老师我想想，有点……忘记了。"这时燕燕的脸上一片通红，似是不好意思了。

"那这道题目是你昨天独立完成的吗？爸爸妈妈有没有辅导你？"

"我爸爸妈妈在我初中时就辅导不了我了，他们也不会。"

"那你昨天思路清晰，今天就一点都不记得了吗？是因为在老师这里紧张吗？咱们不是朋友嘛，你不需要紧张的，对吧。"

"老师，我说实话，您保证不要生气可以吗？"她眼神中有一些期待，一些忐忑。

"我保证不和你生气，你说吧。"

"其实这道题我根本不会做，可是又要完成作业，所以我用'小猿搜题'搜出来的，然后把解答过程抄上。"

"那你可以今天来学校问同学，问老师啊，也不应该直接抄答案啊。"

"我怕您觉得我不认真做作业，所以，先把答案抄好，我觉得您可能今天上课会讲的，到时我再认真听，应该就会了，其实，这几道题目我也不会做。"她指着另外几道题目说道。

"燕燕啊，你觉得这样不求甚解地抄写一遍对咱们的数学学习有帮助吗？"

"好像没有，不会的还是不会。"

"其实借助一些 APP 或者信息技术可以帮助我们学习的，关键是怎么去用，是让它们成为我们学习的助力还是阻力，全看咱们如何去使用这个工具，好了，咱们都想一想怎么有效地使用这些 APP。"

……

三、反思策略

我们的学生做作业好似在完成一项迫不得已的任务,只要卷面填满了就觉得大功告成,丝毫不去深究为什么,对不对。随着科技进步和手机 APP 的遍地开花,学生有太多手段和渠道去获取答案,堵不如疏,与其猫捉老鼠,还不如好好地引导他们如何有效地利用手头资源,"变废为宝",去获取更多的知识以及掌握学习的方法。与其是我一个人唱独角戏,不如发挥学生的主体能动性,学会自己解决问题。我跟同学们商量说:"你们是愿意偷偷摸摸地用手机 APP 搜索答案抄在试卷上,还是光明正大地利用这个'法宝'呢?"学生说愿意光明正大使用"小猿搜题"等解题神器。"如果我们可以做到以下几点,我还可以给你们的爸爸妈妈申请在家上网时间,不用再偷偷摸摸地用手机了,怎么样?"学生非常激动。"我们做了如下约定:1.做作业前先回顾当天上课内容;2.在做题过程中不翻看课本和笔记,独立完成;3.碰到不会做的题目,先独立思考,实在没有思路的就先放一边;4.最后,实在不会做的题目,在时间允许的条件下,用 APP 搜索,但是答案不能抄,认真学习上面的分析和解题过程,如果上面提供了多种解题方法,尽量都看一下,找到自己最容易接受的那种方法。当真正理解了别人的解答思路和过程后,关上手机,独立完成题目的解答。"碰到一些 APP 上的错误解答时,我第二天上课还会抽出大约 5 分钟时间让学生们讨论自己的发现,慢慢地学生们越来越觉得网上能学的东西太多了。慢慢地学生由一开始不敢发表自己的看法,到后来争着发言,学生们都很踊跃表达自己的见解和解题思路,最终我们达成一致,找到他们之前当成"权威"的"搜题神器"中的错误也变成了一件非常有成就感的事情。我们还建立了班级公共资源库,把一些经典题型,新颖的思路和方法,同学们看过的资料分类存放在资源库里,方便大家学习。因为我们的这种把"找茬"当成乐趣,知其所以然的求知态度,我们还建了个群,就叫"今天你找茬了吗?"。家长们一开始还不敢放手,过了几周后,家长给我打电话说:"孩子现在一直要先做数学题,都不怎么玩手机了。"家长们哪里知道,为了获得"找茬"明星,学生们在疯狂地汲取知识。一学期下来,学生养成了独立思考的习惯,敢于发表自己的见解和思路,燕燕还获得过"找茬"明星。

四、案例分析

本案例是信息技术与数学习题课的一次有益尝试,其成功在于:教师在信息爆炸大背景下,认识到了学生的真实状况和水平,并能以此因势利导,充分利用手机 APP,化弊为利,引导学生形成正确的价值观。我们除了明令禁止他们的搜题行为外,还可以充分挖掘这些丰富的 APP 资源库的用处。案例中,教师并没有因为学生抄作业就用传统的权威模式来镇压,反而是沉下来思考、倾听同学们的想法,找到矛盾点,最后成功解决问题,可以说是网络大背景下一次有效的大胆尝试。

(一) 体现学生的主体地位

学生学习数学是一个连续不断地主动建构的过程;学生学习数学的"知"只有通过自身的操作活动和主动参与的"做"才可能是有效的,只有通过自身的情感体验,形成主体的知识结构,学习才可能是成功的。教师采用的允许在约定条件下搜题的策略,使得学生在数学学习中真正认可自己"主人翁"的身份,促进学生有效学习和不断取得成功。

(二)尊重学生现有的认知水平和个性差异

数学教学活动应从学生现有的认知水平和知识经验出发，以学生的最近发展区为指向，允许学生采用适合自己个性的方法进行学习；教师给学生留下课后思考的问题，根据学生的能力，去学习和使用手机 APP 探索问题的答案，并培养学生积极思考的习惯和勇于质疑的能力。

(三)有效应用现代信息技术

现代信息技术进入数学课堂，大大地拓宽了数学学习的渠道和促进了学生学习方式的改变。教学的过程中，教师为了发挥信息技术的作用留下足够的空间；在有计划、有步骤应用手机 APP 帮助学生学习的同时，提倡学生自主选择数学软件、网上收集信息探索问题、解决问题并发现问题。并且充分利用信息技术来改进数学教学的过程和改善学生学习的方式。

(四)坚持主导原则下的平衡与兼顾

数学教学过程受到众多因素的制约和共同作用。在教学实施中要注意教学方式、方法的多样化，要重视概念理解、技能训练与问题解决的平衡兼顾。合作学习与个体学习是具有相对意义的两种教学组织形式。在本案例中，教师既倡导学生自主探索、独立钻研，又重视学生之间的互助与合作；根据不同的学习内容和学生的数学认知水平，适当安排独立探究（课下思考与搜题）与合作交流活动（课上组织讨论和"找茬"活动）。

成功与挫折是具有重要价值的两种学习体验。要让学生不断获得成就感，确立学好数学的自信心，享受成功的快乐，又能面对适度的困难和经受一定的挫折，培养坚毅不拔的意志和良好的心理品质。

小小转变，大大不同

——Focusky 软件在高中地理教学中的实践探索

冯艳君

一、案例背景

这两年,学校教室的硬件设施有了很大的改善,从原本略带泛黄的白色幕布、破旧的台式机,换成了大屏幕智能平板电脑。虽然硬件在变,可我们老师却仍旧一成不变地在使用PPT。如果说从传统的黑板教学到使用 PPT 是信息技术发展以及教学方式转变的一个飞跃,可如今学生几乎每节课都要看老师用 PPT,那么这跟原本的黑板教学有什么区别？也许时间退回到十几年前,PPT 在课堂教学中刚刚兴起的时候,学生对于这样的教学方式是十分感兴趣且有学习热情的;而现如今对于他们而言,这似乎已成为了一种家常便饭。PPT 所带来的激发学生学习兴趣、提高课堂效率的作用已不如从前那样"辉煌"。对于学生而言,他们更需要的或许是一种"转变"。在大力推广信息化教学的背景下,于是我就思考有没有一款类似于 PPT 的功能,但是又与 PPT 不同的软件来进行课堂教学呢？

二、案例呈现

有一天,我和往常一样拿着地理书和 U 盘去教室上课。进了教室之后,我照例打开电脑,插上 U 盘,刚要打开我这节课要用的 PPT 课件时,突然听到班里传来一个男同学的声音,说道:"有没有点新意啊老师,每节课都是 PPT,语文课也是,上节英语课也是,这节地理课又是 PPT,你们不觉得烦,我们看着都烦了!"而在他说这些话的同时,似乎其他同学也表示出相同的厌倦感。我一下子愣住了,工作这么多年来,还是头一回碰到学生在课堂上直接"投诉",而且还是我们每位老师习以为常,用惯了的软件、课件——PPT。可当时在课堂上,我已没有别的办法了,U 盘里面除了 PPT,根本没有其他形式的课件,虽然有几个视频文件,可跟今天教学的内容又不相关。我只能硬着头皮先安抚学生说:"这位同学,你提的意见很好,老师课后一定会好好思考下,想想办法,有没有什么可以解决的方式?但今天还是请你们先勉为其难地继续听我用 PPT 来讲,我尽量讲得生动有趣些,不让你们失望。"虽说这节课暂时把学生给"压制"住了,但整节课我有特别留意刚才提议的那位学生,看到他眼神中流露出来的些许失落感,不免也让我觉得有点揪心。

三、案例反思

课后,我认真进行了反思,那位学生说的话虽然触痛了我的内心,但细想一下,却不无道理。想到自己刚毕业那会儿也是认为上课是一定要用电脑和 PPT 的,如果没有 PPT,那课要怎么上呢?地理教学需要大量的辅助图片,虽然学生有配套的地图册,但对于教师而言,用作上课显然还不够。而殊不知,如今的学生，早就与我们当年读书时不同，时代发生了变化，我们教师也必须适应时代做出相应的改变。在一次偶然地阅读《中学地理教学参考》杂志的过程中，我看到了 Focusky 这个词，这是一款新的幻灯片播放软件。

这是我第一次接触到这个软件，我在网上搜索了一下，大致了解了它的功能与特点；再看了一些案例展示，直观地感受了它的呈现方式。确实给人眼前一亮的感觉，于是我抱着试试看的心态在官网上下载了这一软件，决定用这款软件来制作一个课件进行课堂教学。

四、策略实施

在历经了多日的修改、"打磨"之后，我的小成品终于问世。虽然已准备好了多个版本的保存格式，但是第一次在教室电脑播放，心中还是有一丝忐忑。一方面是担心它像 PPT 一样，会存在不同电脑、不同版本之间有课件打不开或者播放格式错误的情况；另一方面是担心第一次给学生使用这样的课件，他们能否接受？上课之前，我告诉他们今天老师要用一个新的软件制作的课件来给你们上课，我们今天要学习的是专题 7　　地貌，其中的流水地貌，我会使用新的课件。

其实我有留意到在我说要用新的软件的时候，他们就已露出期待的眼神了，尤其是那位提意见的男生。当我打开课件，首先呈现的是一幅浩瀚宇宙的图片，配以动画效果从整体到局部聚焦到图中的地球上，单单这一过程就已使得几个比较活跃的男生发出了"哇哦"的惊叹声。这时，视野进一步拉近，聚焦到地球上的某个点，配以红色五角星符号，以强调动画出现表示中国；紧接着展示一幅中国行政区划图，并在相应位置以渐入动画方式呈现长江自西向东流的过程。同时,向他们解释,学习流水地貌,我们以大的河流为例,分别在河流的上、中、下游段有着不同的流水作用,塑造出了不同的地表形态。随着我的讲解,课件上呈现出在长江的源头以及上中下游三段的定位符号,并配以相对应的地理景观图片。这样用 Focusky 课件演示起来,显得更加三维与立体,学生在听讲的过程中,仿佛身临其境般"游走"在长江各段,欣赏它不同的地表形态与景观风貌。

在具体讲解长江上、中、下游各段地貌景观及成因的时候,我引用了一张河床剖面示意图,运用 Focusky 软件特有的"手绘图形"动画效果,给人感觉就如同自己亲手在绘制这幅图片一样,这个动画效果在呈现的时候,学生也是惊叹不已。另外,在中游段,我引入了荆江曲流的景观图片,运用"手形推送"进入动画效果,营造出一种仿佛学生在亲手体验的感觉。

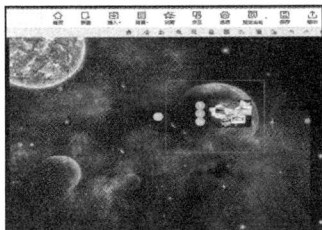

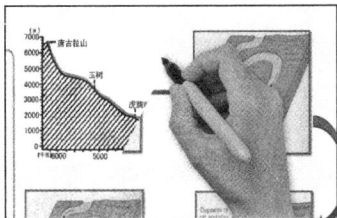

课后,有个别对于计算机软件比较有兴趣又好学的同学,来

问我这款软件的具体名称与网址,他们表示也想学习下如何制作这样的幻灯片,以后有班会课或者其他课堂交流的时候也可以展示下不同类型的幻灯片文件。另外,我围绕地貌这一专题,按照教材划分的五大地貌,分别又制作了其他几个地貌类型的Focusky课件,并以视频的格式输出,这样就形成了一个个的微课素材。我把这些微课视频共享在学生班级 QQ 群里,每位同学可以自由下载。如果有学生一开始在课堂上没有完全理解清楚的,那么可以在课后按照自己的需求反复观看,直到完全掌握。这样的教学方式既能激发学生的学习兴趣,又能提高他们学习的主动性与积极性;同时,学生自主复习的方式也能够减轻教师的负担。

五、案例分析

本案例是我对于教育信息技术的一次全新的尝试,也是师生之间相互促进、共同进步的一次很好的展现。虽然我在教学形式上进行了一次小小的转变,但对于学生而言却产生了很大的积极影响,让我觉得这样的"转变"十分值得,这也是信息化教学的魅力所在！回顾整个过程,我也感触颇多。

(一) 关注学生,寻求转变

我们在课堂教学中之所以要应用教育信息技术,首要目的就是为了提高课堂效率。而学生作为学习的主体,提高效率最有效的方法就是激发他们的学习兴趣,调动学习的积极性与主动性。在课堂教学中,应用图片、视频、FLASH 等多媒体形式,是为了展示那些语言文字、教材课本无法呈现出来的事物,从而帮助学生更好地理解知识。当我们在把课件制作得非常精美的时候,有没有想过其实学生需要的是什么？是否我们每一次地应用相同的多媒体课件都能提高学生的学习兴趣？比起这些，其实更能激发学生学习热情与兴趣的也许只是一份转变，当其他老师千篇一律地都在用 PPT 的时候，你给学生展示了不一样的课件，他们顿时就兴奋很多，学习的热情与兴趣自然而然就来了。

（二）勇于创新，提高效率

随着信息化教学的不断推进，我们教师在提升教育信息化应用水平的同时，更要提高课堂教学效率与质量。任何形式的信息化技术始终都是为课堂教学以及学生服务的。本案例我尝试了一款新的幻灯片软件，虽然从学生的课堂反应来看，效果还不错，但是在对比了网络上其他的一些 Focusky 课件来看，我还有许多可以改进的地方。毕竟对于这款软件，我也还在不断的摸索、研究之中，还没有像 PPT 那样的熟能生巧、应用自如。但无论如何，从教学角度来讲，从信息化教学的发展来看，作为老师，我们应该不断学习，勇于创新，更新新的教学理念，改进新的、更好的、更有效的教学方式，来提高我们的课堂教学效率。

（三）相互学习、共同进步

我所在的学校是一所普通高中，如今的高中生对手机、电脑等各种数码产品以及计算机软件都有不同程度的擅长。在推进信息化教学的过程中，我们老师也可与学生多多交流，从他们身上学习，了解他们在平日的学习生活、娱乐活动中有哪些新的软件或技术出现。本案例中我在课堂上的一次小小转变，不仅提高了他们的学习兴趣，同时，激发了他们对于新软件的好奇心，潜移默化中萌芽出了对信息技术的探究精神，这也算是无心插柳之举了。21 世纪是信息化的时代，不仅教育，全社会都在推广普及信息化。在课堂教学之外,我们教师也应适当地多倾听学生的心声,相互学习,共同进步,真正地做到教学相长!同时也希望我们在教学上的每次转变,都能让学生以及自己取得不同的收获!

DIS 技术在化学实验中的应用

——以 DIS 对酸碱滴定实验教学的改进为例

杨振宇

数字化信息系统(Digital Information System),简称 DIS,是利用传感器获取数据信息,通过数据采集器由计算机来对数据进行处理的平台,它是一种运用现代化信息技术来进行理科教学的有效手段。在当前的教育改革中,我国教育部门非常重视并积极推广中学课程中的 DIS 实验教学。化学是一门以实验为基础的自然科学,实验教学是中学化学教学内容的重要组成部分,是新课程改革的重中之重。新课程改革要求信息技术与实验教学整合,数字化实验由此应运而生。利用 DIS 改进化学实验,对化学实验教学的效率和科学性有很好的辅助作用,不仅能将一些复杂的实验简化,获得传统条件下很难达到的演示效果,同时 DIS 作为一个载体,还能有效提高学生的认知能力和创新能力。在大力推进发展学生学科素养的当今,数字化信息系统的引入,无疑是一种极佳的实验教学改进手段。

一、教学案例

酸碱滴定是高中化学定量实验中的重要内容,它是利用溶液中氢离子和氢氧根离子的反应,来测定酸或碱溶液浓度的常用手段。在传统教学模式中,以盐酸和氢氧化钠溶液为例,通过两种不同的指示剂——酚酞和甲基橙的变色,来得到滴定终点,从而通过计算获得酸或碱溶液的浓度。但是难点在于如何解释清楚学生的疑问:盐酸和氢氧化钠恰好反应时 pH 值等于 7,而甲基橙和酚酞的变色时 pH 值都不是 7(甲基橙的变色范围为 3.1～4.4;酚酞为 8～10),即酸碱指示剂变色点不是反应的终点。那么其中的误差有多少? 酸碱滴定实验科学吗?

上述问题的阐述,根本原因在于定量实验应当是理性的分析(对 pH 值变化的分析),而传统实验却由于技术的局限停留在了感性的分析上(对指示剂颜色变化的分析),因而存在以下两个核心问题:1.无法数据化整个实验过程中溶液 pH 值的变化。2.在滴定终点处,因溶液 pH 值的突跃而导致指示剂颜色的变化,在传统实验过程中无法得到体现。

如果无法在实验中展示出以上两点,那么学生对于酸碱滴定的认知只能停留在感性层次,无法升华到理性的分析。这对于学生真正掌握实验的原理,以及进行实验数据的分析,是一个不小的障碍。

在传统教学过程中,为了解决以上两个问题,我们通常先计算不同浓度溶液的 pH 值,然后手动绘制出 pH 值的变化曲线,再通过这条曲线向学生解释酸碱滴定的过程。这种教学方法不仅费时费力,而且绘制的曲线也因人而异,导致学生对实验原理和本质的理解变得困难,对知识的掌握停留在指示剂颜色的变化上。

在使用 DIS 技术后,教师可以通过 pH 传感器检测反应过程中溶液 pH 值的变化,并借助计算机将 pH 值的变化通过图像展示在学生面前。以标准盐酸滴定未知浓度氢氧化钠溶液为例,学生可以从图像上清晰地观察到,随着标准盐酸的不断加入,溶液的 pH 值不断下降,且刚开始滴加盐酸时,pH 值下降的速度略小,之后逐渐加大;随着反应的进行,溶液的 pH 值不断趋近于 7,在滴定终点处,pH 值存在一段突跃。之后若继续加入标准盐酸,pH 值将继续下降。DIS 技术的运用,使得整个实验过程不仅准确程度更高,而且直观性更强。通过观察 pH 值的变化曲线,学生可以加深对酸碱滴定原理的理解,而通过对这段突跃的思考,就能解释学生之前提出的"酸碱指示剂变色点不是反应的终点,酸碱滴定实验科学吗"这一问题,学生能一目了然,仅仅加入那么几滴标准盐酸,pH 值却变化了一大截,直接导致了指示剂的变色,这个传统实验难以解决的问题,通过 DIS 技术的运用,得以完美解决。

在实际教学过程中,采用将 DIS 技术与传统滴定实验相结合的教学方法,使得感性认知和理性认知同时呈现于学生面前,有助于落实因材施教的教学原则。对于不打算选修化学,以合格考为目标的学生,可以通过指示剂颜色的变化对酸碱滴定产生初步的了解,知道滴定终点的判断方法,并能进行一些简单的计算;对于学有余力,打算选修化学的学生,则能通过对 pH 值的变化曲线和突跃的分析,来加深对酸碱滴定实验原理和过程的掌握,为将来的等级考做好准备。两者相结合,避免了传统教学过程中,对于不同层次的学生,教师在教学过程中无法做到两全的难题。

二、教学反思

DIS 技术的引入,将实验数据数字化,在真实实验的基础上实现了信息技术与化学实验教学的整合,实现了实验过程"可视

化"、实验设计"重点化"、数据采集和处理"智能化"、教学过程
"现代化"。在酸碱滴定实验中运用 DIS 技术,摆脱了传统实验
教学中学生只是按照教师事先的安排完成对实验现象的一些验
证工作,增强了学生在实验过程中的参与度,使学生真正进行自
主实验。

　　DIS 实验将感性分析提升到理性分析,揭示实验现象的本
质,揭示实验现象产生的原因,具有释疑功能;DIS 实验能训练
学生的思维,培养观察、分析和操作能力,具有能力训练的功能;
DIS 实验还能培养严谨、求实的价值观,有助于学生养成实事求
是、积极进取的科学态度。DIS 技术的引入拓展了学生的视野,
开阔了学生的思维,学生对于实验原理的分析和掌握变得简单
且有效。学有余力的学生,通过对这种现代化实验方法的理解
和研究,可以自行改进其他中学化学实验并进行深入探索,如氧
化还原滴定、沉淀滴定等中学化学常见实验,有助于增强学生的
实验设计能力和操作能力,实现了课程标准对于培养学科素养
的要求。教师也能够不断提高自身素质,利用现代化的资源创
造和改进传统实验,在教学过程中扬长避短,充分挖掘学生的主
观能动性,最大程度地激发学生对化学实验的兴趣和热情。

附录

上海市亭林中学 2013 年至今区立项课题目录

教师课题研究目录

上海市亭林中学 2013 年至今立项课题目录				
2013	以党建促进普通高中教师幸福感提升的实践研究	邵文斌	区规划	CZ13014
2013	市郊普通高中体育项目化教学改革初探	姚保绮	区一般	BZ1302
2013	基于普通高中学生特点的有"语文味"的文言文阅读讲评课研究	张　青	区规划	CZ13013
2014	远郊普高体育特色学校课程文化建设的实践性研究	唐林弟	区重点	AZ1403
2014	高考改革背景下远郊高中英语听说教学策略研究	汪　霞	区规划	CZ14006
2014	普高生文言文学习的心理障碍及应对策略	陈艳玲	区规划	CZ14007
2014	基于高中生命科学核心知识学习"问题链"设计与实践的研究	金晓燕	区一般/市青年	BZ1409
2014	高中化学教学中运用发现法进行实验教学的实践研究	唐月泉	区一般	BZ1411
2014	高中班级建设中体育精神元素的发掘和渗透研究	占丽云	区一般	BZ1412

上海市亭林中学 2013 年至今立项课题目录				
2014	普高史传文阅读教学策略的案例研究	肖海鹰	区规划	CZ14009
2014	体育特色课程文化背景下高中物理课堂教学实践研究	洪潘均	区规划	CZ14010
2015	学生助教模式在普高数学教学中运用的实践性研究	杜　娟	区重点	AZ201502
2015	普高艺术课堂中体验式学习活动设计与实践研究	高红丽	区规划	CZ201514
2016	高中英语文学学习指导方法的实践研究	赵　霞	区规划	CZ2016008
2017	习得性课堂的再组织：提升高中生英语交际能力的实践研究	阮　旖	区一般	BZ17005
2017	基于人机交互技术的课堂检测和跟进行为研究	徐　喆	区一般/巾青年	BZ17006
2016	基于移动终端法治教育游戏的开发与应用研究	祁成军	市德商课题	
2016	高中女足专项化教学策略的实践研究	张　婷	市青年课题	

2015 年至今区级以上论文、案例获奖名单

2015	孙颖芳	《柳暗花明又 e 村——信息技术助推教育发展》获金山区中小学教育教学案例二等奖	金山区教育学院
2015	汪 霞	《基于智能手机的移动学习在高三英语词汇复习中的应用》获 2014 年金山"信息技术助推教育发展"教育教学案例评审二等奖	金山区教育学院
2015	洪潘均	2014 学年金山区实验案例评选中荣获中学物理学科组二等奖	金山区教育学院教研室
2015	包 华	2014 学年金山区实验案例评选中,荣获中学生命科学学科组二等奖	金山区教育学院教研室
2015	唐月泉	2014 学年金山区实验案例评选中荣获中学化学学科组二等奖	金山区教育学院教研室
2015	邬 娟	2014 学年金山区实验案例评选中荣获中学物理学科组二等奖	金山区教育学院教研室
2015 年 10 月	王珺珂	2015 年度金山区学校心理健康教育活动月团体心理辅导案例评选二等奖	金山区教育学院
2015 年 11 月	刘明霞	《文法先行,悟情为本》在 2015 年长三角语文教育论坛"诗歌教学内容的确定"征文大赛中获三等奖	安徽省中语会、浙江省中语会、江苏省中语会、上海市中语会、《语文学习》编辑部
2015 年 12 月	陈 程	《面向中小学学生社会实践的学校图书馆志愿者服务研究》荣获金山区中小学图书馆工作研究论文评选活动优秀论文奖	金山区教育局中小学图书馆工作委员会

时间	姓名	内容	单位
2015 年 12 月	王珺珂	2015 年度上海学校心理健康教育活动月优秀团体辅导案例奖	上海学生心理健康教育发展中心
2015 年 12 月	邬　娟	"2015 年上海市物理教学论坛论文评比"三等奖	上海市教育学会物理教学专业委员会
2016 年 5 月	孙颖芳	在金山区"语文学科育德因素的挖掘与有效实施"为主题的青年教师论文评比活动中荣获二等奖	金山区中语会
2016 年 5 月	占丽云	在金山区"语文学科育德因素的挖掘与有效实施"为主题的青年教师论文评比活动中获三等奖	金山区中语会
2016 年 5 月	占丽云	"杨浦创智杯"第九届上海市语文大讲堂优胜奖	上海市语文大讲堂、上海市语文教育教学、华东师范大学、上海《中文自修》杂志社
2017 年 1 月	陈艳玲	《多元视野下的班级文化建设》论文在"班集体特色建设"为主题的金山区中小学班主任论文评比中荣获中学组三等奖	金山区教育学院
2017 年 3 月	阮　旖	《以"说"促学——高中英语教学中提升学生表达能力的思考与实践》在金山区第七届教育教学论文评优活动中荣获中学组一等奖	金山区教育学院
2017 年 3 月	王珺珂	《高中生突发死亡后的学校危机干预及思考》在金山区第七届教育教学论文评选活动中荣获中学组一等奖	金山区教育学院

2017 年 3 月	赵　霞	《让课外作业成为学生的课后"甜品"——如何优化设计课外作业的实践探索》在金山区第七届教育教学论文评优活动中荣获中学组三等奖	金山区教育学院
2017 年 3 月	吴建朵	《重视个别提问　促进数学理解》在金山区第七届教育教学论文评优活动中荣获中学组三等奖	金山区教育学院
2017 年 3 月	金晓燕	《基于高中生命科学核心知识学习的"问题链"设计与实践研究》被评为上海市金山区第七届教育科学研究成果二等奖	金山区教育学院
2017 年 6 月	吴建朵	《吹尽黄沙始见金》在 2016 年度上海市《TI 图形计算器教学应用研究—问题解决》论文评选活动中，荣获二等奖	上海市教育委员会教学研究室
2017 年 6 月	杨振宇	《DIS 技术在化学实验中的作用》在 2016 年教育信息化应用案例评选中荣获二等奖	金山区教育局
2017 年 6 月	孙颖芳	《柳暗花明又 e 村》在 2016 年教育信息化应用案例评选中荣获二等奖	金山区教育局
2017 年 6 月	徐　喆	《教育信息化走进信息科技课堂》在 2016 年教育信息化应用案例评选中荣获三等奖	金山区教育局
2017 年 6 月	冯艳君	《小小转变，大大不同》在 2016 年教育信息化应用案例评选中荣获一等奖	金山区教育局
2017 年 8 月	占丽云	《多部"论语"治班的心路历程——一个班主任的读书成长手记》在 2017 年"黄浦杯"长三角城市群"读书与成长"征文评选中荣获三等奖	上海市教育科学研究院普教所

2017 年 9 月	祁成军	《基于移动终端法治教育游戏的开发与应用》经专家评审,被评为 2016 年度上海学校德育"德尚"系列研究课题优秀成果三等奖	上海学校德育"德尚"系列研究课题
2017 年 11 月	吴　勇	在全国幸福教育联盟组织的"生态板机建设论文"评选中,论文《后觉觉后觉,众谋促和谐》荣获一等奖	全国幸福教育联盟
2017 年 11 月	金晓燕	《植物的气孔有何不同,实验教学案例》在 2017 年金山区中学实验教学案例评比活动中,荣获中学生命科学组一等奖	金山区教育学院
2017 年 12 月	洪潘均	《基于"微课导学"的物理实验教学实践——以"电磁感应现象"为例》在"2017 年上海物理教学论坛论文评比"活动中,经评审委员评审荣获三等奖	上海市教育学会物理教学专业委员会
2018 年 6 月	蒋旭辉	《对一道解析几何中定点问题的探究》在 2017 年度上海市《TI 图形计算器教学应用研究——问题解决》论文评选活动中,荣获三等奖	上海市教育委员会教学研究室
2018 年 9 月	刘音彤	《"小"音乐成就"大"课堂——音乐制作软件在高中合唱教学中的时间应用》一文荣获 2017 学年"有智慧教育"金山区中小幼教育教学案例评选高中组三等奖	金山区教育学院
2018 年 9 月	王金秀	《今天,你"找茬"了吗?——手机搜题 APP 在高中数学教学中的实践探索》一文荣获 2017 学年"有智慧教育"金山区中小幼教育教学案例评选高中组三等奖	金山区教育学院

2018 年 9 月	吴海波	《从兴趣出发,把快乐还给学生》一文荣获 2017 学年"有智慧教育"金山区中小幼教育教学案例评选高中组三等奖	金山区教育学院
2018 年 9 月	冯艳君	《分享智慧,共同成长——实验教学在高中地理课堂中的应用》一文荣获 2017 学年"有智慧教育"金山区中小幼教育教学案例评选高中组三等奖	金山区教育学院
2018 年 9 月	金晓燕	《问题串联引发"巨大"的"链式反应"——高中生命科学教学案例》一文荣获 2017 学年"有智慧教育"金山区中小幼教育教学案例评选高中组三等奖	金山区教育学院
2018 年 10 月	刘音彤	《艺体结合 合力育人——〈音乐中的多声进行〉一课引发的思考》,在"新时代基础教育创新新发展论坛"论文评比中,荣获三等奖	金 山 区 教育局
2018 年 10 月	王金秀	《论德智体美劳融合育人与我的教学实践》,在"新时代基础教育创新发展论坛"论文评比中,荣获三等奖	金 山 区 教育局

图书在版编目（CIP）数据

画出教育的"同心圆"：上海市亭林中学办学特色教科研成果
文集/阮旖主编.—上海：上海三联书店,2019.9
ISBN 978-7-5426-6747-2

Ⅰ.①画…　Ⅱ.①阮…　Ⅲ.①中学教育-教育研究-文集
Ⅳ.①G632.0-53

中国版本图书馆 CIP 数据核字（2019）第 189513 号

画出教育的"同心圆"：
上海市亭林中学办学特色教科研成果文集

主　　编／阮　旖
副 主 编／金晓燕

责任编辑／殷亚平
装帧设计／一本好书
监　　制／姚　军
责任校对／张大伟

出版发行／上海三联书店
　　　　　（200030）中国上海市漕溪北路 331 号 A 座 6 楼
邮购电话／021-22895540
印　　刷／上海惠敦印务科技有限公司

版　　次／2019 年 9 月第 1 版
印　　次／2019 年 9 月第 1 次印刷
开　　本／890×1240　1/32
字　　数／250 千字
印　　张／11.5
书　　号／ISBN 978-7-5426-6747-2/G·1539
定　　价／48.00 元

敬启读者,如发现本书有印装质量问题,请与印刷厂联系 021-63779028